Hochschule Worms
Bibliothek
Ausgesondert | Abgeschrieben

D1688465

K. W. Wagner (Hrsg.)
PQM –
Prozessorientiertes Qualitätsmanagement

Karl Werner Wagner (Hrsg.)

PQM – Prozessorientiertes Qualitätsmanagement

Leitfaden zur Umsetzung
der ISO 9001:2000

HANSER

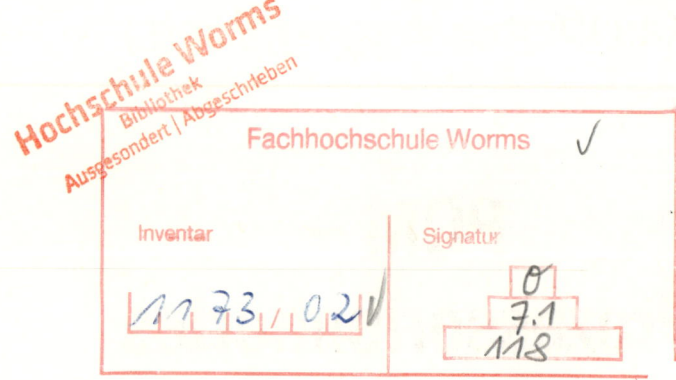

Die Deutsche Bibliothek – CIP-Einheitsaufnahme

Ein Titeldatensatz für diese Publikation
ist bei Der Deutschen Bibliothek erhältlich.

Dieses Werk ist urheberrechtlich geschützt.
Alle Rechte, auch die der Übersetzung, des Nachdrucks, und der Vervielfältigung des Buches oder Teilen daraus, sind vorbehalten. Kein Teil des Werkes darf ohne schriftliche Genehmigung des Verlages in irgendeiner Form (Fotokopie, Mikrofilm oder ein anderes Verfahren), auch nicht für Zwecke der Unterrichtsgestaltung, reproduziert oder unter Verwendung elektronischer Systeme verarbeitet, vervielfältigt oder verbreitet werden.

© 2001 Carl Hanser Verlag München Wien
Internet: http://www.hanser.de
Redaktionsleitung: Martin Janik
Herstellung: Ursula Barche
Umschlaggestaltung: Parzhuber & Partner GmbH, München
Gesamtherstellung: Kösel, Kempten
Printed in Germany

ISBN 3-446-21229-9

Existieren heißt sich verändern.
Sich verändern heißt reifen.
Reifen heißt sich selbst endlos erschaffen.

Henri Bergson

Vorwort

Die Zufriedenstellung der „Stakeholder" und die Konzentration auf die Kernkompetenzen verlangen den Übergang vom Denken in Funktionen zum Denken in Prozessen. Geschäftsprozesse durchschneiden horizontal die einzelnen Funktionsbereiche, sind auf die Zufriedenstellung interner und/oder externer Kunden gerichtet, schaffen Werte, optimieren die Organisation als Ganzes und werden von durchsetzungsstarken Führungskräften geleitet. Proaktive Unternehmen haben diesen Übergang von der innenorientierten Denkungsweise in Abteilungsgrenzen zur außen- und damit kundenorientierten Handlungsweise erfolgreich vollzogen.

Dieses Buch unterstützt Organisationen bei der methodischen Umsetzung des Prozessmanagements mit einer besonderen Betonung der Qualitätsorientierung, dem **Prozessorientierten Qualitäts-Management (PQM)** und erhebt den Anspruch hierin Standards zu setzen.

Der im Buch beschriebene Ansatz des Prozessorientierten Qualitäts-Managements unterscheidet sich von anderen nicht nur durch seine fundierte Aufbereitung und methodische Absicherung, sondern vor allem durch seinen in vielen Projekten umgesetzten Praxisbezug. Deshalb richtet sich das Buch an Anwender und Führungskräfte in den Unternehmen sowie an Leser in Forschung und Lehre gleichermaßen.

Das Buch erläutert die Entwicklung des Prozessprinzips, dessen Regelkreise und Bezug zur Prozesslandschaft des Unternehmens sowie die Auswirkung von Prozessmanagement auf die Unternehmensorganisation. Als zentrales Element des PQM versteht sich der „Prozess-Lifecycle", der ausgehend von der Prozesslandschaft über die 4-Schritte-Methode zur Prozessdefinition und zur Prozessregelung führt. Das Prozessmonitoring schließt den Prozesslebenszyklus mit der Rückkopplung zur Prozesslandschaft.

Besonders die 4-Schritt-Methode zur Prozessdefinition ist mit umfangreichen Vorgehensprinzipien und Umsetzungsbeispielen intensiv aufbereitet und vermittelt dadurch ein vollständiges Bild des theoretischen Fundaments und dessen praktischer Umsetzung.

Ein weiterer Schwerpunkt des Buches liegt in der Erläuterung der Anforderungen der ISO 9001:2000 an ein Qualitäts-Management-System in Bezug auf die Umsetzung des Prozessorientierten Qualitäts-Managements. Die ISO 9001:2000 wird hierbei als Checkliste zur gezielten Prozesshinterfragung gesehen. Durch umfangreiche Beispiele wird die pragmatische Umsetzung der Forderungen der ISO 9001:2000 gezeigt und dem Anwender wird dadurch eine Fülle von Umsetzungsunterstützungen in die Hand gegeben. Der in vielen Projekten in verschiedenen Branchen angewendete und erprobte Projektablauf bildet einen methodischen Vorgehensrahmen zur Umsetzung des Prozessorientierten Qualitäts-Managements in Organisationen – unabhängig von deren wirtschaftlicher Ausrichtung, ob Profit oder Non-Profit-Unternehmen.

Themen wie Prozessbenchmarking und der Einsatz von EDV-Tools beim Aufbau bzw. bei der Optimierung des Prozessorientierten Qualitäts-Management-Systems runden die umfassende Aufbereitung des Themas PQM ab.

Mein besonderer Dank gilt meinen Co-Autoren DI Roman Käfer und DI Gernot Kohl für ihre Beiträge, ihr Engagement und ihre intensive Diskussion um PQM. Herzlich bedanken darf ich mich bei Sabine Fidler, Sandra Lagler und dem gesamten Team der Procon für die unermüdliche und geduldige Überarbeitung, Ergänzung und Finalisierung des Werkes. Dank gesagt sei auch dem Verlag Hanser in München für die sorgfältige Drucklegung des Werkes.

Wien, im Juni 2001   Karl W. Wagner

Die Autoren haben sich in diesem Buch darum bemüht, den Anwender einen komprimierten und dennoch umfassenden Überblick über **PQM** zu geben. Zweifellos gibt es noch weitere Vertiefungen in den dargestellten Inhalten. Es würde uns freuen, wenn Sie uns Ihre Anregungen und allfälligen inhaltlichen Erweiterungen mitteilen würden:

PROCON Unternehmensberatung
Saarplatz 17
A-1190 Wien

Tel.: +43-1-367 91 91
Fax: +43-1-367 91 91-9

office@procon.at
www.procon.at

Inhalt

Abbildungsverzeichnis XV

1 Mit Prozessorientiertem Qualitätsmanagement (PQM) zum Erfolg 1

1.1 Gründe für Prozessorientiertes Qualitätsmanagement (PQM) 1

1.2 Die funktionsorientierte Sichtweise eines Unternehmens 3

1.3 Die prozessorientierte Sichtweise eines Unternehmens 5

1.4 Auswirkung der Prozessorientierung 9
1.4.1 Funktionale Organisation mit Prozessverantwortung 9
1.4.2 Matrixorganisation als duale Struktur mit prozess- und funktionsorientierter Organisation 10
1.4.3 Prozessorientierte Organisation 11

2 Ziele und Nutzen eines Prozessorientierten Qualitätsmanagement-Systems (PQM-System) 13

2.1 Zielsetzung 13

2.2 Prozess-Lifecycle – Lebensweg eines Prozesses 14
2.2.1 Prozessaufnahme in die Prozesslandschaft 14
2.2.2 Prozessdefinition 15
2.2.3 Prozessausführung/-regelung 16
2.2.4 Prozessmonitoring 16
2.2.5 Prozess außer Betrieb nehmen 17

2.3 Nutzen eines PQM-Systems 17

3	**Prozesslandschaft – Darstellung der Prozesse im Überblick**	19
3.1	Darstellung und Gruppierung der Prozesse	19
3.2	Darstellungsebenen	23
4	**Prozesse identifizieren, analysieren, konzipieren und optimieren**	27
4.1	4-Schritte-Methode im Überblick	27
4.2	Schritt I: Prozessidentifikation und -abgrenzung	29
4.2.1	Überblick	29
4.2.2	Vorgehensweise	30
4.2.3	Ablauf 1. Prozessteam-Meeting	32
4.3	Schritt II: Ist-Analyse der Prozesse	32
4.3.1	Überblick	32
4.3.2	Beschreibung des Ist-Zustands des Prozesses	33
4.3.3	Prozessanalyse	35
4.3.4	Momente der Wahrheit	38
4.3.5	Die Stimme des Kunden	38
4.3.6	Schnittstellenanalyse	39
4.3.7	Analyse der Einflussfaktoren – die 7-M-Methode zur Auffindung von Verbesserungspotenzial	40
4.3.8	6-W-Fragetechnik zur Ortung von Verbesserungsmöglichkeiten	42
4.3.9	Weitere betriebswirtschaftliche Analysemethoden	43
4.3.10	Identifikation und Klassifizierung der Verbesserungspotenziale	44
4.3.11	Ablauf 2. Prozessteam-Meeting	45
4.4	Schritt III: Konzeption der Soll-Prozesse	47
4.4.1	Überblick	47
4.4.2	Konzeption des Soll-Prozesses	48
4.4.3	Festlegung der Prozessziele und Kennzahlen	53
4.4.4	Festlegung des Reportings der Prozessleistung	57
4.4.5	Abnahme der Soll-Prozesse	58
4.4.6	Ablauf 3. Prozessteam-Meeting	58

4.5	Schritt IV: Realisierung der Verbesserungspotenziale	59
4.5.1	Überblick	59
4.5.2	Planung der Realisierung der Verbesserungspotenziale	60
4.5.3	Ablauf 4. Prozessteam-Meeting	60
4.5.4	Präsentation und offizielle Freigabe des Soll-Prozesses und der damit verbundenen Maßnahmen zur Umsetzung	61
4.5.5	Durchführung der Umsetzungsmaßnahmen	62
5	**Prozessausführung und -steuerung**	**63**
5.1	Prozessausführung und -steuerung als Regelkreis	63
5.1.1	Messung und Darstellung der Prozessleistung	64
5.1.2	Aufgaben des Prozessteams	65
5.1.3	Prozessreporting und Festlegung neuer Prozessziele	68
5.1.4	Notwendigkeit zur Änderung eines existierenden Prozesses	69
6	**Prozessmonitoring**	**71**
6.1	Festlegung der Ziele – Operative Umsetzung der Unternehmensstrategie im Rahmen eines PQM-Systems	71
6.2	Vereinbarung der Zielwerte	72
6.3	Planung, Abstimmung und Einleitung des Zielerreichungsprogrammes	73
6.4	Prozessausführung	74
6.5	Durchführung Soll-/Ist-Vergleich	74
6.6	Analyse und Einleitung von Maßnahmen	75
6.7	Berichterstattung und Kommunikation	76
7	**Prozess außer Betrieb nehmen**	**77**
7.1	Auswirkungen innerhalb der Prozesslandschaft	77
7.2	Vorgehensschritte	78

8	**ISO 9000:2000-Prozessmodell**	79
8.1	Der prozessorientierte Ansatz der ISO 9001:2000	79
8.2	Qualitätsmanagement-Prinzipien der ISO 9000:2000	80
8.3	Neuerungen der ISO 9000:2000 gegenüber der ISO 9000:1994 im Rahmen der großen Revision	81
8.3.1	Inhaltliche Neuerungen der ISO 9000:2000 gegenüber der ISO 9000:1994	81
8.3.2	Normenüberblick zum Thema Qualitätsmanagement	82
8.4	ISO 9000:2000-Prozessmodell	83
8.5	Inhalte der internationalen Norm ISO 9001:2000 im Überblick	85
8.6	Konzept der ISO 9001:2000/ISO 9004:2000	87
8.7	Prozessorientierung als Basis ganzheitlicher Managementsysteme	89
9	**ISO 9001:2000 als Hilfsmittel und Checkliste**	93
9.1	Forderungen der ISO 9001:2000 und deren Umsetzung in die Praxis	93
9.2	ISO 9001-Kapitel 4: Qualitätsmanagement-System	94
9.2.1	ISO 9001-Kapitel 4.1: Allgemeine Anforderungen	95
9.2.2	ISO 9001-Kapitel 4.2: Dokumentationsanforderungen	96
9.3	ISO 9001-Kapitel 5: Verantwortung der Leitung	110
9.3.1	ISO 9001-Kapitel 5.1: Verpflichtung der Leitung	110
9.3.2	ISO 9001-Kapitel 5.2: Kundenorientierung	111
9.3.3	ISO 9001-Kapitel 5.3: Qualitätspolitik	112
9.3.4	ISO 9001-Kapitel 5.4: Planung	116
9.3.5	ISO 9001-Kapitel 5.5: Verantwortung, Befugnis und Kommunikation	119
9.3.6	ISO 9001-Kapitel 5.6: Managementbewertung	123

9.4	ISO 9001-Kapitel 6: Management von Ressourcen	172
9.4.1	ISO 9001-Kapitel 6.1: Bereitstellung von Ressourcen	127
9.4.2	ISO 9001-Kapitel 6.2: Personelle Ressourcen	127
9.4.3	ISO 9001-Kapitel 6.3: Infrastruktur	133
9.4.4	ISO 9001-Kapitel 6.4: Arbeitsumgebung	134
9.5	ISO 9001-Kapitel 7: Produktrealisierung	137
9.5.1	ISO 9001-Kapitel 7.1: Planung der Produktrealisierung	137
9.5.2	ISO 9001-Kapitel 7.2: Kundenbezogene Prozesse	138
9.5.3	ISO 9001-Kapitel 7.3: Entwicklung	148
9.5.4	ISO 9001-Kapitel 7.4: Beschaffung	152
9.5.5	ISO 9001-Kapitel 7.5: Produktion und Dienstleistungserbringung	158
9.5.6	ISO 9001-Kapitel 7.6: Lenkung von Überwachungs- und Messmitteln	166
9.6	ISO 9001-Kapitel 8: Messung, Analyse und Verbesserung	172
9.6.1	ISO 9001-Kapitel 8.1: Allgemeines	172
9.6.2	ISO 9001-Kapitel 8.2.1 Kundenzufriedenheit	173
9.6.3	ISO 9001-Kapitel 8.2.2: Internes Audit	177
9.6.4	ISO 9001-Kapitel 8.2.3: Überwachung und Messung von Prozessen	178
9.6.5	ISO 9001-Kapitel 8.2.4: Überwachung und Messung von Produkten	182
9.6.6	ISO 9001-Kapitel 8.3: Lenkung fehlerhafter Produkte	183
9.6.7	ISO 9001-Kapitel 8.4: Datenanalyse	184
9.6.8	ISO 9001-Kapitel 8.5: Verbesserung	186
10	**Projektablauf zum Aufbau eines PQM-Systems**	197
10.1	Voraussetzungen für ein erfolgreiches Projekt	197
10.2	Projektphase 1: Projektplanung, -organisation und Kick off	199
10.2.1	Entwurf der Prozesslandschaft/Anwendung der Prozessmanagement-Methodik	199
10.2.2	Prozessorientierte Organisation	200
10.3	Projektphase 2: Training	209
10.3.1	Prozessmanagement-Methodik Training	209

10.3.2	Training zum Einsatz von Software-Tools zur Visualisierung und Optimierung von Prozessen	210
10.4	Projektphase 3: Identifikation, Analyse und Konzeption	213
10.5	Projektphase 4: Start der Prozesssteuerung und Optimierung	214
10.6	Projektphase 5: Umsetzungsbegleitung	216
10.7	Mögliche Fallen und Stolpersteine im Projekt	219
11	**Erfolgreiche Projekte in der Praxis**	**221**
11.1	Beispiel: Aufbau eines Prozessorientierten Qualitätsmanagement-Systems in der Volksbank, GHB Kärnten AG	221
11.1.1	Ausgangssituation	221
11.1.2	Projektablauf	221
11.1.3	Erstellung einer Prozesslandschaft	224
11.1.4	Das PQM-System im Intranet	225
11.2	Beispiel: Aufbau eines Prozessorientierten Qualitätsmanagement-Systems im Fuhrpark der MA48	226
11.2.1	Ausgangssituation	226
11.2.2	Projektziele	226
11.2.3	Umsetzung	227
11.2.4	Rückblick auf das abgeschlossene Projekt	229
11.3	Beispiel: Aufbau eines Prozessmanagement-Systems in der Flughafen Wien AG	230
11.3.1	Ausgangssituation	230
11.3.2	Projektziel	230
11.3.3	Prozesslandschaft als Rahmen	231
11.3.4	Optimierung anhand des Beispiels neuer Mitarbeiter	231
12	**Die Durchführung von prozessorientierten Audits auf der Basis der ISO 9001:2000**	**239**
12.1	Bedeutung und Zielsetzung prozessorientierter Audits	239
12.2	Auditarten	239

12.2.1	Systemaudit	239
12.2.2	Prozessaudit	239
12.2.3	Produkt-/Dienstleistungsaudit	240
12.3	Planung und Durchführung eines Systemaudits	240
12.4	Planung und Durchführung eines Prozessaudits	248
13	**Prozessbenchmarking**	**253**
13.1	Definition und Zielsetzung	253
13.2	Arten von Benchmarking	253
13.2.1	Internes Prozessbenchmarking	254
13.2.2	Wettbewerbsorientiertes Benchmarking	255
13.2.3	Funktionales Benchmarking	255
13.3	Vor- und Nachteile der Benchmarking-Arten	256
13.4	Der Prozess des Prozessbenchmarkings	256
13.4.1	Voraussetzungen für ein erfolgreiches Benchmarking-Projekt	257
13.4.2	Informationsbeschaffung und Informationsverarbeitung	258
13.4.3	Benchmarking-Phase I: Projektplanung	258
13.4.4	Benchmarking-Phase II: Bewertung	259
13.4.5	Benchmarking-Phase III: Zielbestimmung der Verbesserung	260
13.4.6	Benchmarking-Phase IV: Umsetzung der Benchmarking-Ergebnisse	261
14	**EDV-Tools zur Darstellung von Prozessorientierten Qualitätsmanagement-Systemen**	**263**
14.1	Word-Texte	263
14.2	Lotus Notes	264
14.3	Adobe Acrobat Reader	264
14.4	Proprietäre Systeme	265

14.5	Intranet (HTML)	265
14.6	Geschäftsprozess-Optimierungs-Tools	267
14.6.1	Zielsetzung	267
14.6.2	Übersicht ausgewählter Geschäftsprozess-Optimierungs-Tools	267
14.6.3	Der Einsatz eines Geschäftsprozess-Optimierungs-Tools anhand des Beispiels ARIS	268
14.7	Workflow-Management-Tools	274
14.7.1	Zielsetzung	274
14.7.2	Übersicht ausgewählter Workflow-Management-Tools	274
14.7.3	Der praktische Einsatz von Workflow-Management-Tools	275
14.8	Vorgehensweise zur Toolauswahl	275

Literatur ... 277

Stichwortverzeichnis ... 283

Autorenverzeichnis ... 287

Abbildungsverzeichnis

Abbildung 1-1:	Weg eines Auftrags – Instanzenzug des Kunden	1
Abbildung 1-2:	Schnittstellenproblematik	2
Abbildung 1-3:	Funktionsorientierung versus Prozessorientierung	2
Abbildung 1-4:	Organigramm	4
Abbildung 1-5:	Prozessprinzip für Servicehotline	6
Abbildung 1-6:	Input und Output eines Prozesses	6
Abbildung 1-7:	Messung und Evaluierung eines Prozesses	6
Abbildung 1-8:	Vorgaben zum Prozess	7
Abbildung 1-9:	Prozesslandschaft – Beispiel	8
Abbildung 1-10:	Prozesslandschaft – Beispiel [Quelle: Thon & Badstöber]	8
Abbildung 1-11:	Funktionale Organisation mit Prozessverantwortung	10
Abbildung 1-12:	Matrixorganisation als duale Struktur	11
Abbildung 1-13:	Prozessorientierte Organisation	12
Abbildung 2-1:	Prozess-Lifecycle	14
Abbildung 2-2:	Prozess-Lifecycle Phase 1	15
Abbildung 2-3:	Prozess-Lifecycle Phase 2	15
Abbildung 2-4:	Prozess-Lifecycle Phase 3	16
Abbildung 2-5:	Prozess-Lifecycle Phase 4	17
Abbildung 2-6:	Vergleich kundenorientierte Unternehmen zu Durchschnittsunternehmen	18
Abbildung 3-1:	Prozesslandschaft	19
Abbildung 3-2:	Darstellungsebenen eines PQM-Systems im Überblick	23
Abbildung 3-3:	Darstellungsebenen im PQM-System	24
Abbildung 3-4:	Prozesslandschaft im Intranet	25
Abbildung 4-1:	Die 4-Schritte-Methode für Prozessmanagement	27
Abbildung 4-2:	Auszug aus einer Regieanweisung	28
Abbildung 4-3:	Schritt I: Prozessabgrenzung	29
Abbildung 4-4:	Auszug aus einem „Arbeitsblatt 1. PTM"	31
Abbildung 4-5:	Inhalte des 1. Prozessteam-Meetings und Aufgaben des Teams	32
Abbildung 4-6:	Schritt II: Analyse Ist-Prozesse	32
Abbildung 4-7:	Prozessablauf	33
Abbildung 4-8:	Erklärung der Spalten zur Beschreibung der Darstellung des Prozesses	34
Abbildung 4-9:	Erklärung der Symbole zur Beschreibung des Prozessflusses	34
Abbildung 4-10:	Erklärung der Konnektoren zur Beschreibung des Prozessflusses	35
Abbildung 4-11:	Einteilung von Prozessen nach Wertschöpfung	36

Abbildung 4-12:	Arten von nicht-wertschöpfenden Tätigkeiten	36
Abbildung 4-13:	Fragestellungen zur Aufdeckung der Momente der Wahrheit	38
Abbildung 4-14:	Analyse der Stimme des Kunden	39
Abbildung 4-15:	Übersetzung der Stimme des Kunden	39
Abbildung 4-16:	Auszug aus einem Formular zur Schnittstellenanalyse	40
Abbildung 4-17:	Fischgrätendiagramm nach Ishikawa	40
Abbildung 4-18:	Auszug aus einem 7-M-Formular	41
Abbildung 4-19:	6-W-Checkliste	42
Abbildung 4-20:	Auszug aus einer Liste für Verbesserungspotenzial	44
Abbildung 4-21:	Inhalte des 2. Prozessteam-Meetings und Aufgaben des Teams	45
Abbildung 4-22:	Arbeitsblatt Prozessanalyse	46
Abbildung 4-23:	Prozessteam-Meeting Prozessanalyse	47
Abbildung 4-24:	Schritt III: Prozessbeschreibung	47
Abbildung 4-25:	Prozessbeschreibung Mitarbeiterentwicklung	49
Abbildung 4-26:	Systematische Prozesszielableitung	53
Abbildung 4-27:	Messbarkeit der Prozessziele	54
Abbildung 4-28:	Die fünf Prinzipien einer guten Messgröße	55
Abbildung 4-29:	Beispiele für Kennzahlen	57
Abbildung 4-30:	Mögliche Darstellungsform eines Prozessreportings	58
Abbildung 4-31:	Inhalte des 3. Prozessteam-Meetings und Aufgaben des Teams	58
Abbildung 4-32:	Arbeitsblatt Prozessziele	59
Abbildung 4-33:	Schritt IV: Vorgehen zur Umsetzung	60
Abbildung 4-34:	Inhalte des 4. Prozessteam-Meetings und Aufgaben des Teams	61
Abbildung 4-35:	Maßnahmenplan	61
Abbildung 4-36:	Maßnahmen-Monitoring	62
Abbildung 5-1:	Prozessausführung und -steuerung als Regelkreis	63
Abbildung 5-2:	Messung der Prozessleistung	64
Abbildung 5-3:	Prozess-Infotafel	65
Abbildung 5-4:	Verantwortungsübernahme durch den Prozessverantwortlichen	65
Abbildung 5-5:	Rollenbeschreibung eines Prozessverantwortlichen	66
Abbildung 5-6:	Prozessteam-Jour-fixe	67
Abbildung 5-7:	Prozessreport	68
Abbildung 5-8:	Prozessmanagement 4-Schritte-Methode zur Prozessdefinition	69
Abbildung 6-1:	Prozessmonitoring	71
Abbildung 6-2:	Strategische Ziele/Balanced Scorecard	72
Abbildung 6-3:	Vereinbarung der Zielwerte	73

Abbildung 6-4:	Festlegung Zielerreichungsprogramm	73
Abbildung 6-5:	Prozessausführung	74
Abbildung 6-6:	Präsentation Prozessreport	76
Abbildung 6-7:	Unternehmensleitstand Prozesszielerreichung	76
Abbildung 6-8:	Mitarbeiterversammlung	76
Abbildung 7-1:	Prozesslandschaft – Prozesse außer Betrieb nehmen ..	77
Abbildung 7-2:	Checkliste für die außer Betriebnahme von Prozessen	78
Abbildung 8-1:	Qualitätsbegriff	79
Abbildung 8-2:	Die acht Qualitätsmanagement-Prinzipien	80
Abbildung 8-3:	Normenüberblick zum Thema Qualitätsmanagement	82
Abbildung 8-4:	Prozess der ständigen Verbesserung	83
Abbildung 8-5:	Qualitätsmanagement-Prozessmodell ISO 9001:2000	84
Abbildung 8-6:	Inhaltsverzeichnis der ISO 9001:2000	85
Abbildung 8-7:	Detaillierung des Qualitätsmanagement-Prozessmodells der ISO 9001:2000	87
Abbildung 8-8:	Beispiel aus dem „Übereinstimmenden Paar" ISO 9001:2000/ISO 9004:2000	88
Abbildung 8-9:	Integration von Managementsystemen	89
Abbildung 8-10:	Erweiterung der Prozesslandschaft/ganzheitliches Managementsystem	90
Abbildung 8-11:	Überblick Normen, Forderungen, Hilfsmittel im Umkreis von QM	91
Abbildung 9-1:	Relevante Forderungen für den Prozess Anfragebearbeitung	93
Abbildung 9-2:	Forderungen der ISO 9001 zum Kapitel 4 „Qualitätsmanagement-System"	94
Abbildung 9-3:	Hierarchie der Qualitätsmanagement-Dokumente ..	97
Abbildung 9-4:	Qualitätsmanagement-Handbuch	98
Abbildung 9-5:	Beispiel einer Qualitätshomepage	99
Abbildung 9-6:	Prozesslandschaft im Intranet	100
Abbildung 9-7:	Prozessbeschreibung im Intranet	100
Abbildung 9-8:	Auszug aus einer Dokumentenmatrix	102
Abbildung 9-9:	Prozess-Übersicht	105
Abbildung 9-10:	Prozess-Ablauf	105
Abbildung 9-11:	Auszug aus einer Anleitung zur Erstellung einer Prozessbeschreibung	107
Abbildung 9-12:	Formblatt Prozessbeschreibung	108
Abbildung 9-13:	Forderungen der ISO 9001 zum Kapitel „Management der Ressourcen"	110
Abbildung 9-14:	Zusammenhang Unternehmenspolitik und Qualitätspolitik	113
Abbildung 9-15:	Beispiel Qualitätspolitik	114

Abbildung 9-16: Einbindung der Qualitätsziele 116
Abbildung 9-17: Qualitätsziele und deren Quantifizierung 117
Abbildung 9-18: Qualitätsplanung 118
Abbildung 9-19: Funktionendiagramm 120
Abbildung 9-20: Aspekte der internen Kommunikation 123
Abbildung 9-21: Aufgabe des Management-Reviews 124
Abbildung 9-22: Management-Review-Bericht 126
Abbildung 9-23: Forderungen der ISO 9001 zum Kapitel
„Management von Ressourcen" 127
Abbildung 9-24: Ablauf des Mitarbeitergesprächs 130
Abbildung 9-25: Nutzen systematischer Förderung 130
Abbildung 9-26: Checkliste Ausbildungsbedarf 131
Abbildung 9-27: Ausbildungsplan 132
Abbildung 9-28: Wartungsplan 134
Abbildung 9-29: Fragen zur ergonomischen Betrachtung des
Arbeitsumfeldes 136
Abbildung 9-30: Forderungen der ISO 9001 zum Kapitel
„Management der Ressourcen" 137
Abbildung 9-31: Checkliste zur Identifizierung der Kunden-
forderungen 139
Abbildung 9-32: Brief "Bekanntgabe des Projektleiters" 143
Abbildung 9-33: Prozessbeschreibung – Anfrage- und Angebotsphase .. 144
Abbildung 9-34: Unterscheidungstabelle Verifizierung/Validierung ... 151
Abbildung 9-35: Auszug einer Lieferantenbewertung 154
Abbildung 9-36: Lieferantenbericht 157
Abbildung 9-37: Richtlinien zur Handhabung von Produkten 163
Abbildung 9-38: Verpackungsübersicht 164
Abbildung 9-39: Rückführung auf das internationale Normal 168
Abbildung 9-40: Beispiel Prüfmittelliste 169
Abbildung 9-41: Kalibrieranweisung 171
Abbildung 9-42: Forderungen der ISO 9001 zum Kapitel „Messung,
Analyse und Verbesserung" 172
Abbildung 9-43: Fragestellung zur Erhebung der Kundenzufriedenheit 175
Abbildung 9-44: Beschwerdeannahme-Formular 176
Abbildung 9-45: Messbalken 179
Abbildung 9-46: Beispiele von Prozesszielen 180
Abbildung 9-47: Prozessziele 181
Abbildung 9-48: Dimensionen zur prozessbezogenen Messung 180
Abbildung 9-49: Prozessteam-Infotafel 181
Abbildung 9-50: Prüfplan 182
Abbildung 9-51: Kontinuierlicher Verbesserungsprozess 187
Abbildung 9-52: Korrekturmaßnahmenbericht 193

Abbildungsverzeichnis

Abbildung 10-1:	Die Phasen zum Aufbau eines prozessorientierten Managementsystems	197
Abbildung 10-2:	Projektphase 1	199
Abbildung 10-3:	Regieanweisung Erstellung Prozesslandschaft	200
Abbildung 10-4:	Die Projektteamstruktur	202
Abbildung 10-5:	Die Teamstruktur einer Arbeitsgruppe	201
Abbildung 10-6:	Tätigkeiten und Verantwortung im Projekt	203
Abbildung 10-7:	Auszug aus einer Rollenbeschreibung	204
Abbildung 10-8:	Projekt-Homepage	206
Abbildung 10-9:	Projekt-Infoblatt	207
Abbildung 10-10:	Projektdefinition	208
Abbildung 10-11:	Projektphase 2	209
Abbildung 10-12:	Prozessmanagement-Workshop	210
Abbildung 10-13:	Auszug aus einem Handbuch zu einem Geschäftsprozess-Optimierungstool	212
Abbildung 10-14:	Projektphase 3	213
Abbildung 10-15:	Die vier Schritte der Prozessmanagement-Methodik in der Projektphase 3	213
Abbildung 10-16:	Projektphase 4	214
Abbildung 10-17:	Prozessausführung und -steuerung	215
Abbildung 10-18:	Prozess-Infotafel	215
Abbildung 10-19:	Information der Mitarbeiter	216
Abbildung 10-20:	Projektphase 5	217
Abbildung 10-21:	Prozesse im Jahreskalender	218
Abbildung 11-1:	Projekt-Terminplan	222
Abbildung 11-2:	Beispiel für Mitarbeiterinformation	223
Abbildung 11-3:	Prozesslandschaft der Volksbank, GHB Kärnten AG	224
Abbildung 11-4:	PQM-System im Intranet	225
Abbildung 11-5:	Prozesslandschaft des Fuhrparks der MA48 [Quelle: Thon & Badstöber]	228
Abbildung 11-6:	Auszug aus der Übersicht Besprechungen	229
Abbildung 11-7:	Prozesslandschaft der Flughafen Wien AG	231
Abbildung 11-8:	Auszug aus dem ersten Arbeitsblatt Identifikation und Abgrenzung	233
Abbildung 11-9:	Prozessfluss „neuer Mitarbeiter"	233
Abbildung 11-10:	Auszug aus den festgelegten Prozesszielen	234
Abbildung 11-11:	Auszug aus der Maßnahmenliste zur Realisierung des Verbesserungspotenzials	235
Abbildung 11-12:	Prozessgruppe „Personal managen" mit den vier Prozessen	235
Abbildung 11-13:	Detaildarstellung des Prozessszenarios „Arbeiter einstellen"	237

Abbildung 12-1:	ISO 9001:2000 als Ausgangspunkt für ein Systemaudit	241
Abbildung 12-2:	Auswahlmatrix Normforderungen	242
Abbildung 12-3:	Beispiel von Standardfragen einer Systemauditcheckliste	244
Abbildung 12-4:	Auditplan zur Durchführung eines Systemaudits	245
Abbildung 12-5:	Gliederung von Prozessen	246
Abbildung 12-6:	Systemauditbericht	247
Abbildung 12-7:	Prozessbeschreibung als Ausgangspunkt für ein Prozessaudit	249
Abbildung 12-8:	Prozessauditcheckliste	250
Abbildung 12-9:	Formular Prozessauditbericht	251
Abbildung 13-1:	Arten des Benchmarkings	254
Abbildung 13-2:	Vor- und Nachteile der Benchmarking-Arten	256
Abbildung 13-3:	Benchmarking-Prozess als Ablaufmodell	257
Abbildung 13-4:	Informationsquellen für Benchmarking	258
Abbildung 13-5:	Datensammlung von Benchmarking-Daten	260
Abbildung 13-6:	Zieldimensionen der Leistungsverbesserung beim Prozessbenchmarking	261
Abbildung 14-1:	PQM-System in Lotus Notes	264
Abbildung 14-2:	PQM-System im Intranet	266
Abbildung 14-3:	ARIS-Haus – Integration verschiedener Sichten	268
Abbildung 14-4:	Prozessablauf mit dem Tool ARIS	269
Abbildung 14-5:	Prozesskostenrechnung	270
Abbildung 14-6:	Prozesssimulation	271
Abbildung 14-7:	Veröffentlichung eines Prozesses via Internet	272
Abbildung 14-8:	ARIS – House of Business Engineering	273
Abbildung 14-9:	Workflow-Beispiel Versetzungsantrag	275

1 Mit Prozessorientiertem Qualitätsmanagement (PQM) zum Erfolg

1.1 Gründe für Prozessorientiertes Qualitätsmanagement (PQM)

„Die einzige Konstante im Geschäftsleben ist jene der ständigen Veränderung."

Globaler Wettbewerb, steigender Konkurrenzdruck, höher werdende Kundenerwartungen und rascher werdender technologischer Fortschritt sind nur einige der Herausforderungen, die sich den Unternehmen in immer stärker werdendem Ausmaß und immer rasanterer Geschwindigkeit stellen[1]. Sich darauf einzustellen heißt, das eigene Geschäft besser als andere zu beherrschen und sich rechtzeitig den Veränderungen anzupassen[2].
Die Notwendigkeit von Prozessorientiertem Qualitätsmanagement in einem Unternehmen kann an folgendem Beispiel verdeutlicht werden:

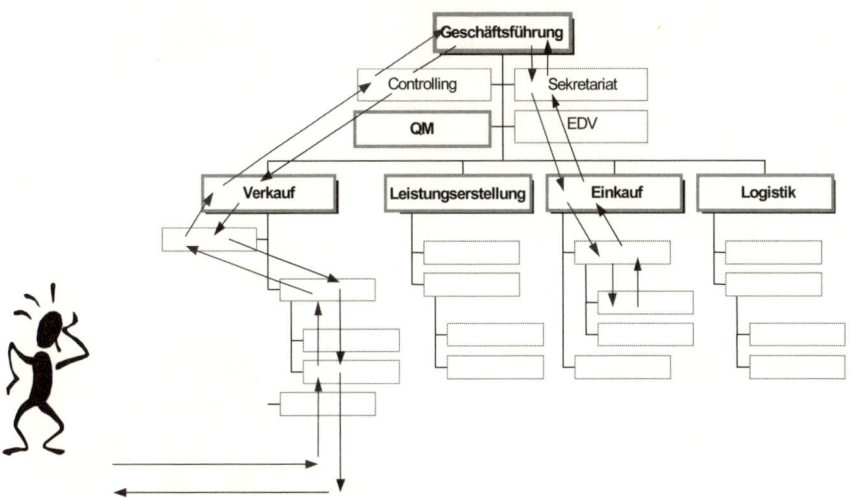

Abb. 1-1: Weg eines Auftrags – Instanzenzug des Kunden

Ein Kunde ruft im Unternehmen an. Nach einigen Minuten Verharrens in der Warteschleife gelangt er in die Telefonzentrale. Vor dort aus wird er mit der Verkaufsabteilung verbunden. In der Verkaufsabteilung ist die zuständige Person gerade nicht anwesend. Aufgrund der Wichtigkeit der Anfrage wird nun die Geschäftsleitung eingeschaltet. Dabei ergeben sich Rückfragen mit der Einkaufsabteilung ...

An jeder Schnittstelle kommt es zwangsläufig sowohl zu Zeit- als auch zu Informationsverlusten. Schnittstellen sind mitunter vergleichbar mit „Mauern" zwischen einzelnen Abteilungen/Bereichen:

Abb. 1-2: Schnittstellenproblematik

Funktionsorientierte Sichtweise   Prozessorientierte Sichtweise

Abb. 1-3: Funktionsorientierung versus Prozessorientierung

Prozessorientierung bedeutet – wie in den nachfolgenden Kapiteln dargestellt – die Abkehr vom Abteilungsdenken hin zur abteilungsübergreifenden Zusammenarbeit.

1.2 Die funktionsorientierte Sichtweise eines Unternehmens

Auf die Frage „Können Sie mir ein Bild von ihrem Unternehmen geben?" wird von der Geschäftsleitung eines Unternehmens vielfach die Aufbauorganisation in Form eines Organigramms präsentiert[3].
Die Ausbeute an Informationen, die sich aus einem Organigramm extrahieren lässt, hat, ohne jede Frage, ihre Berechtigung, aber bietet doch nur sehr wenig Aussagekraft über die Funktionsweise des Unternehmens. Erstens fehlt der Kunde in diesem Bild. Zweitens sind weder Produkte noch Dienstleistungen ersichtlich und drittens gibt das Organigramm keine Vorstellung darüber, wie der Arbeitsfluss vor sich geht, aufgrund dessen die Produkte und Dienstleistungen zustande kommen[4].
Durch ein Organigramm verschafft man sich zwar ein gutes Bild darüber, wie effizient sich die Entscheidungsstrukturen darstellen und schließt damit wiederum auf die Entscheidungsgeschwindigkeiten und die Flexibilität des Unternehmens. Weiterhin erfährt man aus dem Organigramm, welche Abteilungen im Unternehmen existieren. Aber das beantwortet die Frage zur Funktionsweise des Unternehmens nur rudimentär. Denn man hat nur Informationen über das WAS gewonnen, nicht aber über das WIE. Der Aufbau eines *Unternehmens* stellt nur einen, wenn auch wichtigen, Bauteil des Gesamtkomplexes Unternehmen dar. Das Organigramm gibt keine Auskunft darüber, mit welchen Abläufen, Tätigkeiten und Aufgaben das Unternehmen seine Leistung erbringt. Und vor allem stellt ein Organigramm keinen Bezug zu den Kunden sowie zu den Lieferanten her[5].
Um Entscheidungen richtig treffen zu können, reicht es nicht aus, zu wissen, welche Abteilungen es gibt und wie diese hierarchisch miteinander verbunden sind, sondern es ist wichtig zu wissen, wie die einzelnen Abteilungen bei der Aneinanderreihung ihrer Leistungen ineinander greifen und damit zur Endleistung beitragen. Das Problem erstreckt sich natürlich auf alle hierarchischen Ebenen: Ist auch jedem Mitarbeiter der Abteilungen klar, wie er als Individuum an der Leistungsherstellung beteiligt ist? Oder enden die Erkenntnisse der Zusammenhänge der einzelnen Tätigkeiten an der Abteilungsgrenze. Ist jedem Mitarbeiter klar, was die im Ablauf folgende Abteilung wirklich wünscht? Und sind die Schnittstellen zwischen den einzelnen Tätigkeiten soweit definiert und festgelegt, dass die Übergänge keine Quelle

1 Mit Prozessorientiertem Qualitätsmanagement (PQM) zum Erfolg

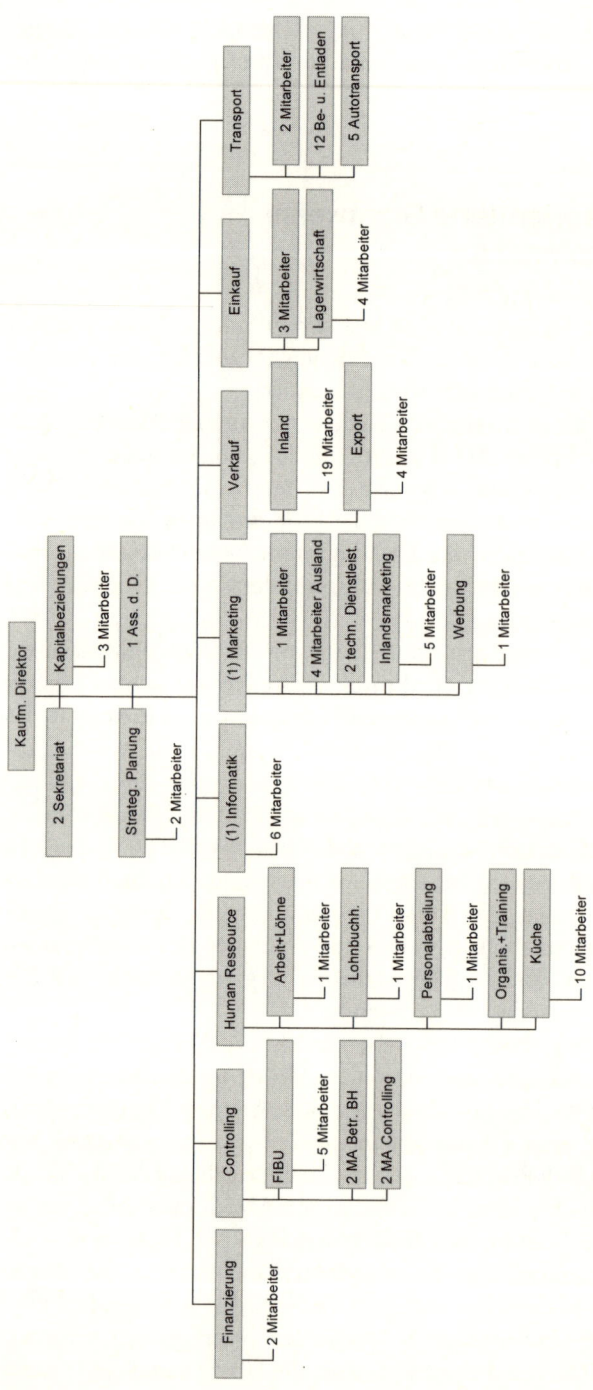

Abb. 1-4: Organigramm

der Fehlerentstehung mehr sind? In diesem traditionellen funktionsorientierten organisatorischen Umfeld entsteht oftmals eine Effekt, der sich als „Silo-Effekt" beschreiben lässt. Das bedeutet im übertragenen Sinn, dass hohe, dicke und fensterlose Strukturen rund um die jeweilige Abteilung hochgezogen werden. Es wird funktionsorientiert agiert, d. h. nur auf die eigene Abteilung Rücksicht genommen – der Blick auf das Gesamte geht verloren. Durch den Ansatz der Prozessorientierung kommt man weg von diesem Denken in „Silos" – dem Arbeiten innerhalb der Kompetenzbereiche, die über Jahre aufgebaut wurden und deren oberste Maxime die eigene Budgeterreichung ist, auch wenn dies auf Kosten anderer Unternehmensbereiche geht[6].

1.3 Die prozessorientierte Sichtweise eines Unternehmens

Ausgehend von den an die Kunden gelieferten Produkten und erbrachten Dienstleistungen stellt sich die Frage, welche Aktivitäten innerhalb des Unternehmens hierfür erforderlich sind. Diese Frage führt zu den Prozessen eines Unternehmens. Zu den Prozessen, die als Abfolge von Tätigkeiten zu verstehen sind und zu konkreten Ergebnissen (Output) führen. Ganz allgemein ist ein Prozess eine Tätigkeit, die einen zeitlichen Beginn und ein Ende hat. Ein Prozess ist aber nicht nur zeitlich abgegrenzt, sondern auch inhaltlich. Um die so genannten Schnittstellen zu definieren, ist für jeden Prozess festzuhalten, welches Ergebnis in welcher Form vom vorhergehenden Prozess übergeben wird, wie dieses Ergebnis weiterverarbeitet wird, und in welcher Form das weiterverarbeitete Ergebnis an den anschließenden Prozess weitergegeben wird. Das hier betrachtete Ergebnis muss aber nicht unbedingt materieller Konsistenz (Produkte, Werkstoffe, Halbfertigprodukte etc.) sein, es kann sich ohne weiteres auch um Informationen, Dienstleistungen oder Ähnliches handeln[7].
Anhand des nachfolgenden Prozessprinzips kann die Bedeutung dieser Sichtweise beispielsweise anhand eines **Servicehotline-Prozesses** gezeigt werden. Wie aus dem Bild zu entnehmen ist, verfügen Prozesse über Inputs und Outputs, die den eigentlichen Prozess zum vor- bzw. nachgelagerten Prozess abgrenzen und der Erfüllung des **Prozesszweckes** dienen müssen[8].
Um einen Prozess hinsichtlich seiner Güte zu bewerten, hat man also folgende drei Anhaltspunkte: den **Input**, den eigentlichen **Prozessablauf** und die dafür erforderlichen **Ressourcen** sowie den **Output** (vgl. Kapitel 4.2). Die **Prozessziele**[9] sind Top-down aus den Unternehmenszielen abzuleiten (vgl. Kapitel 6.1) und können ganz allgemeine Qualitätsaspekte ebenso abdecken wie Kosten- und Zeitaspekte.

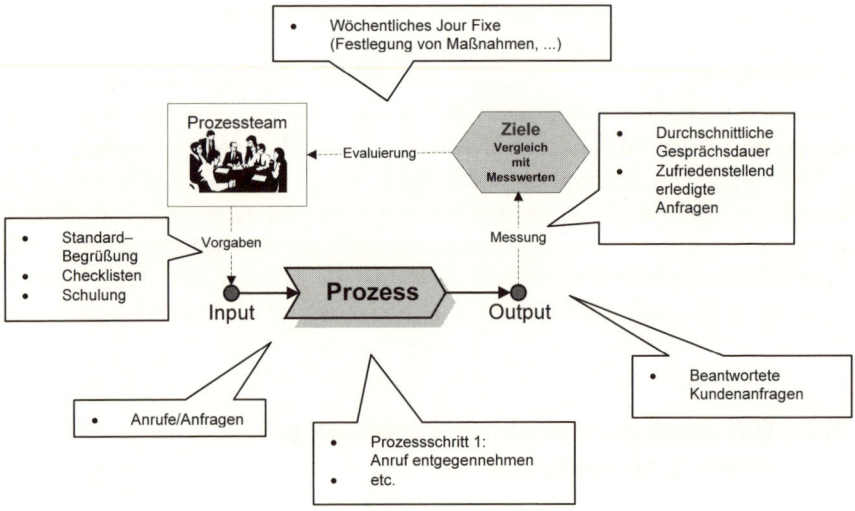

Abb. 1-5: Prozessprinzip für Servicehotline (vgl. Kapitel 8)

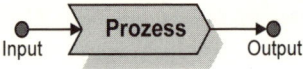

Abb. 1-6: Input und Output eines Prozesses

Um über die Güte bzw. den Erfolg eines Prozesses eine Aussage zu treffen, muss der Prozess einer **Messung** und folglich einer **Evaluierung** (vgl. Kapitel 5.1.1) bzw. Analyse zugeführt werden. Dies kann beispielsweise im Rahmen eines fix installierten wöchentlichen Prozess-Jour-fixes (vgl. Kapitel 5.1) erfolgen, wobei auch prozessfremde Personen miteingebunden werden können.

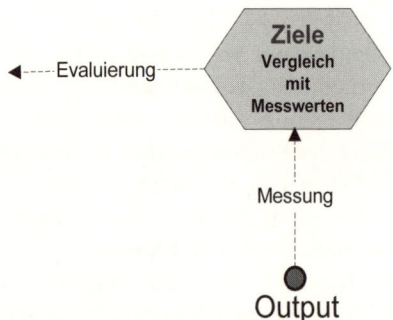

Abb. 1-7: Messung und Evaluierung eines Prozesses

1.3 Die prozessorientierte Sichtweise eines Unternehmens

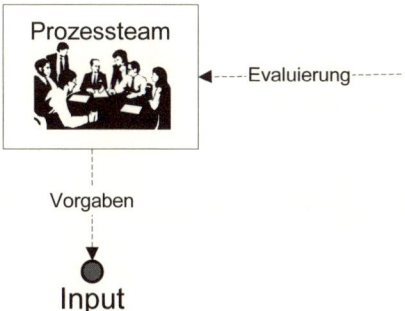

Abb. 1-8: Vorgaben zum Prozess

Aus diesen Analysen und Evaluierungen werden vom Prozessverantwortlichen[10] und seinem Prozessteam **Vorgaben** und Maßnahmen zur Verbesserung der Zielerreichung getroffen. Der Prozessverantwortliche ist derjenige der den Prozess festlegt, freigibt und für dessen Umsetzung sorgt – somit die Verantwortung für den Prozess trägt und auch gegenüber der Unternehmensleitung Rechenschaft darüber ablegen muss (vgl. Kapitel 6.5).
Das Prozessteam ist zur Unterstützung des Prozessverantwortlichen eingesetzt und kann sowohl Personen aus dem Prozess selbst als auch aus anderen Prozessen umfassen.

> Unter Prozessorientierung wird somit die Grundhaltung verstanden, bei der das gesamte betriebliche Handeln als Kombination von Prozessen beziehungsweise Prozessketten betrachtet wird[11].

Um alle Prozesse eines Unternehmens und deren Beziehung zueinander übersichtlich darstellen zu können, kann eine Prozesslandschaft (vgl. Kapitel 3) erstellt werden.
In einer Prozesslandschaft sind jene Prozesse dargestellt, die einerseits die Leistung für den Kunden erbringen, und andererseits auch alle Prozesse, die diese Leistungserbringung steuern, unterstützen und verbessern. Im Vergleich zu einem Organigramm steht hier das Gedankengut einer durchgängigen Prozesskette im Vordergrund, im Unterschied zum Bereichs- und Abteilungsdenken. Prozesslandschaften sind immer unternehmensspezifisch gestaltet, da sie die Besonderheiten und Zusammenhänge des Unternehmens darstellen.
Die hier dargestellte Prozesslandschaft teilt die Prozesse in die Kategorien Management-Prozesse, Geschäftsprozesse, Unterstützende Prozesse und Mess-/Analyse- und Verbesserungsprozesse. Zusätzlich können, wie in diesem Beispiel die Anforderungen der Kunden, die Produkte beziehungsweise

8   1 Mit Prozessorientiertem Qualitätsmanagement (PQM) zum Erfolg

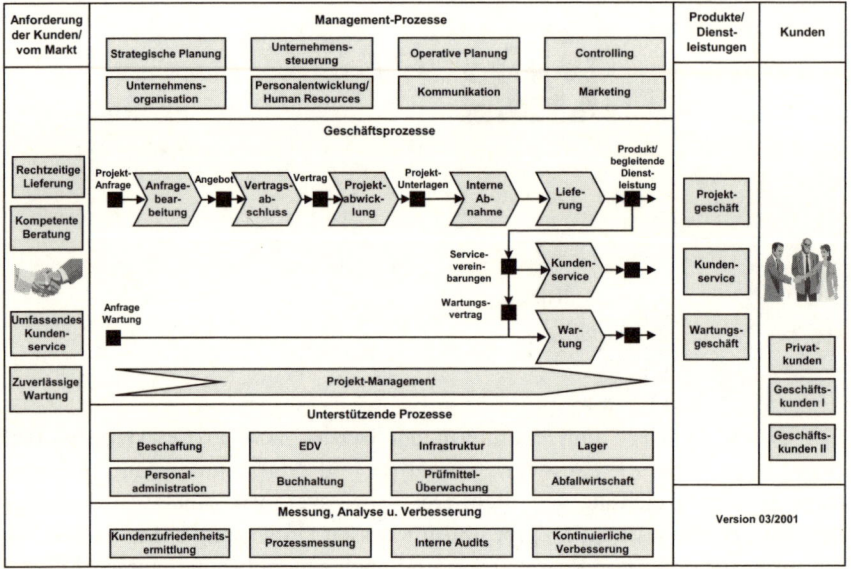

Abb. 1-9: Prozesslandschaft – Beispiel

Dienstleistungen und die Kundengruppen dargestellt werden. Die Prozesslandschaft erfüllt die Funktion eines Inhaltsverzeichnisses in bildlicher Form und ist der Ausgangspunkt für den Aufbau des PQM-Systems, wie in den nachfolgenden Kapiteln noch im Detail erläutert wird.

Betreffs der Gestaltung der Prozesslandschaft gibt es eine Vielzahl von Möglichkeiten, wie auch das nachfolgende Beispiel (vgl. Kapitel 11.2) zeigt. Hier

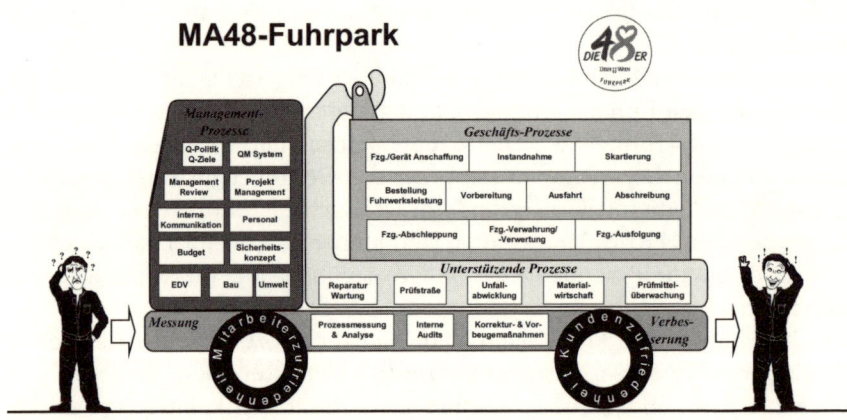

Abb. 1-10: Prozesslandschaft – Beispiel [Quelle: Thon & Badstöber]

sind beispielsweise die Managementprozesse in Form eines Führerhauses, die Geschäftsprozesse in Form einer LKW-Mulde etc. zusammengefasst.
Ziel der Prozessorientierung ist die Steigerung von Qualität und Produktivität im Unternehmen durch eine ständige Verbesserung der Prozesse. Von besonderer Bedeutung ist dabei die Ausrichtung auf die Wünsche und Anforderungen der Kunden sowie die Einbeziehung aller Mitarbeiter auf allen Hierarchieebenen.

1.4 Auswirkung der Prozessorientierung

Der Aufbau eines PQM-Systems (vgl. Kapitel 9) bedeutet veränderte Strukturen und induziert Wirkungen auf die gesamte Organisation. Die Aufbau- und Ablauforganisation werden verändert und ein prozessorientiertes Verständnis wird aufgebaut. Geht man von der funktionalen Gliederung eines Unternehmens aus, lassen sich drei Entwicklungen zu einer Prozessorganisation erkennen[12].

- Funktionale Organisation mit Prozessverantwortung
- Matrixorganisation als duale Struktur mit prozess- und funktionsorientierter Organisation
- Prozessorientierte Organisation

1.4.1 Funktionale Organisation mit Prozessverantwortung

Bei der funktionalen Organisation mit Prozessverantwortung (vgl. Kapitel 5.1.2) bleiben die Funktionen bzw. Abteilungen im Unternehmen und ihre Verantwortlichkeiten weitestgehend bestehen. Für wesentliche Geschäftsprozesse, wie beispielsweise den Verkauf oder die Auftragsabwicklung, werden Prozessverantwortliche (bzw. Prozesseigner) eingesetzt, die funktions- bzw. abteilungs- oder auch standortübergreifend die Gesamtziele dieser Geschäftsprozesse verfolgen. Innerhalb dieser Organisation bleiben die wesentlichen Verantwortlichkeiten und die Weisungsbefugnis in der funktionalen Linie. Der Prozessverantwortliche[13] ist an allen Entscheidungen beratend beteiligt und hat selbst keine Entscheidungskompetenz. Vorteil dieser Form ist es, dass die funktionale Struktur erhalten bleibt und mit relativ wenig Aufwand die Prozesssichtweise langsam etabliert wird[14].

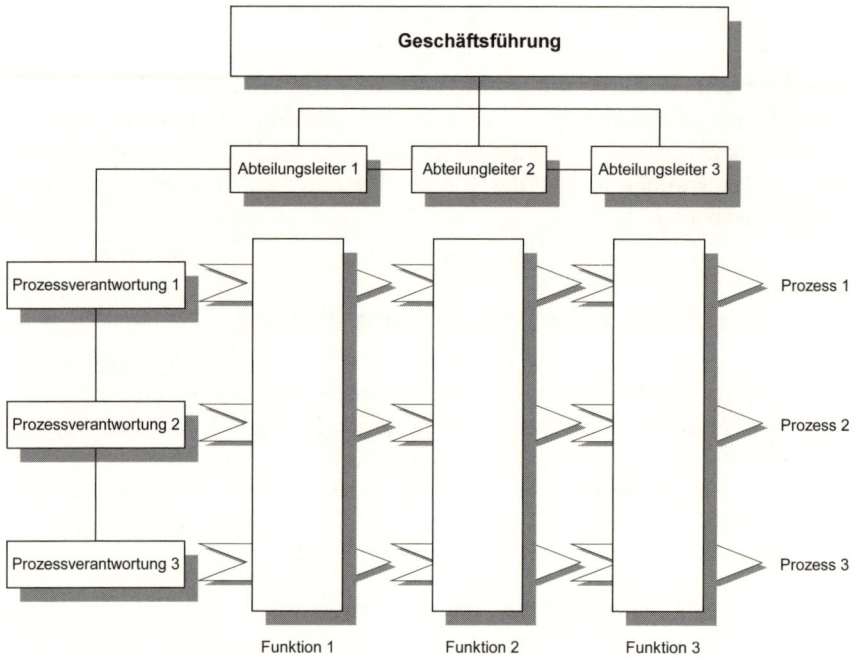

Abb. 1-11: Funktionale Organisation mit Prozessverantwortung

1.4.2 Matrixorganisation als duale Struktur mit prozess- und funktionsorientierter Organisation

In dieser Organisationsform existieren die funktionale und prozessorientierte Form nebeneinander. Der Prozessverantwortliche vertritt gegenüber den Funktions- bzw. Abteilungsverantwortlichen die Prozessziele. Sein Aufgabenbereich ist es, die Zufriedenheit des Endkunden zu sichern, sich daraus ergebende organisatorische Maßnahmen abzuleiten und anzustoßen. Der Prozessverantwortliche hat die Befugnis, den Prozessablauf als solchen festzulegen, dargelegt in der Abb. 1-12 durch den durchgängigen horizontalen Pfeil. Der Prozessverantwortliche hat jedoch keine operative Verantwortung in diesem Prozess. Insgesamt ist die Prozessorientierung in diesem Zusammenhang als ein funktionsübergreifendes Steuern der Geschäftsprozesse zu verstehen. Aufgrund dieser Matrixorganisation können Konflikte bei Verantwortung und Entscheidung entstehen. Vorteil dieser Organisationsform ist die Vereinigung von funktionsspezifischem Fachwissen und abteilungsübergreifender Prozesserfahrung. Durch die Prozessorientierung wird die Kundenorientierung und die Ganzheitlichkeit der Betrachtung von Geschäftsprozessen sichergestellt[15].

1.4 Auswirkung der Prozessorientierung

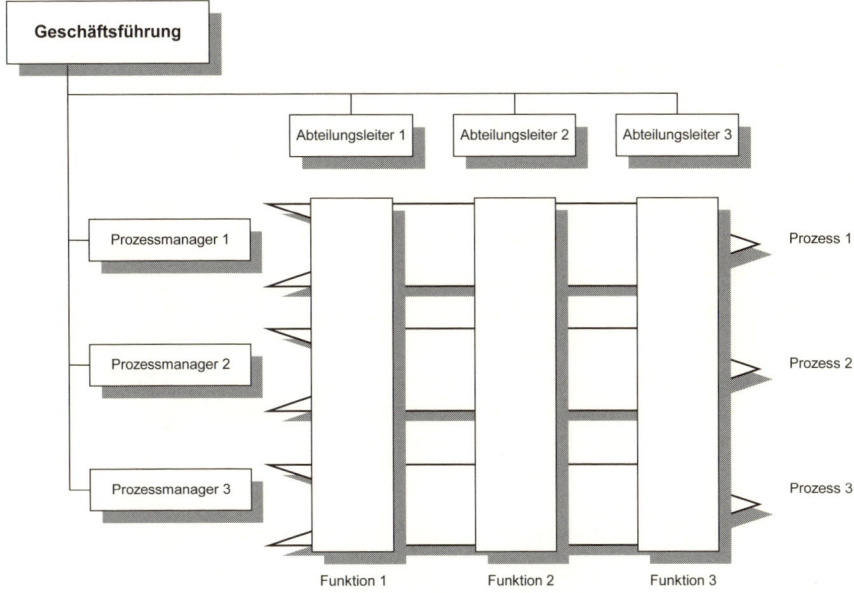

Abb. 1-12: Matrixorganisation als duale Struktur

1.4.3 Prozessorientierte Organisation

Die am weitesten in Richtung Prozessorientierung gehende Form ist jene der prozessorientierten Organisation in Reinform. Diese Struktur verlangt eine konsequente Ausrichtung der Organisation auf die Geschäftsprozesse. Konsequente Prozessausrichtung beinhaltet, dass die Gesamtverantwortung für die Prozesse bei einem Prozessverantwortlichen liegt und dieser zu entscheiden hat, wie die Prozesse umgesetzt werden. Die funktionale Gliederung des Unternehmens wird aufgehoben. Funktionen sind nur noch als Stabsstellen zu verstehen, die bestimmte Teilprozesse bearbeiten und Spezialistenaufgaben übernehmen. Beim Umstieg von einer funktionsorientierten hin zur prozessorientierten Organisation ist der unbedingte Wille und die volle Unterstützung der Unternehmensleitung erforderlich, da bei derartig radikalen Veränderungen starke Widerstände zu erwarten sind. Von der Unternehmensphilosophie bis zur Kostenstellenstruktur ergeben sich Veränderungen, die auch eine Bewusstseinsänderung bzw. einen Richtungswechsel im Verhalten der Mitarbeiter verlangen.

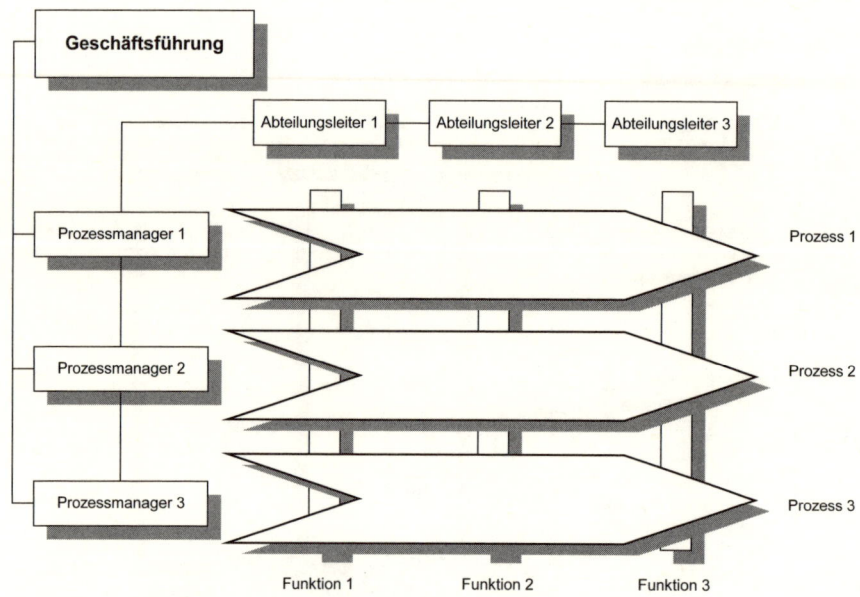
Abb. 1-13: Prozessorientierte Organisation

2 Ziele und Nutzen eines Prozessorientierten Qualitätsmanagement-Systems (PQM-System)

2.1 Zielsetzung

Das Prozessorientierte Qualitätsmanagement-System eines Unternehmens dient als Instrument der erfolgreichen Unternehmensführung im Spannungsfeld zwischen Ermittlung und Erfüllung der Kundenforderungen, Renditewünschen der Kapitalgeber, Beschaffung von Ressourcen, Erfüllung von Normen und Gesetzen, Druck vom Mitbewerb etc.
Ziele im Rahmen des Aufbaus eines Prozessmanagement-Systems sind dabei:

- Erhöhung der Kundenzufriedenheit, d.h. Steigerung der Qualität beim Kunden mit besonderer Berücksichtigung eines systematischen und flächendeckenden Feedbacks der Kunden auf der Basis messbarer Kriterien.

- Schaffung eines überschaubaren und umfassenden Prozessmanagement-Systems mit definierten Kennzahlen und Messgrößen als Ansatz zur Verbesserung sowie Klärung der Leistungserstellungsprozesse, der Verantwortungen, Kompetenzen und Befugnisse in Form von Prozessbeschreibungen.

- Übersichtliche und leicht handhabbare Gestaltung der Dokumentation zum Prozessmanagement-System in Form einer Intranetlösung bzw. mit Unterstützung eines Prozessmodellierungstools.

- Erreichung hoher Akzeptanz des Prozessmanagement-Systems und Stärkung der Bewusstseinsbildung für die Qualität bei den Mitarbeitern durch Lernen und Eigenerleben von Prozessmanagement.

Prozesse zu „managen" bedeutet, diese Zielsetzungen in einem immer besser werdenden Ausmaß zu erfüllen. In Anlehnung an die Definition des Begriffes Management nach Fayol beinhaltet Prozessmanagement die Punkte Planung, Organisation, Führung, Mittelbereitstellung, Kontrolle und Steuerung sowie die ständige Verbesserung der Prozesse.

2.2 Prozess-Lifecycle – Lebensweg eines Prozesses

Der Prozess-Lifecycle zeigt die einzelnen Stationen auf dem Lebensweg eines Prozesses auf, beginnend mit seiner Aufnahme in die Prozesslandschaft bis hin zu seiner Außerbetriebnahme[16].

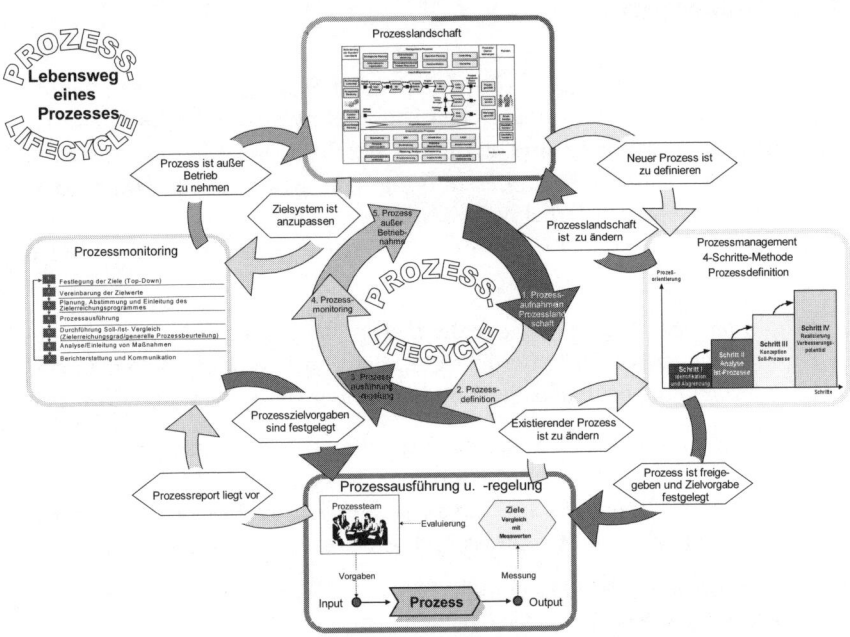

Abb. 2-1:   Prozess-Lifecycle

2.2.1 Prozessaufnahme in die Prozesslandschaft

Jeder neue Prozess muss in die Prozesslandschaft (vgl. Kapitel 3) eingefügt werden. Einfügen bedeutet, dass der Prozess von den anderen Prozessen eindeutig abgegrenzt und die Auswirkungen auf andere Prozesse untersucht und in der Darstellung der Prozesslandschaft berücksichtigt wird. Wird der Prozess später einmal geändert, dann kann dies ebenfalls Auswirkungen auf die Prozesslandschaft haben und eine Änderung der Prozesslandschaft notwendig machen.

2.2 Prozess-Lifecycle – Lebensweg eines Prozesses

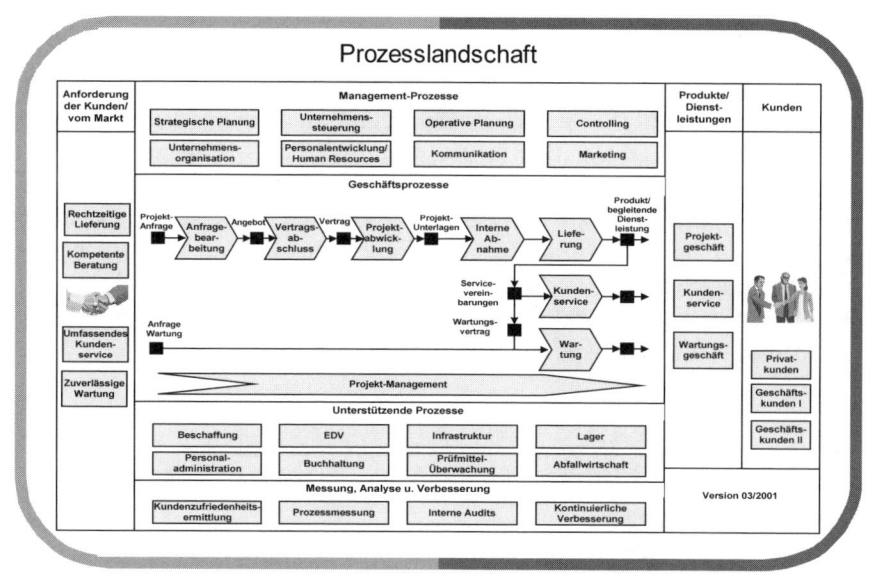

Abb. 2-2: Prozess-Lifecycle Phase 1

2.2.2 Prozessdefinition

Der Soll-Prozess muss festgelegt werden (vgl. Kapitel 4.1). Hilfsmittel dazu ist die Prozessbeschreibung, in der der Prozessablauf, die Prozessziele, die zugehörigen Verantwortlichkeiten und die begleitenden Unterlagen schriftlich festgehalten werden können. Nach der Freigabe des Prozesses kann mit der Prozessausführung begonnen werden.

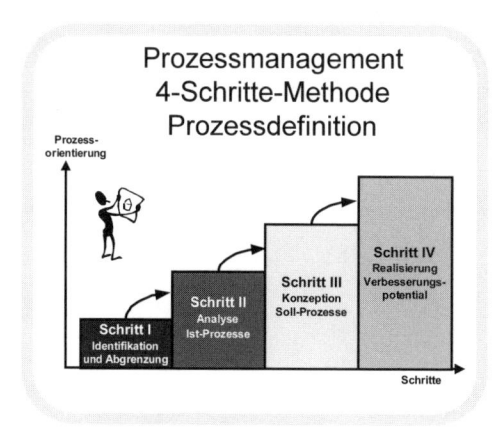

Abb. 2-3: Prozess-Lifecycle Phase 2

2.2.3 Prozessausführung/-regelung

Bei der Ausführung des Prozesses (vgl. Kapitel 5) sind einerseits die Vorgaben im Rahmen der Prozessbeschreibung und andererseits die festgelegten Prozessziele zu beachten. Der Prozessverantwortliche (Prozesseigner) trägt diesbezüglich die Verantwortung und muss bei Bedarf steuernd eingreifen. Bei Unzulänglichkeiten im Prozess bzw. erkannten Verbesserungspotenzialen, die eine Prozessablaufänderung erforderlich machen, kann auch eine neuerliche Beschreibung und Freigabe des Prozesses notwendig sein.
Bei dieser Phase des Prozess-Lifecycles steht das tagtägliche Leben des Prozessmanagement-Gedankens im Mittelpunkt.

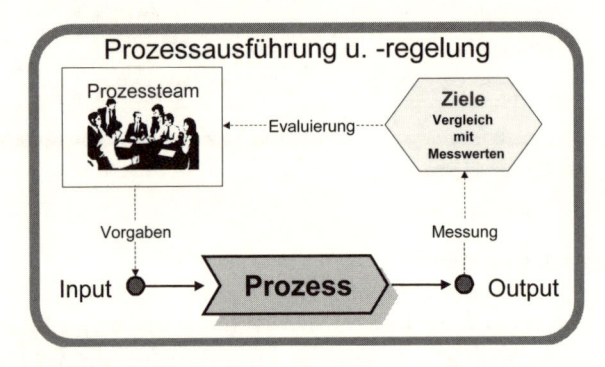

Abb. 2-4: Prozess-Lifecycle Phase 3

2.2.4 Prozessmonitoring

Werden für den Prozess Ziele vereinbart, so ist auch die Zielerreichung zu überwachen. Prozesszielwerte und -vorgaben werden in periodischen Abständen neu festgelegt (vgl. Kapitel 6).

Prozessmonitoring

1. Festlegung der Ziele (Top-Down)
2. Vereinbarung der Zielwerte
3. Planung, Abstimmung und Einleitung des Zielerreichungsprogrammes
4. Prozessausführung
5. Durchführung Soll-/Ist-Vergleich (Zielerreichungsgrad/generelle Prozessbeurteilung)
6. Analyse/Einleitung von Maßnahmen
7. Berichterstattung und Kommunikation

Abb. 2-5: Prozess-Lifecycle Phase 4

2.2.5 Prozess außer Betrieb nehmen

Wird ein Prozess außer Betrieb genommen (vgl. Kapitel 6), so hat dies fast immer Auswirkungen auf andere Prozesse. Mit Hilfe der Prozesslandschaft sind zunächst die Auswirkungen an den Prozessschnittstellen zu untersuchen und bei Bedarf Anpassungen in den Prozessen vorzunehmen. Das geänderte Netzwerk der Prozesse ist in der Prozesslandschaft nachzuführen.

Die Details zu den einzelnen Phasen des Prozess-Lifecycles werden in den nachfolgenden Kapiteln beschrieben.

2.3 Nutzen eines PQM-Systems

Der konkrete Nutzen eines Prozessorientierten Qualitätsmanagement-Systems stellt sich für jede Organisation individuell verschieden dar. Entscheidend ist, dass der Nutzen sowohl für den einzelnen Mitarbeiter als auch für die gesamte Organisation transparent und merkbar wird. Konkrete Erfolge (z.B. Steigerung der Kundenzufriedenheit, Reduktion der Durchlaufzeit ...) sollten dementsprechend auch von der Unternehmensleitung kommuniziert werden.

Nutzensaspekte eines PQM-Systems

- Verbesserung der Ablauftransparenz und der Kostentransparenz
- Eindeutige Definition der Kompetenzen und Verantwortlichkeiten

- Schaffung von internen Kunden-/Lieferantenverhältnissen (z. B. Festlegung von Service-Level-Agreements)
- Steigerung der Produktivität durch kontinuierliche Prozessverbesserung
- Messbarkeit und Überwachbarkeit der Prozessleistung
- Spürbare Ausrichtung der Unternehmensprozesse am Kunden
- Steigerung der Mitarbeitermotivation durch die Möglichkeit für die Mitarbeiter, Prozesse mitgestalten zu können

Im Rahmen einer Studie (Bothe 1995) wurden die Auswirkungen der Kundenorientierung auf Erfolgskennzahlen nachgewiesen, dargestellt in der nachfolgenden Tabelle am Beispiel der Größen Eigenkapitalrendite, Umsatzrendite etc.[17].

Ökonomische Größen	„Kundenorientierte" Unternehmen	Durchschnitts- unternehmen
Eigenkapitalrendite	17 %	11 %
Umsatzrendite	9,2 %	5 %
Marktanteilswachstum	6 %	2 %
Kostenreduktion	10-15 %	2-3 %
Börsenkursanstieg	16,9 %	10,9 %

Abb. 2-6: Vergleich kundenorientierter Unternehmen zu Durchschnittsunternehmen

3 Prozesslandschaft – Darstellung der Prozesse im Überblick

R. Käfer, G. Kohl, K. Wagner

3.1 Darstellung und Gruppierung der Prozesse

Die Prozesslandschaft (vgl. Kapitel 1.3) stellt den Überblick über die in einer Organisation existierenden Prozesse dar.

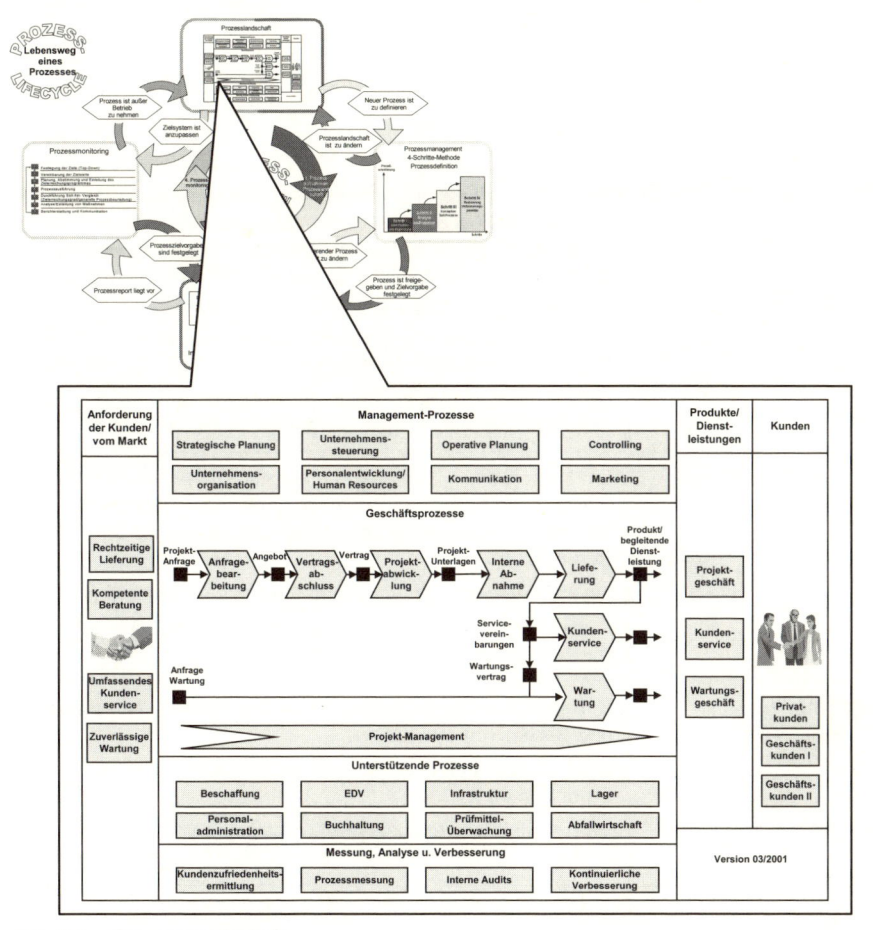

Abb. 3-1: Prozesslandschaft

In einer Prozesslandschaft sind jene Prozesse dargestellt, die einerseits Leistung für den Kunden erbringen und andererseits auch alle Prozesse, die diese Leistungserbringung steuern, unterstützen und verbessern.

Die Identifikation und Zuordnung der Prozesse zu den folgenden vier Prozesskategorien stellt den ersten Schritt dar. Die Prozesslandschaft ist unter Einbeziehung der Unternehmensleitung ganz zu Beginn des Projekts zum Aufbau des PQM-Systems zu erstellen (vgl. Kapitel 10.2.1). Beispiele von Prozessen in Form von Kurzbeschreibungen erläutern auszugsweise die Prozesskategorien:

Managementprozesse

… sind Prozesse, die der strategischen Ausrichtung der Organisation dienen bzw. den strukturellen Rahmen bilden (entspricht der Verantwortung der Leitung).

Management-prozesse	Kurzbeschreibung
Strategische Planung	Ausrichtung des Unternehmens entsprechend den Erfordernissen des Marktes und der Vision, Reflexion der Aufbauorganisation. Basierend auf aktuellen Informationen wird die langfristige Unternehmensstrategie und die damit verbundene Zielsetzung abgeleitet
	Input: Marketingdaten, Unternehmensvision, Leitbild, Mission, Ziele, Verkaufszahlen, Markttrends, Vorgaben des Eigentümers
	Output: Strategiepapier, Unternehmenskonzept, Vorgaben für Investitionsentscheidungen, Vorgaben für Budgetierung
Operative Planung	Die strategischen Ziele werden auf messbare Ziele für ein Bilanz- bzw. Kalenderjahr heruntergebrochen. Überleitung der Strategie in konkrete Aktionen. Zielvereinbarung mit den Bereichen
	Input: Strategiepapier, Vorgaben, Input aus den Bereichen
	Output: Wirtschaftsplan, quantifizierte, messbare Ziele auf Bereichs- und Prozessebene
Unternehmenssteuerung	Definition von Steuerungsgrößen. Laufender Soll-/Ist-Abgleich und Setzen von Maßnahmen.
	Input: Ziele in Form von Kennzahlen (Volumen, Qualität, Produktivität)
	Output: Maßnahmen, um bei Abweichungen von den Zielen entgegenzusteuern, Gesamtübersicht für Management-Review
…	…

3.1 Darstellung und Gruppierung der Prozesse

Geschäftsprozesse
... sind Prozesse, die der Wertsteigerung im Rahmen der Erstellung von Produkten bzw. Erbringung von Dienstleistungen dienen.

Geschäftsprozesse	Kurzbeschreibung
Anfragebearbeitung	Entgegennahme und Erfassung der Kundenanfragen. Kompetente Beratung des Kunden Input: Kundenanfragen, Marketingdaten ... Output: Gesprächsunterlagen, ausgefüllte Checkliste Kundenanfrage
Angebotslegung	Durchführung der Kalkulation und Erstellung sowie Nachverfolgung eines Angebotes Input: Kundenanfragen, Marketingdaten ... Output: Kalkulationsunterlagen, Angebot
...	...

Unterstützende Prozesse
... sind Prozesse zur Unterstützung der anderen Prozesse, um eine reibungslose Leistungserbringung zu gewährleisten (entspricht dem Management der Mittel).

Unterstützende Prozesse	Kurzbeschreibung
Beschaffung	Bedarfsgerechte und rechtzeitige Bestellung von Betriebs- und Hilfsstoffen, Büromaterial ... Input: Bedarfsanforderung Output: Zur Verfügung stehende Waren und Dienstleistungen
EDV-Hotline	EDV-Unterstützung der User (am Telefon, am Arbeitsplatz, von der EDV-Zentrale), Server Betreuung, Aufstellung von PCs, Installation von Software Input: Meldung PC-Problem ... Output: Lösung des Problems
Infrastruktur	Ganzheitliches Optimieren eines Gebäudes von der Planung bis zum Abbruch, Einbeziehung des Facility-Managements bei der Planung, Abbruch von Gebäuden Input: Anforderungen, Planungsunterlagen Output: Maßnahmen zum Betrieb und Optimierung der Infrastruktur ...
...	...

Die hier als unterstützende bezeichneten Prozesse können je nach Kerngeschäft des Unternehmens auch als Geschäftsprozesse betrachtet werden. Erfolgt die Beschaffung beispielsweise projekt- bzw. auftragsbezogen, kann dieser Prozess zu den Geschäftsprozessen zugeordnet werden. Wird die EDV-Hotline für andere Unternehmen als Service angeboten, dann handelt es sich dabei ebenfalls um einen Geschäftsprozess.

Mess-, Analyse- und Verbesserungsprozesse
... sind Prozesse zur Messung, Überwachung und kontinuierlichen Verbesserung des Systems, der Prozesse sowie der Produkte bzw. Dienstleistungen.

Mess-, Analyse- Verbesserungs- Prozesse	Kurzbeschreibung
Kundenzufriedenheitsermittlung	Beschaffung und Auswertung von Informationen zur Messung der Kundenzufriedenheit. Input: Ergebnisse Kundenbefragungen; direktes Feedback vom Kunden (z.B. in Verkaufsgesprächen, im Rahmen von Serviceeinsätzen etc.) Output: Aussage zur Kundenzufriedenheit
Prozessmessung	Erarbeiten von Prozesskennzahlen Input: Daten zur Prozesszielerreichung Output: Reports ...
Interne Audits	Dienen zur Überprüfung der Wirksamkeit des PQM-Systems und um Möglichkeiten für deren Verbesserung aufzuzeigen. Input: Ergebnisse vorangeganger Audits, Auditplan ... Output: Auditbericht, Maßnahmenkatalog
Kontinuierliche Verbesserung	Sicherstellung, dass sich die Organisation nicht auf Erreichtem ausrastet. Sie sollte die Qualität, den Service und den Wert, die dem Kunden geboten werden, kontinuierlich verbessern. Input: Ideen, Zielvorgaben Output: Maßnahmenplan, Informationen zu erreichten Verbesserungen
...	...

3.2 Darstellungsebenen

Die Prozesslandschaft (vgl. Kapitel 3) ist der Ausgangspunkt für die gesamthafte Darstellung des PQM-Systems und zeigt das Zusammenwirken der Prozesse auf oberster Ebene (Vogelperspektive)[18].
Ausgehend von dieser Übersichtsdarstellung können beliebig viele Darstellungs- bzw. Detaillierungsebenen verwendet werden, um die Prozessgruppen, die Prozesse sowie die Prozessdetails (z.B. Arbeits- und Prüfanweisungen) darzustellen. Die Darstellung in Form der Pyramide verdeutlicht den zunehmenden Detaillierungsgrad und die zunehmende Anzahl an Unterlagen in der entsprechenden Darstellungsebene.

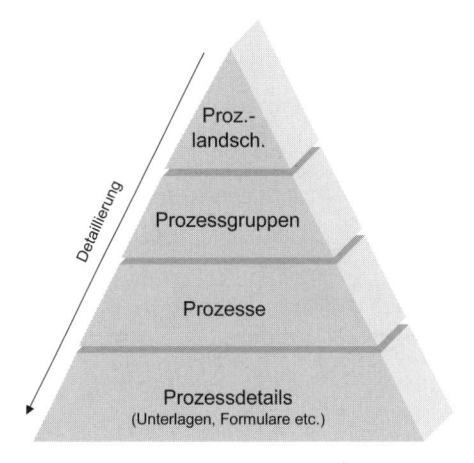

Abb. 3-2: Darstellungsebenen eines PQM-Systems im Überblick

Das folgende Beispiel zeigt ein Unternehmen, das für den Beschaffungsprozess ausgehend von der Prozesslandschaft (Ebene 1) darunter die Prozessgruppe mit den Prozessen (Ebene 2) dargestellt hat. Für jeden Prozess (Ebene 3) werden der Prozessablauf, erforderliche Unterlagen und Dokumente, Verantwortlichkeiten etc. dargestellt. Wiederum eine Ebene tiefer finden sich alle für den Prozess relevanten Detailunterlagen (Ebene 4).
Dieses Konzept der Darstellungsebenen kann auch gleichzeitig die Darstellungsstruktur im Rahmen eines PQM-Systems im Intranet bilden. Die Prozesslandschaft kann beispielsweise die Startseite im Intranet (vgl. Kapitel 14) sein, von der aus auf sämtliche weiteren Unterlagen zugegriffen werden kann.

3 Prozesslandschaft – Darstellung der Prozesse im Übeblick

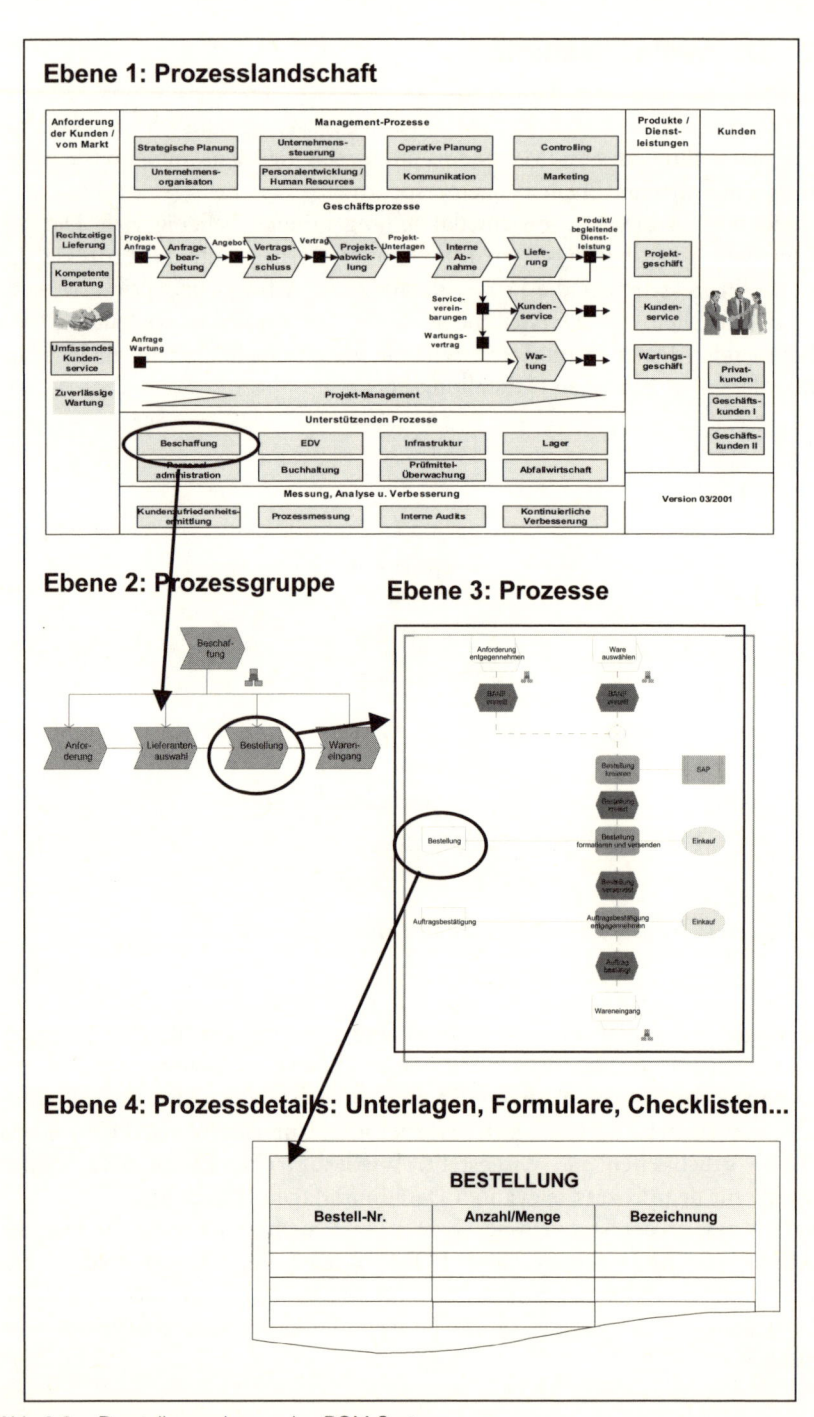

Abb. 3-3: Darstellungsebenen im PQM-System

3.2 Darstellungsebenen

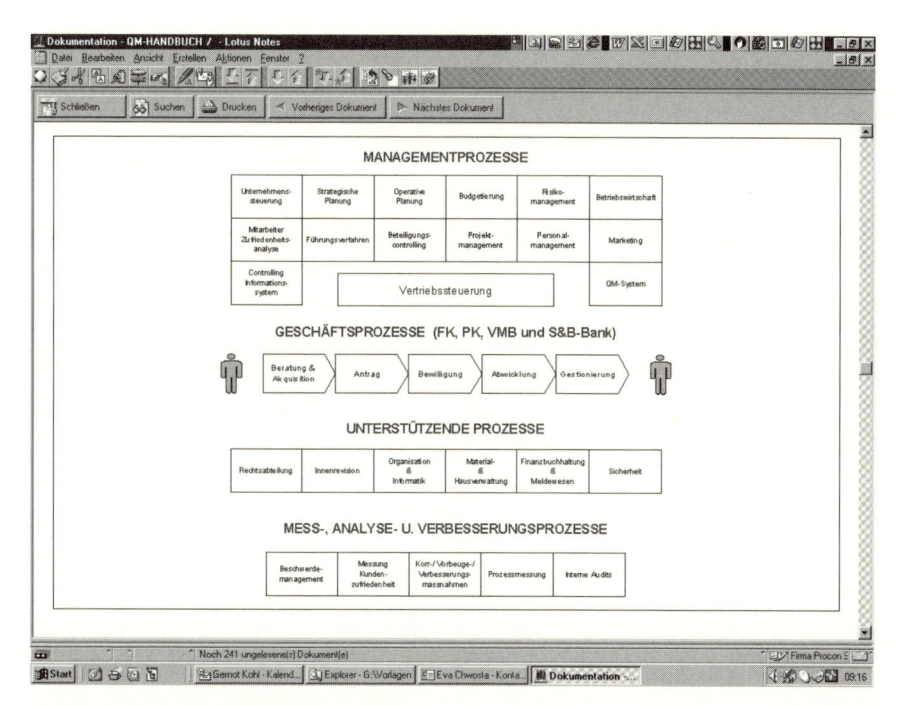

Abb. 3-4: Prozesslandschaft im Intranet

Damit hat jeder Mitarbeiter – bzw. diejenigen die mit den entsprechenden Zugriffsberechtigungen ausgestattet sind – die Möglichkeit, in übersichtlicher Form rasch und zuverlässig die benötigten Unterlagen aufrufen zu können. Benutzerfreundlich konzipiert, wird somit das PQM-System im Intranet bald ein unverzichtbares Hilfsmittel für alle Mitarbeiter.

4 Prozesse identifizieren, analysieren, konzipieren und optimieren

4.1 4-Schritte-Methode im Überblick

Für jeden mittels der Prozesslandschaft (vgl. Kapitel 3) dargestellten Prozesse kann anhand folgendem Stufenmodell dessen Verbesserungspotenzial erhoben und zur Umsetzung gebracht werden:

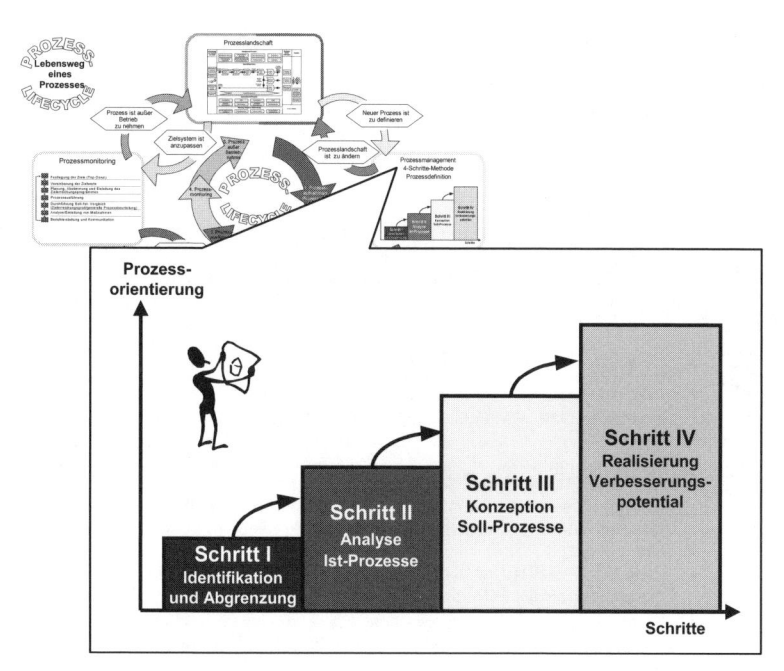

Abb. 4-1: Die 4-Schritte-Methode für Prozessmanagement

- Schritt I: Prozessidentifikation und Abgrenzung (vgl. Kapitel 4.2)
- Schritt II: Analyse der Ist-Prozesse (vgl. Kapitel 4.3)
- Schritt III: Konzeption der Soll-Prozesse (vgl. Kapitel 4.4)
- Schritt IV: Realisierung des Verbesserungspotenzials (vgl. Kapitel 4.5)

Diese 4 Schritte werden im Rahmen von Prozessteam-Meetings (vgl. Kapitel 10.4) umgesetzt. Das Prozessteam setzt sich zusammen aus dem Prozessverantwortlichen und den Prozessteam-Mitgliedern, die sowohl aus dem Pro-

4 Prozesse identifizieren, analysieren, konzipieren und optimieren

precon	Regieanweisung 1. PTM: Prozessidentifikation und -abgrenzung

Ziel des Meetings:
- Dem Prozessteam ist die Vorgehensweise im Rahmen der fünf Prozessteam-Meetings bekannt
- Das Prozessteam hat die Prozessmanagement-Methodik kennen gelernt
- Jedem Prozessteam ist bekannt, welche Prozesse zu bearbeiten sind
- Die Prozesse können bis zum 2. PTM eindeutig identifiziert und abgegrenzt werden.

Voraussetzungen für 1. PTM:
- Entwurf der Prozesslandschaft liegt vor (auf Folie kopiert)
- Prozessteammitglieder wurden bestimmt
- Prozessverantwortliche wurden bestimmt

Vorbereitung:
- Foliensatz zusammenstellen und checken
- Bei Bedarf Arbeitsblätter auf Folie kopieren + LVP auf Folie
- Projektordner (optional Leitfaden) mitnehmen zum Herzeigen (PM-Leitfaden, Rollenerläuterung)
- An das Prozessteam zu übergebende Unterlagen zusammenstellen (Arbeitsblätter, Handout etc.)

Folien, Unterlagen, Hilfsmittel	1. PTM, Teil 1 (Prozessteam/ges. Arbeitsgruppe) [ca. 60´]	Wer?
Folie oder Flipchart: Agenda	**Begrüßung [5´]** • Agenda vorstellen • Erstellung eines Protokolls zum 1. PTM: Protokollführer bestimmen	Prozessberater Prozessverantwortl.
Foliensatz	**Gesamtüberblick zum Projekt geben [10´]** • Vorgehensweise im Rahmen der fünf Prozessteam-Meetings erläutern und Termine (Grobterminkonzept aus Projektplan) bekannt geben • Ziele des Projekts, den Sinn und Zweck sowie den Nutzen von Prozessmanagement betonen • Vorstellung des Projektordners (inkl. Ordnerdeckblatt, Leitfaden, ...) und EDV-mäßige Zugriffsmöglichkeiten (Zugriff auf Gruppenlaufwerk) erläutern	Prozessberater Prozessverantwortl.
Foliensatz	**Aufgaben/Verantwortlichkeiten des Prozessteams darlegen [10´]** • Sicherstellen, dass die Verantwortlichkeiten klar verstanden wurden	Prozessberater

Abb. 4-2: Auszug aus einer Regieanweisung

zess als auch von außerhalb des Prozesses kommen können. Gerade Personen aus den vor- oder nachgelagerten Prozessen können oft wertvolle Anregungen im Rahmen der Prozessanalyse und der Prozesskonzeption bringen. Weiterhin sollte dem Prozessteam ein Prozessberater bzw. Prozesscoach zur Seite gestellt werden, der das methodische Know-how für die Durchführung und Moderation der Prozessteam-Meetings einbringt[19]. Prozessteams werden jeweils für die in der Prozesslandschaft (vgl. Kapitel 3) angeführten Prozessgruppen bzw. für einzelne Prozesse gebildet. Mehrere Prozessteams können zu Arbeitsgruppen zusammengefasst werden (z.B. Arbeitsgruppe Managementprozesse). Die Prozessteam-Meetings können unmittelbar aufeinander als auch in größerem zeitlichen Abstand erfolgen[20].

Zur Moderation der Prozessteam-Meetings können detaillierte Regieanweisungen eine wertvolle Hilfestellung sein, in denen der Ablauf des Meetings genau geplant wird.

4.2 Schritt I: Prozessidentifikation und -abgrenzung

4.2.1 Überblick

Die Prozessidentifikation und -abgrenzung ist der erste Schritt der Prozessmanagement-Methodik. Das Prozessteam hat dabei die in der Abbildung angeführten Punkte zu diskutieren und zu beschreiben:

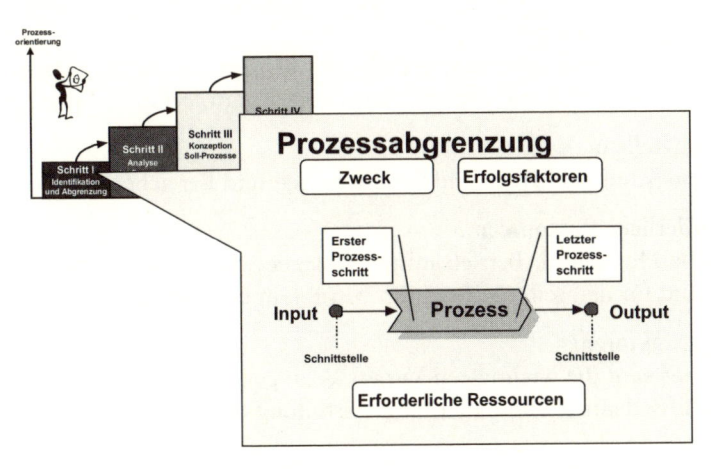

Abb. 4-3: Schritt I: Prozessabgrenzung

4.2.2 Vorgehensweise

Zur Prozessidentifikation wird ein eindeutiger Prozessname definiert. Zur Abgrenzung der Prozesse wird der erste und der letzte Prozessschritt festgelegt. Input und Output des Prozesses sind ebenfalls zu bestimmen.

Es bedarf weiterhin der Beschreibung von folgenden Punkten:

- **Prozesszweck:**
  Was soll mit diesem Prozess erreicht werden und warum ist dieser Prozess für die Organisation wichtig bzw. welchen Einfluss hat der Prozess?
- **Kunden des Prozesses sowie deren Erwartungen:**
  Was erwarten die Kunden des Prozesses? Was sagt die „Stimme des Kunden"?
- **Output:**
  Welche Informationen, Daten, Dokumente, Unterlagen, Dienstleistungen, Materialien etc. gehen aus dem Prozess wertschöpfend hervor?
- **Input:**
  Welche Informationen, Daten, Dokumente, Unterlagen, Dienstleistungen, Materialien etc. gehen in den Prozess ein und werden im Prozess wertschöpfend be- bzw. verarbeitet?
- **Erster Prozessschritt:**
  Welcher Prozessschritt des betrachteten Prozesses wird als Erstes ausgeführt? Wie wird damit dieser Prozess vom vorhergehenden abgegrenzt?
- **Letzter Prozessschritt:**
  Welcher Prozessschritt des betrachteten Prozesses wird als Letztes ausgeführt? Wie wird damit dieser Prozess vom nachfolgenden abgegrenzt?
- **Schnittstellen:**
  Welche Schnittstellen zu anderen Prozessen und Bereichen gibt es?
- **Erforderliche Ressourcen:**
  Welche Hilfsmittel, Betriebsmittel, Anlagen, Maschinen, Qualifikationen etc. sind für den reibungslosen Prozessablauf erforderlich?
- **Erfolgsfaktoren:**
  Welches sind die wichtigsten Voraussetzungen, damit der Prozess zur vollen Zufriedenheit und dauerhaften Erfüllung der Kundenerwartungen abläuft?
- **Mitgeltende Unterlagen:**
  Welche Unterlagen (z.B. Checklisten, Arbeitsanweisungen etc.) werden zur Ausführung des Prozesses benötigt?

4.2 Schritt I: Prozessidentifikation und -abgrenzung

Um sicherzugehen, dass alle relevanten Informationen erfasst werden und um ein einheitliches Vorgehen zu gewährleisten, werden alle Punkte in ein vorgefertigtes Formular „Arbeitsblatt 1. Prozessteam-Meeting" eingetragen. Diese Arbeitsblätter werden für alle Prozesse verwendet.

Arbeitsblatt Schritt I: Prozessidentifikation und -abgrenzung

Prozessname: BESCHAFFUNG
Aussagekräftiger Prozessname, der Art und Inhalt des Prozesses selbsterklärend darstellt.

Zweck: Die Beschaffungsaktivitäten sollen sicherstellen, dass sämtliche von der Organisation benötigten externen Produkte bzw. Dienstleistungen zeitgerecht und in der geforderten Qualität zur Verfügung stehen.
Was soll mit diesem Prozess erreicht werden und warum ist dieser Prozess für die Organisation wichtig, bzw. welchen Einfluss hat der Prozess?

Kunden des Prozesses:	**Erwartungen der Kunden:**
• Anforderer	• Zeitgerechte, wirtschaftliche und vollständige Zurverfügungstellung
Für wen – wer sind die Hauptkunden des Prozesses?	*Was sind die spezifischen Erwartungen des Kunden des Prozesses?*

Output: Gelieferte Ware oder Leistung
Was ist der charakteristische Output dieses Prozesses, der bei jedem Prozessdurchlauf entsteht?

Input: Genehmigte Anforderung
Was ist der charakteristische Input dieses Prozesses, der bei jedem Prozessdurchlauf von neuem benötigt wird?

Erster Prozessschritt: Kategorisierung der Anforderung (Lagerentnahme, Standardprodukt, Rahmenvertrag, ...)
Was ist der erste Ablaufschritt in diesem Prozess?

Letzter Prozessschritt: Lieferung an den Anforderer
Was ist der letzte Ablaufschritt in diesem Prozess?

Schnittstellen – inputseitig:
Genehmigungsprozess

Schnittstellen – outputseitig:
Installations- und Rechnungslegungsprozess
Prozesse oder Stellen (z. B. Kunden, Lieferanten, Abteilungen, ...) an die Produkte, Unterlagen, Informationen etc. als Input oder Output übergeben werden, bzw. von denen oder für die Dienstleistungen erbracht werden.

Erforderliche Ressourcen:
- **Mensch:**
Einkäufer, Logistiker und Warenübernehmer
Jene Mitarbeiter, die im Prozess tätig sind, und jene Personen, die für die Prozessdurchführung unbedingt erforderlich sind.
- **Information, Unterlagen & Know-how:**
Beschaffungsrichtlinien, Lieferantenbewertung, Standards, Rahmenverträge
Jene Informationen & Unterlagen, welche standardmäßig für die Durchführung des Prozesses benötigt werden.
- **Arbeitsumgebung, Betriebsmittel, Infrastruktur:**
Beschaffungssystem
In welcher Arbeitsumgebung findet der Prozess statt und welche Betriebsmittel, Infrastruktur etc. werden benötigt?

Erfolgsfaktoren:
Auswahl geeigneter Lieferanten, zeitnahe Bestellnachverfolgung
Was sind die wichtigsten Voraussetzungen, damit der Prozess zu voller Zufriedenheit abläuft? 3 – 4 Faktoren, nicht mehr.

Abb. 4-4: Auszug aus einem „Arbeitsblatt 1. PTM"

4.2.3 Ablauf 1. Prozessteam-Meeting

Der Ablauf des Prozessteam-Meetings bei diesem Schritt der Prozessmanagement-Methodik könnte beispielsweise folgendermaßen vor sich gehen:

Inhalte des 1. Prozessteam-Meetings (1. PTM)
- Gesamtüberblick zum Projekt
- Prozessmanagement-Methodik
- Aufgaben/Verantwortlichkeiten des Prozessteams
- Vorstellung der Prozesslandschaft
- Erläuterung zur Prozessidentifikation und -abgrenzung

Aufgaben des Teams bis zum 2. PTM
- Prozessidentifikation für weitere Prozesse
- Prozessrelevante Unterlagen sammeln und Prozess zuordnen
- Verbesserungspotentiale sammeln

Abb. 4-5: Inhalte des 1. Prozessteam-Meetings und Aufgaben des Teams

4.3 Schritt II: Ist-Analyse der Prozesse

4.3.1 Überblick

Bei diesem Schritt wird der Prozess zunächst visualisiert und dann hinsichtlich seiner Verbesserungspotenziale untersucht[21].

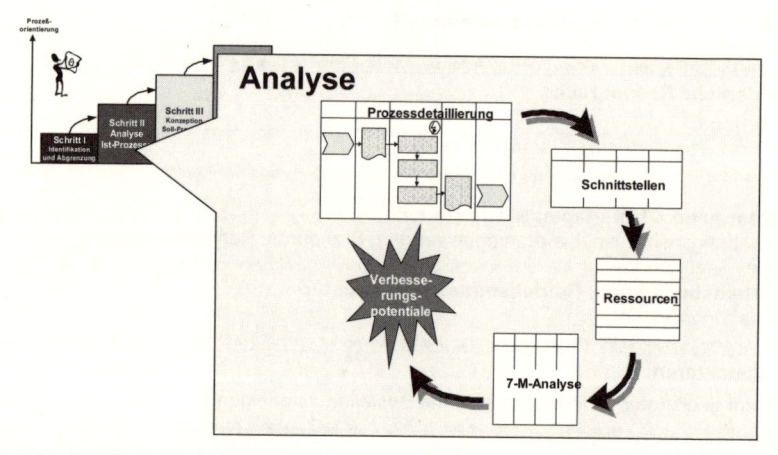

Abb. 4-6: Schritt II: Analyse Ist-Prozesse

4.3.2 Beschreibung des Ist-Zustands des Prozesses

Zunächst ist der Prozess in seiner aktuellen Ausprägung, d.h. im Ist-Zustand zu beschreiben, indem der derzeitige Prozessablauf dargestellt wird, so wie er von den Mitarbeitern tatsächlich ausgeführt wird. Davon ausgehend werden im Rahmen der Analyse die Verbesserungspotenziale ermittelt, so dass im Schritt III, der Konzeption, der zukünftige Sollablauf definiert werden kann. Die nachfolgende Abbildung „Prozess-Ablauf" zeigt beispielhaft die Abfolge der Tätigkeiten über die vertikale Achse. Es werden vor allem die ein- und ausgehenden Dokumente und Informationen ersichtlich:

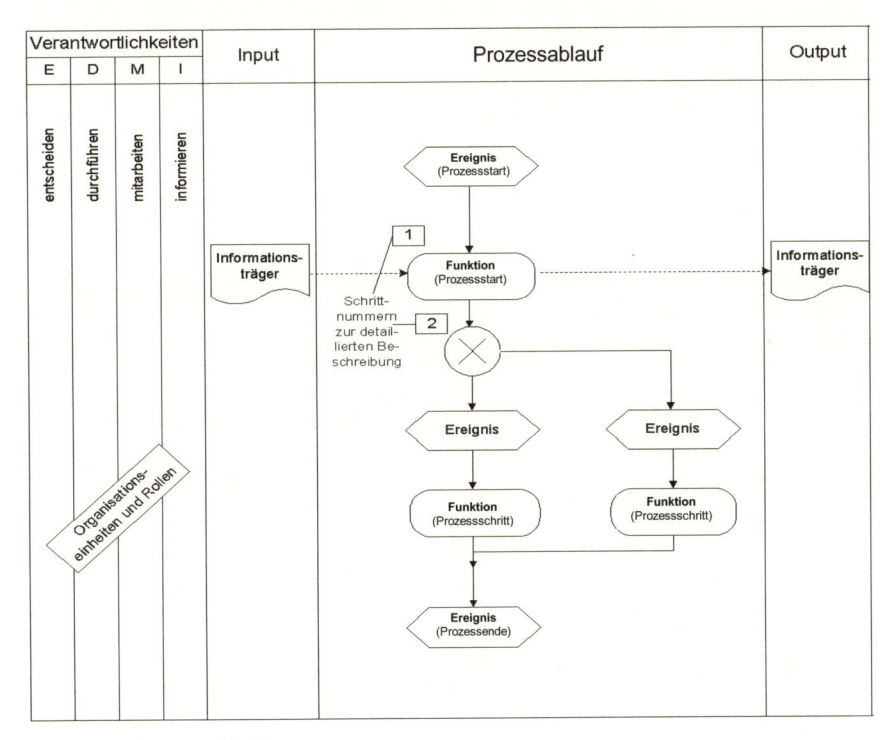

Abb. 4-7: Prozessablauf

Für die Darstellung ist es entscheidend, dass mit einer vereinbarten Symbolik gearbeitet wird. Umfangreiche Abläufe bzw. Prozesse sollten aus Gründen der Übersichtlichkeit in Form von Prozessabläufen dargestellt werden, in denen standardisierte Sinnbilder Ver-wendung finden. Die Beschreibung des Prozesses hat so zu erfolgen, dass der Prozess für prozessfremde Personen eindeutig und verständlich nachvollziehbar ist.
Die nachfolgend angeführten Tabellen erklären die zur Beschreibung des Prozesses verwendeten Spalten und Symbole.

Input	Ablaufschritte	Output
In dieser Spalte ist der Input für die jeweilige Aktivität des Ablaufschrittes einzutragen. Mögliche Formen des Inputs sind Dokumente, Informationen usw. Es ist nur jener Input einzutragen, der von außerhalb des Prozesses kommt.	In dieser Spalte wird der logische Fluss des Prozesses in Form von Prozessschritten dargestellt. Zu den Schritten gehören unter anderem auch Prüfung, Entscheidung usw. Schnittstellen zu anderen Prozessen sind ebenso festzuhalten. Schnittstellen treten in Form von Subprozessen bzw. an der Übergabe von Daten und Dokumenten auf. Weiterhin sind die Messpunkte im Ablauf einzutragen. Ist das nicht möglich, weil zum Beispiel kein direkter Zusammenhang zwischen Messpunkt und dem Prozessfluss besteht, so ist der Messpunkt separat am Blatt anzuführen. Dies stellt sicher, dass keine Information vergessen wird.	In dieser Spalte ist der Output der jeweiligen Aktivität des Ablaufschrittes einzutragen. Mögliche Formen des Outputs sind Dokumente, Informationen usw. Es ist nur jener Output einzutragen, der aus den Prozess hinausgeht.

Abb. 4-8: Erklärung der Spalten zur Beschreibung der Darstellung des Prozesses

Verwendete Symbole	Erklärung
	Informationsträger (Dokument) Physisch vorhandenes Dokument/Formular (Papier oder elektronisch)
	Funktion (Prozessschritt) Eine Funktion ist eine fachliche Aufgabe bzw. Tätigkeit an einem Objekt zur Unterstützung eines oder mehrerer Unternehmensziele.
	Subprozess Ein Subprozess stellt einen Prozess dar, der separat beschrieben wird. Es ist dann sinnvoll Subprozesse zu verwenden, wenn der Prozess nicht mehr auf eine Seite passt, oder die Übersichtlichkeit erhöht werden kann.
	Ereignis Ein Ereignis ist das Eingetretensein eines betriebswirtschaftlich relevanten Zustandes der den weiteren Ablauf eines oder mehrerer Geschäftsprozesse steuert oder beeinflusst. Zustandsänderungen spiegeln sich in Statusänderungen der relevanten Umfelddaten (Informationsobjekte) wider. Ereignisse lösen Funktionen aus und sind Ergebnisse von Funktionen. Im Gegensatz zu einer Funktion die ein zeitverbrauchendes Geschehen darstellt, ist ein Ereignis auf einen Zeitpunkt bezogen.

Abb.4-9: Erklärung der Symbole zur Beschreibung des Prozessflusses

4.3 Schritt II: Ist-Analyse der Prozesse

Verwendete Konnektoren	Erklärung
	Regel (Verzweigung nach Funktionen) Regeln stellen Verknüpfungsoperatoren dar, mit denen die logischen Verbindungen von z. B. Ereignissen und Funktionen in Prozessketten festgelegt werden können.
∧	**UND** Nach der UND-Verzweigung werden alle ausgehenden Prozesspfade parallel durchlaufen. Die Ausführung der Funktion bewirkt, dass alle nach dem UND-Konnektor modellierten Ereignisse eintreten.
∨	**ODER** Nach der Ausführung der Funktion tritt mindestens eines der nach dem ODER-Konnektor modellierten Ereignisse ein. Es können auch mehrere oder alle nachfolgenden Ereignisse eintreten.
⊗	**XOR (exklusiv ODER)** Nur einer der Prozesspfade nach einer XOR-Verzweigung wird durchlaufen. Die Ausführung der Funktion hat genau eines der nach dem XOR-Konnektor modellierten Ereignisse zum Ergebnis.

Abb. 4-10: Erklärung der Konnektoren zur Beschreibung des Prozessflusses

4.3.3 Prozessanalyse

„85 Prozent der Gründe für das Versagen, Kundenerwartungen gerecht zu werden, sind auf Mängel in Systemen und Prozessen zurückzuführen, weniger auf die Mitarbeiter. Die Rolle des Managements ist es, den Prozess zu verändern, nicht die Mitarbeiter."

[Deming]

Ausgehend vom dargestellten Prozessablauf wird der Ist-Zustand der Prozesse hinsichtlich vorhandener Verbesserungspotentiale untersucht. Grundsätzlich kann gesagt werden, dass alle Prozesse auf ihren Beitrag zur Steigerung der Wertschöpfung zu untersuchen sind.

Drei Typen an Tätigkeiten sind hierbei zu unterscheiden:
- eindeutige Wertschöpfung im Sinne von Nutzleistung
- Tätigkeiten, die keinen Wert erzeugen, aber unter gegenwärtigen Technologien und Fertigungseinrichtungen unvermeidbar sind
- Tätigkeiten, die keinen Wert erzeugen und direkt vermeidbar sind

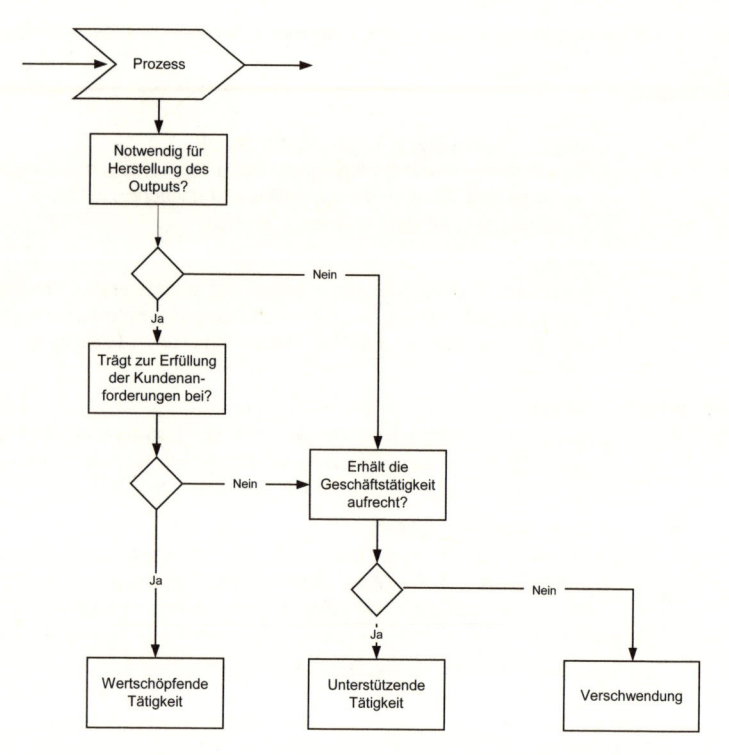

Abb. 4-11: Einteilung von Prozessen nach Wertschöpfung[22]

Arten von nicht-wertschöpfenden Tätigkeiten

- **Vorbereitung:**
  Tätigkeiten, die der Vorbereitung einer nachfolgenden Aktivität dienen
  (z. B. Aufräumen des Arbeitsplatzes)
- **Verzögerung/Warten/Lagerung:**
  Tätigkeiten, bei denen die Arbeit darauf wartet, gemacht zu werden
  (z. B. Zwischenlagerung, Vorratshaltung)
- **Versagen:**
  Tätigkeiten, die durch Fehler in einem Prozessschritt verursacht werden
  (z. B. Nachbearbeitung, Rückruf)
- **Kontrolle/Prüfung:**
  Tätigkeiten zur internen Kontrolle des Prozesses
  (z. B. Überprüfung, Freigabe)

Abb. 4-12: Arten von nicht-wertschöpfenden Tätigkeiten

4.3 Schritt II: Ist-Analyse der Prozesse

Betrachtet man einzelne Prozesse, leiten sich daraus die folgenden Punkte ab, die zu analysieren sind:

- **Momente der Wahrheit („Moments of Truth"):**
  Ein Moment der Wahrheit ist definiert als ein beliebiger Zeitpunkt, zu dem der Kunde eine Begegnung mit dem Unternehmen bzw. mit dem Produkt macht. Aus der Perspektive des Kunden ist der Prozess eine Serie von Begegnungen mit der Leistung des Unternehmens. Diese Momente der Wahrheit sind entscheidend für das Urteil des Kunden über das Produkt bzw. die Dienstleistung hinsichtlich seiner Zufriedenheit und deshalb entscheidend für das Unternehmen.

- **Die Stimme des Kunden („Voice of the customer"):**
  Ausgehend von den im Rahmen der Prozessidentifikation ermittelten externen und internen Kunden sind deren Erwartungen und deren tatsächliche Erfüllung zu erheben. Dies kann beispielsweise mittels Auswertung vorhandener Kennzahlen oder Befragung der Kunden erfolgen. Es können sowohl quantitative (z. B. prozentmäßige Auswertung der Kundenzufriedenheit) als auch qualitative Aussagen (z. B. verbale Rückmeldungen durch den Verkauf) wertvolle Hinweise bringen.

- **Schnittstellen:**
  Im Zusammenhang mit den Schnittstellen ist zu bestimmen, zu welchen Prozessen es Schnittstellen gibt. Dazu ist jeweils eindeutig festzulegen, was (Informationen und Daten) an der Schnittstelle übergeben sowie in welcher Form (z. B. schriftlich mittels Übergabeformular, mündlich, elektronisch) Informationen und Daten übermittelt werden.

- **Einflussfaktoren:**
  Um die Prozesseinflüsse zu beherrschen ist es erforderlich, Prozesse hinsichtlich der Einflussgrößen (7 Ms) Mensch, Methode, Mitwelt, Management, Maschine, Material und Messung (vgl. Kapitel 4.3.7) zu untersuchen.

- **Sonstige Analysemethoden:**
  Zur Analyse können weiterhin alle bekannten prozessbezogenen Informationen und Daten herangezogen werden (z. B. Reklamationsauswertungen, Ausschussquoten, Befragungsergebnisse, erkannte Abweichungen und Verbesserungspotentiale aus der laufenden Prozesssteuerung und Optimierung etc.)

4.3.4 Momente der Wahrheit

Ein Moment der Wahrheit („Moment of Truth") ist definiert als ein beliebiger Zeitpunkt, zu dem ein Kunden eine kritische Bewertung abgibt, die auf einer Erfahrung mit dem Produkt oder mit der Dienstleistung basiert. Wenn beispielsweise ein Service-Mitarbeiter an einem Punkt der Erfahrungskette des Kunden mit dem Unternehmen etwas falsch macht, dann löscht er möglicherweise all die Erinnerungen an die gute Behandlung, die der Kunde bis zu diesem Zeitpunkt gemacht hat, aus[23].

Um Momente der Wahrheit aufzudecken bzw. um diese zu erforschen, können folgende Fragestellungen verwendet werden:

Fragestellungen zur Aufdeckung der Momente der Wahrheit

- Was passiert beim ersten Kontakt des Kunden mit dem Unternehmen?
- Was geschieht während der Installation und der ersten Verwendung des Produkts?
- Welche Briefe, Anrufe, Prospekte, Informationsmaterialien erhält der Kunde und wie ist der Kunde damit zufrieden?
- Welchen Eindruck hinterlassen die Mitarbeiter beim Kunden?
- Wie nimmt der Kunde das Unternehmen im Falle einer Reklamation oder Beschwerde wahr?

Abb. 4-13: Fragestellungen zur Aufdeckung der Momente der Wahrheit

4.3.5 Die Stimme des Kunden

Der entscheidende Ausgangspunkt ist, zu verstehen, was die Kunden von den Produkten und Dienstleistungen erwarten bzw. wahrnehmen[24]. Dieses Verständnis kann durch Beobachtung des Kunden und durch objektives Zuhören erreicht werden. Das Feedback kann aus Anrufen durch den Vertrieb, Anrufe oder Besuche des Service sowie Beschwerden gewonnen werden[25, 26]. Die Stimme des Kunden äußert sich dabei oft schon als Lösung oder Beschwerde:

Beispiele für die Stimme des Kunden:
„Das Telefon muss mindestens 7x geklingelt haben, bevor jemand abgehoben hat."
„Warum kriegen Sie hier nichts auf die Reihe?"
„Die Bearbeitung meines Antrags hat ja ewig gedauert!"

Das Hören auf die Kundenbedürfnisse und das umsichtige Übersetzen dieser Kundenbedürfnisse in die Sprache des Prozesses stellt den zentralen Nutzen

4.3 Schritt II: Ist-Analyse der Prozesse

Analyse der Stimme des Kunden

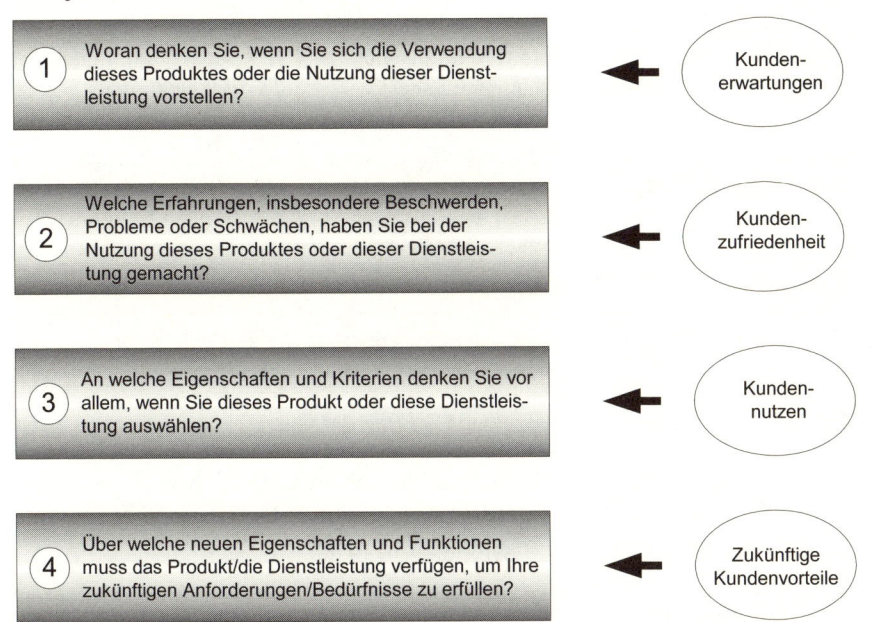

1. Woran denken Sie, wenn Sie sich die Verwendung dieses Produktes oder die Nutzung dieser Dienstleistung vorstellen?	← Kundenerwartungen
2. Welche Erfahrungen, insbesondere Beschwerden, Probleme oder Schwächen, haben Sie bei der Nutzung dieses Produktes oder dieser Dienstleistung gemacht?	← Kundenzufriedenheit
3. An welche Eigenschaften und Kriterien denken Sie vor allem, wenn Sie dieses Produkt oder diese Dienstleistung auswählen?	← Kundennutzen
4. Über welche neuen Eigenschaften und Funktionen muss das Produkt/die Dienstleistung verfügen, um Ihre zukünftigen Anforderungen/Bedürfnisse zu erfüllen?	← Zukünftige Kundenvorteile

Abb. 4-14: Analyse der Stimme des Kunden

dar. Es gibt dem Prozess die Möglichkeit, auf aktuelle und latente Kundenbedürfnisse zu reagieren.

Stimme des Kunden	Anliegen des Kunden	Prozessanforderung
„Ich habe angerufen und wurde hin und her verbunden wie ein Ping-Pong-Ball"	Ansprechpartner ist nicht klar definiert oder nicht verfügbar	Ein Anruf – eine Kontaktstelle
„... der Servicetechniker musste dreimal kommen, bis das Gerät repariert war ..."	Servicetechniker war nicht kompetent; Reparaturen dauern zu lange	Reparaturen gleich beim ersten Mal richtig machen

Abb. 4-15: Übersetzung der Stimme des Kunden

4.3.6 Schnittstellenanalyse

Bei der Schnittstellenanalyse kann beispielhaft nach folgendem Schema vorgegangen werden:

Prozessname: Beschaffung		
Schnittstelle zu (Prozessen oder Stellen)	Was wird an der Schnittstelle übergeben?	In welcher Form findet die Übergabe statt? (Mail, Formular, mündlich ...)
Genehmigungsprozess	Anforderung nach Bereitstellung einer externen Leistung oder Ware	I-Plan-Formular-Anforderung mittels LMS-DB
Lieferant	Bestelldaten	Bestellformular
Rechnungswesen	Bestätigung über erfolgte Leistung oder Lieferung	Originallieferschein

Abb. 4-16: Auszug aus einem Formular zur Schnittstellenanalyse

Entscheidend ist, dass jede der Schnittstellen hinsichtlich ihrer Notwendigkeit hinterfragt wird. Von Vorteil ist es, wenn bei der Schnittstellenanalyse die Schnittstellenpartner miteingebunden werden.

4.3.7 Analyse der Einflussfaktoren – die 7-M-Methode zur Auffindung von Verbesserungspotenzial

Die sieben Schlagwörter und die zugehörigen, allgemein gehaltenen Möglichkeiten zur Verbesserung geben Denkanstöße, um noch unbekannte Verbesserungspotenziale aufzuzeigen. Jedes der 7 M steht dabei für einen Begriff im Rahmen des Ursachen-Wirkungs-Prinzips nach Ishikawa, das vielfach auch als Fischgrätendiagramm bezeichnet wird:

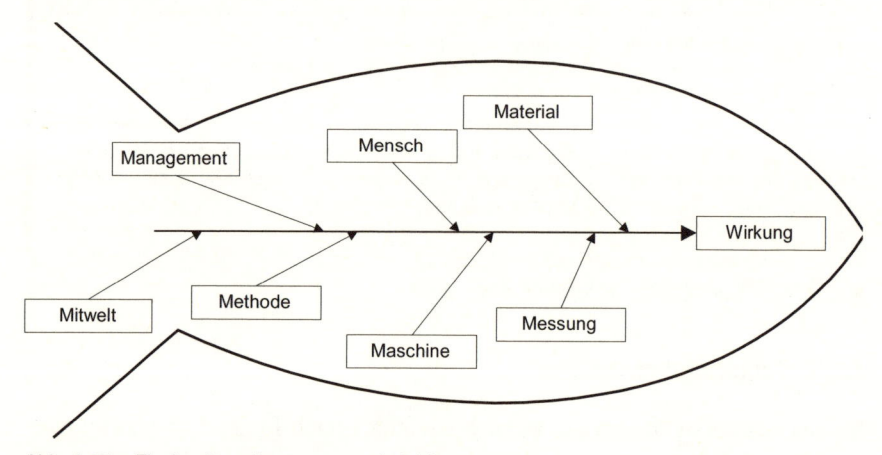

Abb. 4-17: Fischgrätendiagramm nach Ishikawa

4.3 Schritt II: Ist-Analyse der Prozesse

Im Sinne einer einheitlichen Vorgehensweise können auch hier vorgefertigte Arbeitsblätter verwendet werden:

Schritt II: Prozessanalyse/7-M-Methode

Prozessname: BESCHAFFUNG

7 Ms	Auflistung der Einflussfaktoren, die den Prozess beeinflussen, in neutraler und selbsterklärender Form
Management • Verbesserung der Planung • Verringerung der Berichte, die verteilt werden • Verbesserung der Organisation von Information, um besser miteinander zu kommunizieren	• Unterschriftenregelung • Klare Regelung der Verantwortlichkeiten • Vorausschauende Bedarfsplanung
Maschine • Bestmögliche Nutzung des EDV-Systems • Verbesserung von Verfahren im Fall von Maschinen- u. Anlagenausfällen • Einsetzen weiterer Arbeitsmittel zur Arbeitserleichterung • Effektiveres Einsetzen der verwendeten Werkzeuge • Verbesserung der Wartung an Werkzeugen und Geräten	• Verfügbarkeit des Bestellsystems • Verfügbarkeit der EDV-Systeme (SAP) • Verfügbarkeit der Barcode-Technologie im Lager
Material • Verbesserung der effektiven Ausnützung von Ressourcen • Vermeidung von unnötigem Abfall • Vermeidung von unnötiger Papierverschwendung • Verringerung des Lagerbestandes • Gewährleistung der Qualität der eingesetzten Materialien	• Interner Materialtransport • Lagerumschlag
Mensch • Verbesserung der Mitarbeiterausbildung • Verbesserung der Mitarbeitermotivation • Vermeidung von physischer und psychischer Überlastung • Verbesserung des Umganges miteinander • Steigerung der internen und externen Kundenzufriedenheit	• Personalressourcen • Informationsaustausch zwischen Einkauf und Anforderer • Rückmeldung über nicht rechtzeitig lieferbare Materialien
Messung • Verbesserte Messung und Darstellung der Leistung • Verbesserte Darstellung und Bekanntmachung der Zielsetzung • Einsetzen effizienter und genauerer Messmethoden	• Eindeutige Kriterien für Lieferantenbeurteilung • Bestellzeiten
Methode • Vereinfachung und Kombination von Arbeit und Materialien • Eliminierung von überflüssiger Arbeit • Erstellen von Standards und Richtlinien • Verbesserung der Informationsverarbeitung • Verbesserung der Arbeitsplatzorganisation in Bezug auf Unterlagen, Materialien, Werkzeug usw.	• Reduktion Formularwesen • Eindeutige Festlegung von Richtlinien für die Anforderer • Preislisten • Rahmenverträge
Mitwelt • Verbesserung der Arbeitsumgebung • Bessere Anwendung und innerbetriebliche Bekanntmachung von Normen und Gesetzen • Erarbeitung von Verbesserungsmaßnahmen für den Prozess oder das Produkt aufgrund von Vergleichen mit dem Mitbewerb	• Festlegung von Beschaffungsalternativen bei Ausfall bzw. Lieferschwierigkeiten eines Lieferanten • Anliefer-Infrastruktur muss den gelieferten Produkten entsprechen (Platz, Türbreite usw.)

Abb. 4-18: Auszug aus einem 7-M-Formular

4.3.8 6-W-Fragetechnik zur Ortung von Verbesserungsmöglichkeiten

Jedes Problem kann mit dieser Technik mittels sechs Fragen gründlich hinterfragt werden. Die sechs Fragen lauten:

1. Wer?
2. Was?
3. Wo?
4. Wann?
5. Warum?
6. Wie?

Diese 6 W können zu einer 6 x 6 W-Checkliste erweitert werden, wie sie in folgender Tabelle dargestellt wird.

Wer	Was	Wo
Wer macht es?	Was ist zu tun?	Wo soll es getan werden?
Wer macht es gerade?	Was wird gerade getan?	Wo wird es getan?
Wer sollte es machen?	Was sollte gerade getan werden?	Wo sollte es getan werden?
Wer kann es noch machen?	Was kann noch gemacht werden?	Wo kann es noch gemacht werden?
Wer soll es noch machen?	Was soll noch gemacht werden?	Wo soll es noch gemacht werden?
Wer macht die 3 Mu?	Welche 3 Mu werden gemacht?	Wo werden die 3 Mu gemacht?

Wann	Warum	Wie
Wann wird es gemacht?	Warum wird es gemacht?	Wie wird es gemacht?
Wann wird es wirklich gemacht?	Warum soll es gemacht werden?	Wie wird es wirklich gemacht?
Wann soll es gemacht werden?	Warum soll es hier gemacht werden?	Wie soll es gemacht werden?
Wann kann es sonst gemacht werden?	Warum wird es dann gemacht?	Kann diese Methode auch in anderen Bereichen angewendet werden?
Wann soll es noch gemacht werden?	Warum wird es so gemacht?	Wie kann es noch gemacht werden?
Gibt es die 3 Mu?	Gibt es die 3 Mu in der Art zu denken?	Gibt es die 3 Mu in dieser Methode?

Abb. 4-19:   6-W-Checkliste

Hält man sich an die 6-W-Methode, so kann ein Problem bis zu Wurzel verfolgt und beseitigt werden. Durch die äußerst gründliche Hinterfragung vermeidet man, nur an der Oberfläche zu suchen und nur die Auswirkungen zu beseitigen.
Bei dieser Methode wird auch ständig nach den „3 Mu" gesucht und deren Vermeidung angestrebt. Die 3 Mu heißen Muda (Verschwendung), Muri (Überlastung) und Mura (Abweichung). Diese Begriffe kommen aus der japanischen „Kaizen"-Philosophie. „Kaizen" steht für „Verändern zum Besseren"[27].

4.3.9 Weitere betriebswirtschaftliche Analysemethoden

Betriebswirtschaftliche Analysemethoden, die sich schon vielfach bewährt haben, können auch hier – je nach Aufgabenstellung – im Rahmen der Prozessanalyse zum Einsatz gebracht werden[28]:

- **Gemeinkosten-Wertanalyse:**
  Dient der Feststellung überflüssiger Gemeinkosten in den indirekt produktiven Bereichen. Die Gemeinkosten-Wertanalyse ist zunächst eine Rationalisierungsmethode, deren Zielsetzung der Personalabbau ist. Hinter dem Begriff steht ein Bündel an Maßnahmen. Im ersten Schritt erfolgt die Aufnahme des Ist-Zustandes, dabei werden die Leistungsoutputs der Mitarbeiter erfasst und strukturiert. Im zweiten Schritt erfolgt die Analyse des Leistungsnutzens, dabei werden die erstellten Leistungen auf die Verwendungsnotwendigkeit untersucht.

- **Cost-Driver-Analyse:**
  Dient der Identifikation der Kostentreiber in einem Unternehmen. Das Ziel des methodisch festgelegten Vorgehens liegt nicht nur darin, die Kosten der Cost-Driver zu reduzieren, sondern auch Leistungspotenziale zu erhöhen. Zunächst werden in jeder Untersuchungseinheit die Cost-Driver ermittelt, denen dann die Leistungen, Bearbeitungszeiten etc. zugeordnet werden. Danach werden im Rahmen einer Nutzenanalyse die Cost-Driver auf ihre Betriebsnotwendigkeit hin untersucht.

- **Aktivitätenanalyse:**
  Hauptaugenmerk dieser Methode liegt auf der Betrachtung des von Arbeitsplatz zu Arbeitsplatz laufenden Leistungserstellungsprozesses und der Minimierung der arbeitsplatz- bzw. bereichsübergreifenden Schnittstellen. Im ersten Schritt werden im Rahmen der Arbeitsfluss-Aufnahme alle Vorgänge und Aktivitäten erfasst. Durch die Zuordnung von Zeit, Arbeitsvolumen, Wiederholhäufigkeit etc. wird der Ist-Zustand der jeweiligen Untersuchungseinheit sichtbar gemacht. Im zweiten Schritt wird die Wirt-

schaftlichkeit einer jeden Aktivität beurteilt. Die Bewertungsskala erstreckt sich von voll- und halbwirtschaftlich bis halb- und vollunwirtschaftlich. Daraus werden dann die Lösungsvorschläge und -maßnahmen entwickelt.

4.3.10 Identifikation und Klassifizierung der Verbesserungspotenziale

Die Verbesserungspotenziale sind zunächst jeweils aus der Sicht des Prozesses zu klassifizieren, um die so genannten „low-hanging-fruits" (Verbesserungspotenziale welche leicht erkennbar und mit geringem Aufwand realisierbar sind) erkennen zu können. Solche Verbesserungspotenziale, die nur prozessübergreifend realisiert werden können, sind mit den betreffenden Verantwortlichen zu besprechen und bei Bedarf hinsichtlich der Gesamtbedeutung und des Gesamtaufwandes zur Umsetzung der Verbesserungspotenziale neu zu klassifizieren[29].

Schritt II: Prozessanalyse/Verbesserungspotentiale			
Prozessname: BESCHAFFUNG			
Nr.	Verbesserungspotentiale	Bedeutung für den Prozess (1 – 4)	Aufwand zur Umsetzung (1 – 4)
1	Zu späte Anforderung	4	2
2	Unklare Anforderung	2	2
3	Überholte Standards	3	2
4	Bestellbetrag ist größer als genehmigter Betrag	4	1
Die gesammelten Verbesserungspotentiale sind folgendermaßen zu klassifizieren:			
Bedeutung bzw. Nutzen für den Prozess................ 1 (niedrig) ... 4 (hoch)			
Aufwand zur Umsetzung des Verbesserungspotentials .... 1 (niedrig) ... 4 (hoch)			

Abb. 4-20: Auszug aus einer Liste für Verbesserungspotenzial

4.3.11 Ablauf 2. Prozessteam-Meeting

Der Ablauf des Prozessteam-Meetings bei diesem Schritt der Prozessmanagement-Methodik könnte beispielsweise folgendermaßen vor sich gehen:

Inhalte des 2. Prozessteam-Meetings (2. PTM)
- Besprechung der Aufgaben aus dem 1. PTM
- Erläuterungen zur Prozessanalyse
- Auflistung Verbesserungspotenziale

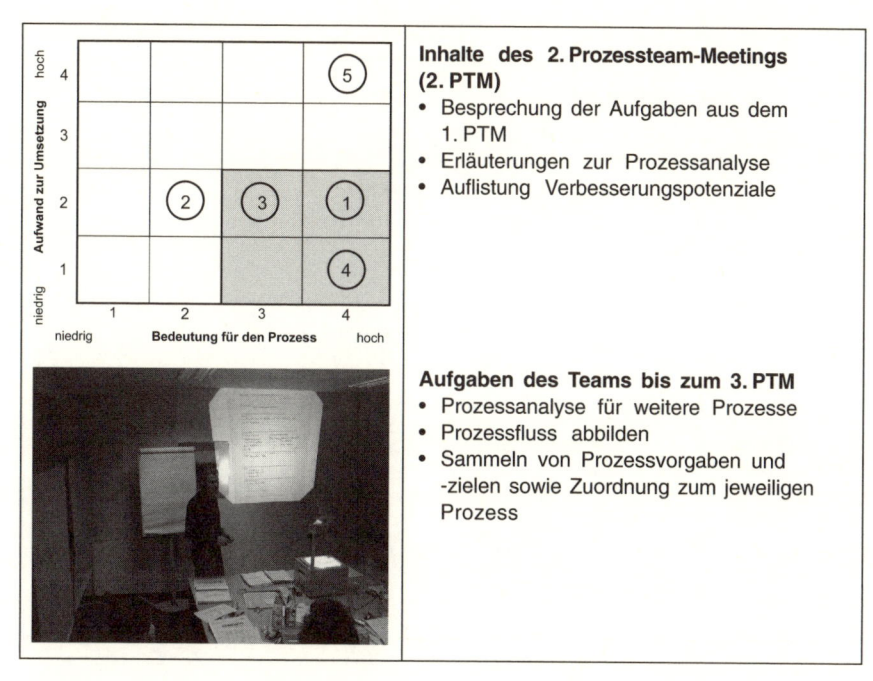

Aufgaben des Teams bis zum 3. PTM
- Prozessanalyse für weitere Prozesse
- Prozessfluss abbilden
- Sammeln von Prozessvorgaben und -zielen sowie Zuordnung zum jeweiligen Prozess

Abb. 4-21: Inhalte des 2. Prozessteam-Meetings und Aufgaben des Teams

Im Rahmen des Prozessteam-Meetings können vorgefertigte Arbeitsblätter zum Einsatz gebracht werden:

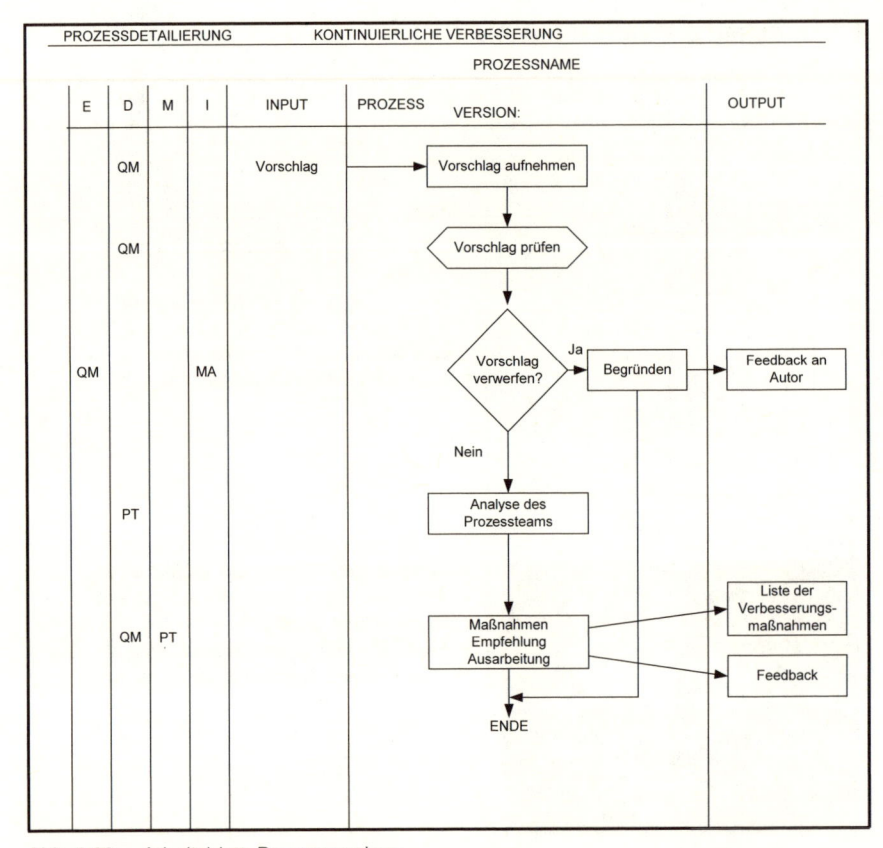

4 Prozesse identifizieren, analysieren, konzipieren und optimieren

PROZESSDETAILIERUNG				KONTINUIERLICHE VERBESSERUNG			
						PROZESSNAME	
E	D	M	I	INPUT	PROZESS	VERSION:	OUTPUT
	QM			Vorschlag	Vorschlag aufnehmen		
	QM				Vorschlag prüfen		
QM		MA			Vorschlag verwerfen? → Ja → Begründen		Feedback an Autor
					Nein		
	PT				Analyse des Prozessteams		
	QM	PT			Maßnahmen Empfehlung Ausarbeitung		Liste der Verbesserungsmaßnahmen
							Feedback
					ENDE		

Abb. 4-22: Arbeitsblatt Prozessanalyse

In größeren Prozessteams empfiehlt sich der Einsatz von Pinnwand und Kärtchen zur Erstellung des Prozessablaufes:

4.4 Schritt III: Konzeption der Soll-Prozesse   47

Abb. 4.23:   Prozessteam-Meeting Prozessanalyse

4.4 Schritt III: Konzeption der Soll-Prozesse

4.4.1 Überblick

Die Konzeption der Soll-Prozesse ist der dritte Schritt im Rahmen der Phase der Identifikation, Analyse und Definition. Aufgrund der Erkenntnisse der Ist-Analyse kann nun der neue Soll-Prozess konzipiert und in Form eines Prozessablaufs definiert werden.

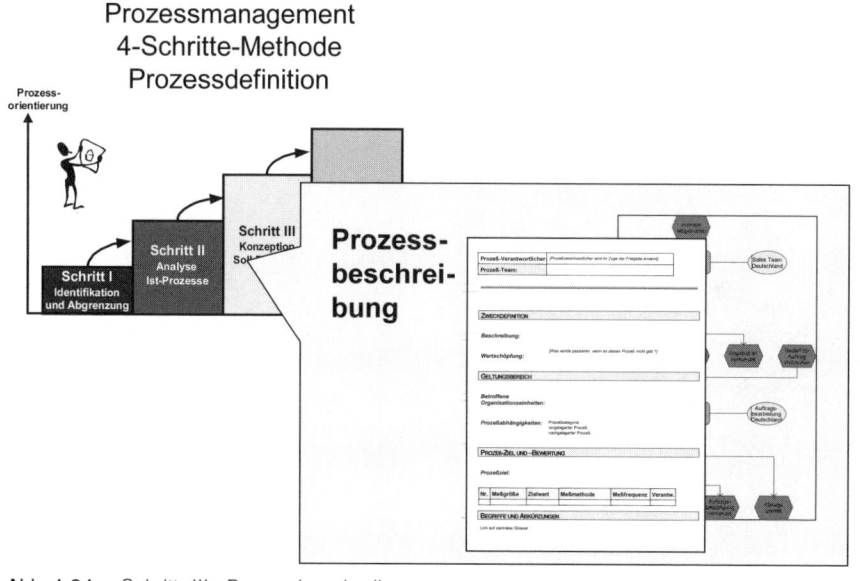

Abb. 4-24:   Schritt III: Prozessbeschreibung

Vom zuständigen Prozessteam sind die entsprechenden verantwortlichen Personen bzw. Entscheidungsträger einzubinden.

4.4.2 Konzeption des Soll-Prozesses

Die Konzeption des Soll-Prozesses wird vom Prozessteam gemeinsam durchgeführt. Nachfolgend wird dazu das Beispiel einer Prozessbeschreibung gebracht, als eine Möglichkeit, den Soll-Prozessablauf festzulegen. Neben Prozessbeschreibungen können selbstverständlich auch Vorgehens-Checklisten, Teile-Muster, Vorlagen oder auch Einschulungsvideos zur Konzeption sowie zur späteren Einschulung erstellt werden[30].

In einer Prozessbeschreibung werden der Prozessablauf und alle zugehörigen relevanten Informationen in einem strukturierten Dokument dargestellt. Alle Prozessbeschreibungen sollen einfach, eindeutig und leicht verständlich sein sowie die Ziele und Leistungen des Unternehmens widerspiegeln.

Prozessbeschreibungen gelten je nach Verwendungszweck beispielsweise für das ganze Unternehmen oder für bestimmte Bereiche. Als Beschreibung des „Betriebs-Know-hows" sind sie jedoch weit gehend nur für den internen Gebrauch vorgesehen. In Ausnahmefällen kann dem Kunden eine vertrauliche Einsichtnahme gewährt werden.

Die äußere Form und der Umgang mit Prozessbeschreibungen ist eindeutig festzulegen. Der Detaillierungsgrad richtet sich nach den unternehmensspezifischen Gegebenheiten.

4.4 Schritt III: Konzeption der Soll-Prozesse

Beispiel: Prozessbeschreibung Mitarbeiterentwicklung

Prozessbeschreibung **Mitarbeiterentwicklung**	
Prozessverantwortlicher:	
Prozessteam:	
ZIEL UND ZWECKDEFINITION:	
Beschreibung:	Der Prozess steuert die Mitarbeiterentwicklung unter Einhaltung folgender Grundsätze: • Für alle Mitarbeiter findet jährlich mindestens ein Beurteilungs- und Zielgespräch statt. • Für alle Führungskräfte findet eine standardisierte, anonyme und freiwillige Vorgesetztenbeurteilung statt. • Neben der Beurteilung bilden die Schulungs- und Personalentwicklungsaktivitäten den Schwerpunkt.
Prozessergebnis:	Das Verfahren stellt eine optimale Weiterentwicklung der Mitarbeiter sicher.
Wertschöpfung:	Sicherung der Mitarbeiterqualität. Klar definiertes Aufgabengebiet des Mitarbeiters durch Zielvorgaben und jährliche Überprüfung des Erreichens dieser Ziele nach notwendiger Ausbildung um das dafür notwendige Wissen aufzubauen.
GESTALTUNGSBEREICH:	
Betroffene Organisationseinheiten:	Das gesamte Unternehmen
Prozessabhängigkeiten:	Prozesskategorie: Support Vorgelagerter Prozess: Mitarbeiterauswahl Nachgelagerter Prozess: Mitarbeiteraustritt

Dateiname: Muster_Prozessbeschreibung Seite 1 von 4
Status: Entwurf   Version: 1.0   Versionsdatum: 6.3.2001
Elektronische Kopien und Ausdrucke unterliegen nicht der Dokumentenlenkung!

Abb. 4-25: Prozessbeschreibung Mitarbeiterentwicklung

50 4 Prozesse identifizieren, analysieren, konzipieren und optimieren

Prozessbeschreibung
Mitarbeiterentwicklung

BESCHREIBUNG:

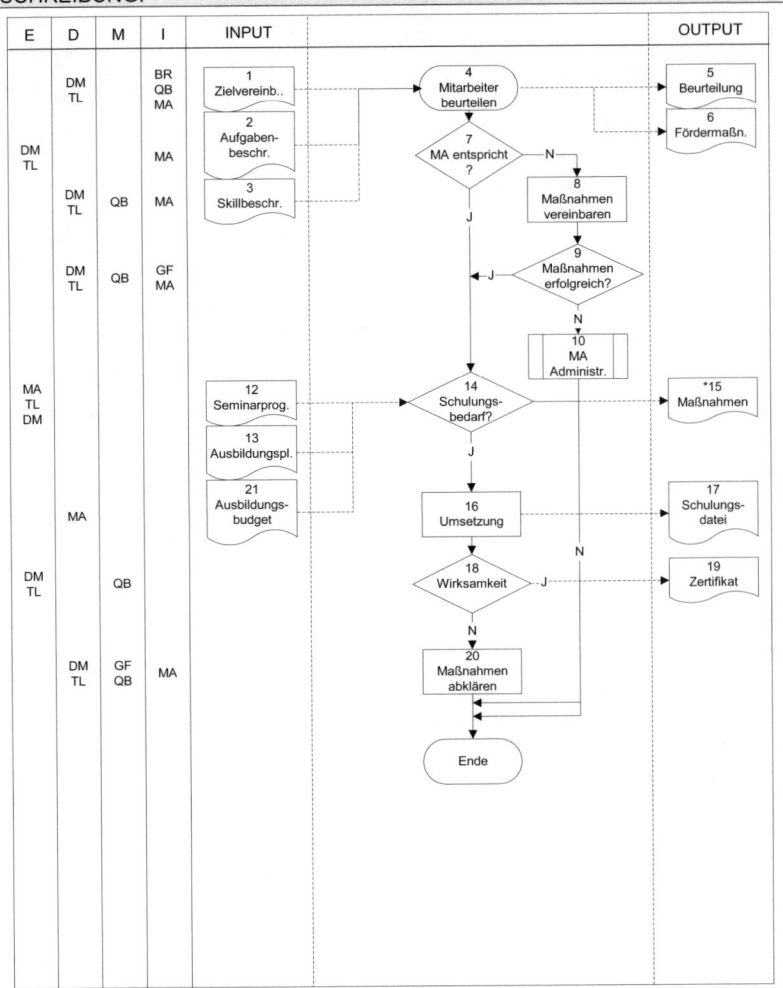

E	D	M	I	INPUT		OUTPUT
	DM TL	BR QB MA		1 Zielvereinb.	4 Mitarbeiter beurteilen	5 Beurteilung
DM TL		MA		2 Aufgabenbeschr.	7 MA entspricht? —N	6 Fördermaßn.
	DM TL	QB	MA	3 Skillbeschr.	J	8 Maßnahmen vereinbaren
	DM TL	QB	GF MA		9 Maßnahmen erfolgreich? ←J	
					N ↓ 10 MA Administr.	
MA TL DM				12 Seminarprog.	14 Schulungsbedarf?	*15 Maßnahmen
				13 Ausbildungspl.	J	
		MA		21 Ausbildungsbudget	16 Umsetzung	17 Schulungsdatei
DM TL		QB			18 Wirksamkeit —J	19 Zertifikat
	DM TL	GF QB	MA		N 20 Maßnahmen abklären	
					Ende	

Dateiname: Muster_Prozessbeschreibung Seite 2 von 4
Status: Entwurf Version: 1.0 Versionsdatum: 6.3.2001

Elektronische Kopien und Ausdrucke unterliegen nicht der Dokumentenlenkung!

Abb. 4-25 *(Fortsetzung)*

4.4 Schritt III: Konzeption der Soll-Prozesse

Prozessbeschreibung
Mitarbeiterentwicklung

NR.	ELEMENT	ERLÄUTERUNGEN
1	Zielvereinbarungen	Im Rahmen des jährlich stattfindenden Beurteilungsgespräches werden vom Vorgesetzten, in Zusammenarbeit mit dem Mitarbeiter erreichbare Ziele vorgegeben.
2	Aufgabenbeschreibung	In der Aufgabenbeschreibung des Teams wird dessen Tätigkeit definiert.
3	Skillbeschreibungen	In den Skillbeschreibungen werden die Profilanforderungen festgelegt.
4	Mitarbeiterbeurteilen	Die Mitarbeiter werden zumindest einmal jährlich beurteilt.
5	Beurteilung	Die Ergebnisse der Beurteilung werden dokumentiert und den Mitarbeiter ausgehändigt.
6	Fördermaßnahmen	Aufgrund der Beurteilung werden individuelle Fördermaßnahmen erarbeitet.
7	Mitarbeiter entspricht?	Aufgrund des Beurteilungsbogens wird von dem jeweiligen Vorgesetzten beurteilt, ob ein Mitarbeiter den Anforderungen entspricht.
8	Maßnahmen vereinbaren	Entspricht der Mitarbeiter nicht, werden Maßnahmen vereinbart, um die erkannten Schwachstellen zu verbessern.
9	Maßnahmen erfolgreich?	Nach Umsetzung der vereinbarten Maßnahmen wird deren Erfolg überprüft.
10	Prozess Mitarbeiter Administration	Brachten die gesetzten Maßnahmen nicht den gewünschten Erfolg, sind weitere Schritte im Rahmen des Prozesses „Mitarbeiter-Administration" durchzuführen.
12	Seminarprogramm	Das jährlich vom Sekretariat zur Verfügung gestellte Seminarprogramm dokumentiert das Angebot an Schulungsaktivitäten.
13	Ausbildungsplan	Der Ausbildungsplan definiert für jeden Mitarbeiter die Ausbildungsaktivitäten.
14	Schulungsbedarf?	Im Zuge des Beurteilungsgespräches wird der Schulungsbedarf der MitarbeiterIn zwischen Mitarbeiter und der jeweiligen Führungskraft abgeklärt und als Maßnahme dokumentiert.
15	Maßnahmen	Dokumentation des individuellen Schulungsbedarfes im dafür vorgesehenen Abschnitt des Beurteilungsbogens.
16	Umsetzung	Die definierten Schulungs- und Personalentwicklungsmaßnahmen werden umgesetzt.
17	Schulungsdatei	Absolvierte Schulungen werden von den Sekretariaten in der Schulungsdatei aufgezeichnet.
18	Wirksamkeit	Nach der Schulung wird mittels Fragebogen die Wirksamkeit und Sinnhaftigkeit der erfolgten Schulung bestimmt.
19	Zertifikat	Eine Schulung wird zertifiziert und somit wird ein erfolgreicher Abschluss der Schulung dokumentiert.
20	Maßnahmen abklären	Ergibt die Wirksamkeitsprüfung einen nicht erfolgreichen Abschluss der Schulung, muss abgeklärt werden, ob eine Nachschulung erfolgt.

Dateiname: Muster_Prozessbeschreibung   Seite 3 von 4
Status: Entwurf   Version: 1.0   Versionsdatum: 6.3.2001
Elektronische Kopien und Ausdrucke unterliegen nicht der Dokumentenlenkung!

Abb. 4-25   *(Fortsetzung)*

Prozessbeschreibung
Mitarbeiterentwicklung

PROZESSBEWERTUNG:

Bewertet wird die Wirksamkeit der Schulung:

Nr.	Messgröße	Zielwert	Messmethode	Messfrequenz	Verantwortung
1	Fluktuation	≤ 10 %	Auswertung Personalstand	jährlich	Leiter Personalabteilung

BEGRIFFE UND ABKÜRZUNGEN:

E	Entscheidung
D	Durchführung
M	Mitarbeit
I	Information
GF	Geschäftsführung
DM	Division Manager
TL	Teamleiter
QB	Qualitätsbeauftragter
MA	Mitarbeiter
BR	Betriebsrat

MITGELTENDE UNTERLAGEN:
- Mitarbeiterbeurteilungsbogen
- Vorgesetztenbeurteilungsbogen
- individuelle Fördermaßnahmen
- Personalakt
- Ausbildungsprogramm
- Aufgabenbeschreibungen
- Skillbeschreibungen
- Zertifikate

Dateiname: Muster_Prozessbeschreibung Seite 4 von 4
Status: Entwurf   Version: 1.0   Versionsdatum: 6.3.2001

Elektronische Kopien und Ausdrucke unterliegen nicht der Dokumentenlenkung!

Abb. 4-25 *(Fortsetzung)*

4.4.3 Festlegung der Prozessziele und Kennzahlen

Prozessziele ableiten

Die Definition der Prozessziele ist die Grundlage zur Steuerung und Kontrolle der Prozesse. Das Prozessteam hat wie folgt vorzugehen: Die Prozessziele sind aus den Unternehmenszielen abzuleiten (Top-down) bzw. mit den Unternehmenszielen in Einklang zu bringen (Bottom-up). Die festgelegten Prozess- und Unternehmensziele dürfen einander nicht widersprechen. Eine Übersicht zu den festgelegten Prozessen kann beispielsweise in Form eines Unternehmensleitstandes gewährleistet werden[31].

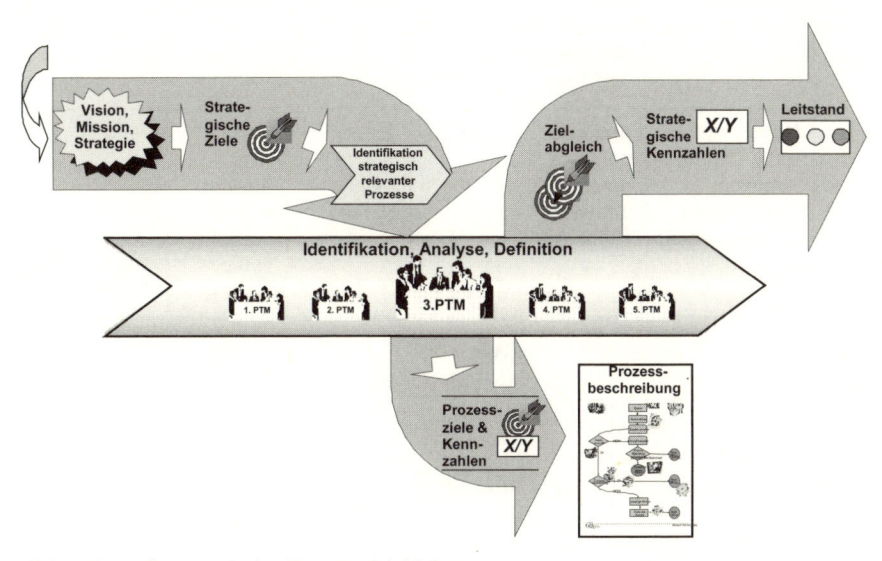

Abb. 4-26: Systematische Prozesszielableitung

Bei der Prozesszielfestlegung ist die **Kundensicht** (subjektive und objektive Kundenforderungen) zu berücksichtigen.
Die Prozessziele lassen sich in folgende Kategorien unterscheiden (die Beispiele in Klammer beziehen sich auf ein Callcenter):

- Inputbezogene Prozessziele *(Reduktion durchschnittliche Dauer je Anruf)*
- Durchführungsbezogene Prozessziele *(Erhöhung der beantworteten Anfragen je Mitarbeiter und Tag, Steigerung der Auslastung der Callcenter-Mitarbeiter)*
- Outputbezogene Prozessziele *(Auftragswert je Anrufer)*

Messgrößen festlegen

Zur Sicherstellung der Quantifizierbarkeit jedes einzelnen Prozessziels müssen die zugehörige Messgröße, der Zielwert etc. bestimmt werden:

Nr.	Prozessziel	Messgröße/ Kennzahl	Zielwert	Messmethode	Messfrequenz	Verantwortung
1	Wirksamkeit der Schulungen verbessern	Anteil der geschulten Mitarbeiter, die die Prüfung bestanden haben	> 80%	Erfassung mittels Test	Nach jeder Schulung	Schulungsbeauftragte
2	Hohe Liefertreue (Einhaltung von Vereinbarten Lieferterminen)	Anteil der pünktlich durchgeführten Lieferungen	> 98%	Zählen aller Lieferungen	Monatliche Auswertung der ausgelieferten Verträge	Verkauf

Abb. 4-27: Messbarkeit der Prozessziele

- **Prozessziel:**
  Dieser Punkt beschreibt das oder die Ziele eines Prozesses.
- **Messgröße:**
  Jene Kennzahl, mit der die Erreichung des Prozesszieles gemessen wird. Wichtige Voraussetzung für die Messbarkeit ist, dass sich die Kenngröße quantifizieren lässt. Weiterhin ist es wichtig, dass die Messgröße auch von den im Prozess tätigen Personen beeinflussbar ist.
- **Zielwert:**
  Gibt an, welchen Wert die Messgröße über- oder unterschreiten muss, um das Prozessziel zu erreichen.
- **Messmethode:**
  Gibt an, wie und womit die Ausprägung der Messgröße ermittelt wird.
- **Messfrequenz:**
  Gibt an, wie häufig die Messung durchgeführt wird, beziehungsweise wann gemessen wird.

4.4 Schritt III: Konzeption der Soll-Prozesse

- **Verantwortung:**
  Gibt an, wer für das Vorhandensein der Messergebnisse verantwortlich ist, wie beispielsweise für das Vorliegen der monatlichen Auswertung zum vereinbarten Zeitpunkt.

Die Verantwortung für die Einhaltung der Prozessziele im Rahmen der fortlaufenden Prozesssteuerung und Optimierung trägt der Prozessverantwortliche. Messgrößen sollen mit Bedacht gewählt werden, nicht nur messen um des Messens willen.
Für jeden Prozess werden eine oder mehrere aussagekräftige Messgrößen festgelegt. Diese machen die vorgenommenen Verbesserungen sichtbar. Dieser Gedanke wird im Rahmen des Prozessmanagements auf sämtliche Prozesse im Unternehmen angewendet.
Mit Hilfe von Messgrößen kann man Aussagen über den Zustand des Prozesses machen. Will man Aussagen über die Auswirkungen von Verbesserungen machen, so ist es notwendig, die Entwicklung der Messgrößen über einen längeren Zeitraum zu beobachten.

Die fünf Prinzipien einer guten Messgröße

Prinzip Nr. 1: Die Messgröße muss wichtig sein
- Würde es jemand kümmern, wenn es diese Messgröße nicht mehr geben würde?
- Wenn die Messgröße einen positiven Trend aufweist, würde dies im Zusammenhang mit einer signifikanten, für die Mitarbeiter bemerkbaren Leistungsverbesserung stehen?

Prinzip Nr. 2: Die Messgröße muss verständlich sein
- Können die Mitarbeiter mit der Messgröße etwas anfangen, d.h. ist die Darstellungsform verständlich und nachvollziehbar?
- Weist die Messgröße eindeutig eine Richtung auf, die für gut bzw. Verbesserung steht?

Prinzip Nr. 3: Die Messgröße muss die richtige Empfindlichkeit aufweisen
- Ermöglicht die Messgröße ein schnelles Auffinden von Prozessveränderungen?
- Reflektiert die Messgröße bedeutende Fehler bzw. Störungen im Prozess?

Prinzip Nr. 4: Die Messgröße unterstützt Analysen und Aktionen
- Ist die Messgröße „up-to-date"?
- Wird die Messgröße tatsächlich für Analysen genutzt?
- Richtet die Messgröße die Aufmerksamkeit der beteiligten Mitarbeiter auf die Verbesserung der Prozesse?

Prinzip Nr. 5: Die für die Messgröße benötigten Daten müssen leicht erfassbar sein
- Werden existierende und bereits gebräuchliche Messgrößen angewendet?
- Ist der Zeitaufwand zur Verfolgung der Messgröße für die verantwortlichen Mitarbeiter akzeptabel?

Abb. 4-28: Die fünf Prinzipien einer guten Messgröße

Vorteile, die sich daraus ergeben, sind:

- Veränderungen am Prozess werden sichtbar gemacht. Ein Eingreifen ist möglich, bevor es zu großen Störungen kommt.
- Kennzahlen geben ein Maß für die Verbesserung an.
- Durch Kennzahlen kann festgestellt werden, ob die durchgeführten Maßnahmen wirksam sind und ob die gesteckten Ziele erreicht werden.

Messgrößenunterscheidung:

- Absolute Messgrößen:
  ... messen die konkrete Ausprägung einer Größe. Sie sind einfach zu ermitteln, können aber nicht beim Vergleich mehrerer Prozesse herangezogen werden.
- Relative Messgrößen:
  ... setzen zwei Größen zueinander in Beziehung. Dadurch wird es möglich, Prozesse miteinander zu vergleichen. Beispiel ist der Anteil einer korrekt ausgeführten Tätigkeit an der Gesamtzahl der Tätigkeiten.

Beispielhafte Vorgehensweise zur Definition der Prozessmessgrößen

Das Prozessteam hat die Aufgabe, Messgrößen zu finden, die den genannten Prinzipien einer guten Messgröße entsprechen. Hier sollte in erster Linie auf bereits vorhandenes Datenmaterial, das geeignet aufbereitet werden muss, zurückgegriffen werden. Bei einem Brainstorming sammeln die Prozessteam-Mitglieder mögliche Kennzahlen und erstellen eine Liste. Berücksichtigt werden müssen folgende Punkte:

- **kundenrelevante Aspekte:**
  Welches Resultat soll der Prozess seinen Kunden tatsächlich liefern?
  Wie viel würden die Kunden bereitwillig für das Prozessergebnis bezahlen?
  Wie rasch benötigen sie es?
  Wie viel Flexibilität verlangen die Kunden?
  Welches Maß an Präzision ist erforderlich?

- **interne Unternehmensbedürfnisse:**
  Prozesskosten
  Auslastungsgrad der Sachanlagen
  Rentabilität
  Kapitalrendite (ROI)

Messgrößen müssen auf jeden Fall den Gesamtprozess widerspiegeln und allen Prozessbeteiligten nahe gebracht werden, so dass sie auch tatsächlich damit arbeiten[32].

4.4 Schritt III: Konzeption der Soll-Prozesse

Prozess	Beispielhafte Messgrößen
Absatzprozess	• Zeit für Auftragsbearbeitung • Anzahl termingerechter Aufträge • Lieferzeit • Kundenzufriedenheitsindex
Entwicklungsprozess	• Produktbewertung durch den Kunden • Einhalten der Meilensteine • Anzahl Entwurfsänderungen • Entwicklungskosten
Verwaltungsprozess	• Rechnerverfügbarkeit • Zeit für Abrechnungen • Anzahl offener Posten

Abb. 4-29: Beispiele für Kennzahlen

Vorsicht: Nicht die Anzahl der Kennzahlen pro Prozess ist entscheidend. Der Aufwand bei der Ermittlung einer Kennzahl muss in die Überlegungen einbezogen werden.
Die Prozessziele werden für alle Prozesse im Unternehmen festgelegt, es erfolgt die stufenweise Abbildung der Prozessziele. Somit ist sichergestellt, dass für alle Ebenen der Organisation von der obersten Leitung bis zum Mitarbeiter Prozessziele definiert sind.

4.4.4 Festlegung des Reportings der Prozessleistung

Hinsichtlich des Reportings der Prozessziele ist festzulegen, welche Informationen betreffend der Prozessziele von wem an wen in welcher Form und zu welchem Zeitpunkt weiterzuleiten sind. Beim Kommunizieren der Kennzahlen ist darauf zu achten, dass die Form der Darstellung für die Mitarbeiter einfach verständlich ist.

Beispiel Kundenzufriedenheitsindex

Zufriedenheit mit Kundenservice

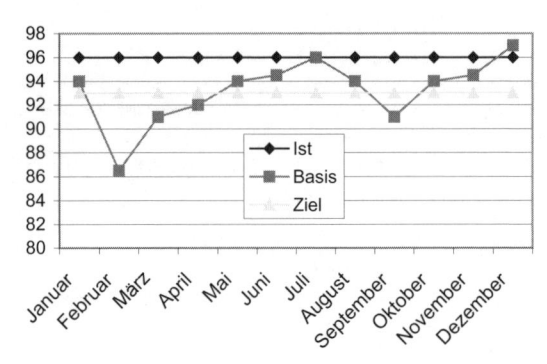

[Diagramm: Liniendiagramm mit Werten von 80 bis 98 für die Monate Januar bis Dezember, mit den Kurven Ist, Basis, Ziel]

Abb. 4-30: Mögliche Darstellungsform eines Prozessreportings

4.4.5 Abnahme der Soll-Prozesse

Diese Abnahme stellt eine Bestätigung des Soll-Konzeptes dar. Sie ist an dieser Stelle sinnvoll, um die Ausarbeitung der nachfolgenden Schritte auf eine abgesicherte Grundlage zu stellen. Hier sind die zu diesem Zeitpunkt relevanten Hierarchien und Entscheidungsstrukturen zu berücksichtigen.

4.4.6 Ablauf 3. Prozessteam-Meeting

Der Ablauf des Prozessteam-Meetings bei diesem Schritt der Prozessmanagement-Methodik könnte beispielsweise folgendermaßen vor sich gehen:

Inhalte des 3. Prozessteam-Meetings (3. PTM)
- Besprechung der Aufgaben aus dem 2. PTM
- Erläuterungen zur Konzeption der Soll-Prozesse
- Besprechung Prozessbeschreibung
- Festlegung der Prozessziele, der Messgrößen und des Reportings

Aufgaben des Teams bis zum 4. PTM
- Definition Soll-Prozesse
- Prozessbeschreibung erstellen

Abb. 4-31: Inhalte des 3. Prozessteam-Meetings und Aufgaben des Teams

Im Rahmen des Prozessteam-Meetings können auch vorgefertigte Arbeitsblätter verwendet werden:

Arbeitsblatt Schritt III: Konzeption Soll-Prozess

Prozessname: BESCHAFFUNG

Nr.	Prozessziel	Messgröße	Zielwert	Messmethode	Messfrequenz	Verantw.
1	Zeitgerechte Lieferungen	Anzahl Lieferterminüberschreitungen zur Anzahl der Gesamtlieferungen	< 2 %	Zählung der Lieferterminüberschreitungen	Stichprobe (Betrachtung des jeweils 1. Arbeitstages in der Woche)	LMS
2	Wirtschaftliche Zurverfügungstellung externer Ressourcen	Differenz Listenpreis zu Einkaufspreis	> 15 %	Abgleich Listenpreis zu Bestellpreis bei jedem Beschaffungsartikel	Jede Bestellung	EINK
3	Partnerschaftliches Verhältnis zu den Lieferanten	Bewertungsskala: 1...ausgezeichnet 2...sehr gut 3...gut 4...befriedigend 5...unbefriedigend	< 2,5	Abgleich Listenpreis zu Bestellpreis bei jedem Beschaffungsartikel	1x jährlich	EINK

Abb. 4-32: Arbeitsblatt Prozessziele

4.5 Schritt IV: Realisierung der Verbesserungspotenziale

4.5.1 Überblick

Im Rahmen dieses Prozessschrittes ist die Umsetzung des in den vorangegangenen Schritten konzipierten und definierten Soll-Prozesses zu planen. Die Umsetzung bezieht sich dabei auf jene Maßnahmen, die durch die Änderungen des Prozessablaufes vom Ist zum Soll erforderlich sind[33]. Dies können beispielsweise sein:

- Anschaffung neuer Betriebsmittel, Werkzeuge und Hilfsmittel
- Organisatorische Änderungen
- Schulungsmaßnahmen für die Mitarbeiter
- etc.

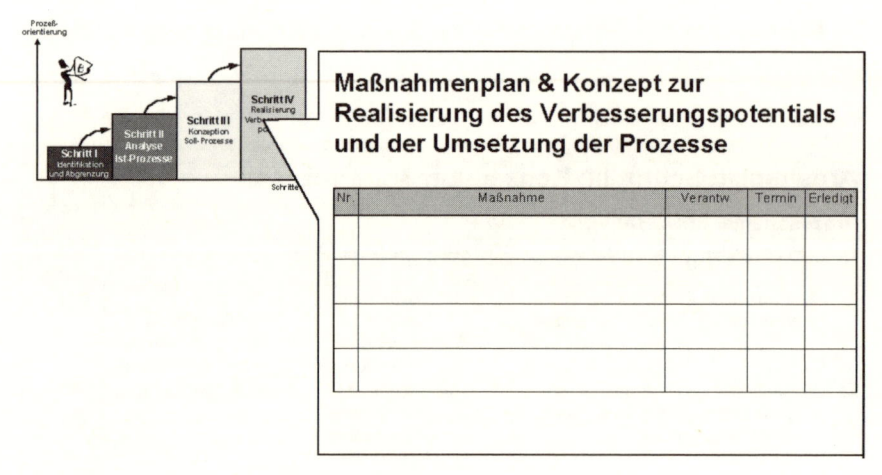

Abb. 4-33: Schritt IV: Vorgehen zur Umsetzung

4.5.2 Planung der Realisierung der Verbesserungspotenziale

Bei der Umsetzung der Sollprozesse empfiehlt es sich, vor allem bei umfassenden Änderungen, eine Vorgehensweise in mehreren Schritten zu wählen:

- „Dry run": Durchsprache des Sollprozesses mit allen Beteiligten, mit dem Ziel vorab potenzielle Schwachstellen zu erkennen und zu beseitigen.

- „Wet run": Probelauf über einen abgegrenzten Zeitraum und innerhalb eines abgegrenzten Bereiches. Abweichungen vom Plan sind zu dokumentieren und im Anschluss mit den Verantwortlichen des Prozesses durchzusprechen. Hierbei gilt es die Schwachstellen zu beseitigen, bevor der Soll-Prozess endgültig umgesetzt wird[34].

- Installation: Tatsächliche, schrittweise Installation und Umsetzung des Prozesses im Tagesgeschäft. Auch hier ist es wichtig, dass die Umsetzung von einer verantwortlichen Person begleitet wird.

4.5.3 Ablauf 4. Prozessteam-Meeting

Der Ablauf des Prozessteam-Meetings bei diesem Schritt der Prozessmanagement-Methodik könnte beispielsweise folgendermaßen vor sich gehen:

4.5 Schritt IV: Realisierung der Verbesserungspotenziale

Inhalte des 4. Prozessteam-Meetings (4. PTM)
- Besprechung der Aufgaben aus dem 3. PTM
- Vorstellung des Intranetsystems/ Prozessmanagement-Handbuchs
- Erläuterung Maßnahmenplan und Umsetzung der Prozessänderungen

Aufgaben des Teams bis zur Präsentation und Freigabe des Prozesses
- Anwendung auf weitere Prozesse
- Entwurf Prozess-Homepage
- Erstellung Unterlagen-Übersichtsmatrix, Abkürzungsverzeichnis etc.
- Ausarbeitung Umsetzungskonzept

Abb. 4-34: Inhalte des 4. Prozessteam-Meetings und Aufgaben des Teams

4.5.4 Präsentation und offizielle Freigabe des Soll-Prozesses und der damit verbundenen Maßnahmen zur Umsetzung

Entsprechend den festgelegten Verantwortlichkeiten wird der Soll-Prozess inklusive der damit verbundenen Maßnahmen präsentiert und zur Umsetzung freigegeben[35]. Dies kann beispielsweise in einem eigenen 5. Prozessteam-Meeting erfolgen. Bei Bedarf sind auch die erforderlichen Budgetmittel freizugeben[36].

Arbeitsblatt Schritt IV: Realisierung Verbesserungspotential

Prozessname: BESCHAFFUNG

Nr.	Maßnahmen zur Umsetzung des Prozessmanagement-Systems	Verantwortung	Termin
1	Vorinformation der Mitarbeiter zur Herausgabe der Prozessbeschreibungen im Rahmen des Abteilungs-Jour-fixe	Einkaufsleiter	2.5.2001
2	Infotafel installieren	Prozessverantwortlicher	3.5.2001
3	Review der herausgegebenen Prozessbeschreibungen gemeinsam mit den vom Prozess betroffenen Mitarbeitern	Prozessteam	4.6.2001

Abb. 4-35: Maßnahmenplan

4.5.5 Durchführung der Umsetzungsmaßnahmen

Es hat sich hier bewährt, dass alle zur Umsetzung erforderlichen Maßnahmen schriftlich festgehalten werden. Weiterhin sollte die Regel gelten, keine Maßnahme ohne Verantwortlichen und Termin zu vereinbaren. Nur wenn ein Verantwortlicher definiert ist, kann die Umsetzung der Maßnahme auch nachverfolgt werden. Es empfiehlt sich, die Durchführung der Maßnahmen zu überwachen bzw. zu monitoren.

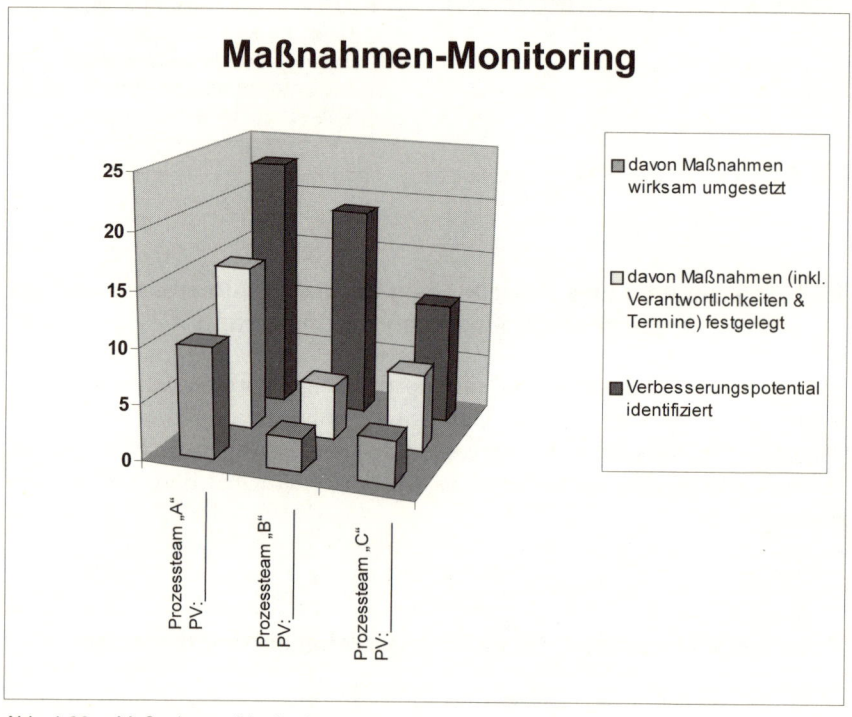

Abb. 4-36: Maßnahmen-Monitoring

5 Prozessausführung und -steuerung

5.1 Prozessausführung und -steuerung als Regelkreis

Nach der erfolgten Freigabe des Soll-Prozesses auf der Basis der erstellten Prozessbeschreibungen und der zugehörigen Unterlagen muss der Prozess im Rahmen der Vorgaben ausgeführt werden, d. h. der Prozess liefert nun seinen Output.

Nun setzt ein permanenter Regelkreis ein: Der Prozessoutput wird gemessen, mit den Zielvorgaben verglichen und evaluiert. Dies ist die Aufgabe des Prozessteams, welches die Aufgabe hat, bei mangelnder Zielerreichung bzw. auftauchenden Problemen im Prozess steuernd einzugreifen.

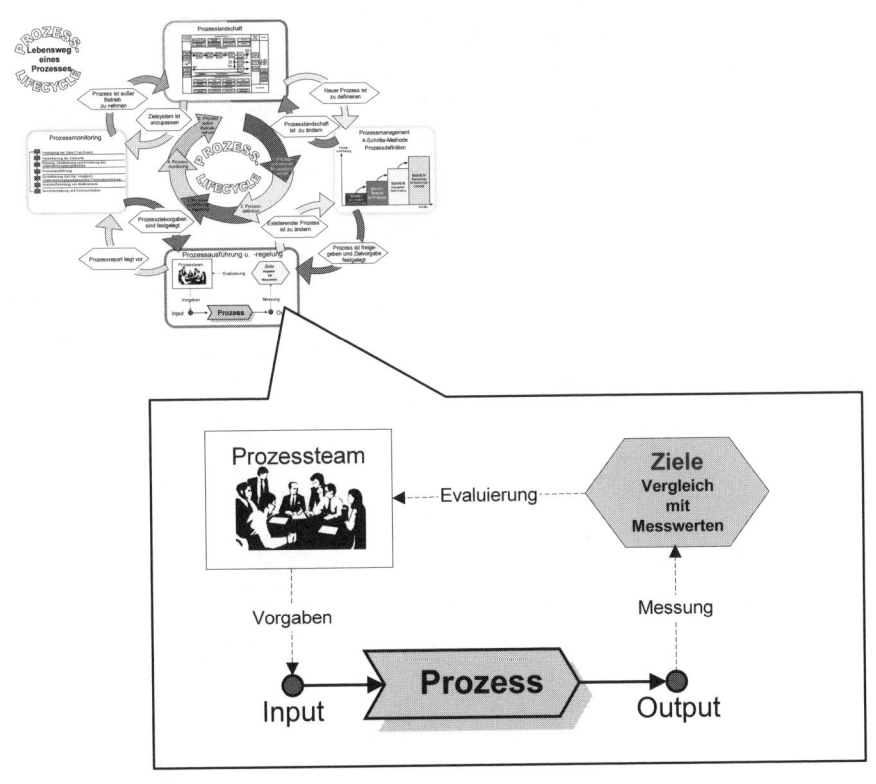

Abb. 5-1: Prozessausführung und -steuerung als Regelkreis

Prozesssteuerung bedeutet beispielsweise, dass

- Mitarbeiter nachgeschult werden,
- ausgefallene Betriebsmittel ersetzt werden und
- Ersatz für kranke Mitarbeiter organisiert wird.

5.1.1 Messung und Darstellung der Prozessleistung

Die Messung und Darstellung der Prozessleistung basierend auf den definierten Prozessmessgrößen schaffen die Voraussetzungen, dass das Prozessteam bei Bedarf steuernd in den Prozess eingreifen kann. Neben den quantifizierten Messgrößen können auch andere Quellen wie beispielsweise Erfahrungswerte der Mitarbeiter, verbale Rückmeldungen interner und externer Kunden, auftretende Schadensfälle etc. wertvolle Aussagen zur Prozessleistung geben. Zur Darstellung der Prozessleistung (z. B. Zufriedenheit mit Kundenservice) können beispielsweise Diagramme verwendet werden.

Die Visualisierung ermöglicht dem Prozessverantwortlichen und seinem Team den Überblick hinsichtlich der Zielerreichung zu bekommen. Zusätzlich werden damit die am Prozess beteiligten Mitarbeiter und andere Personen über die Prozessleistung informiert. Ein in der Praxis bewährtes Instru-

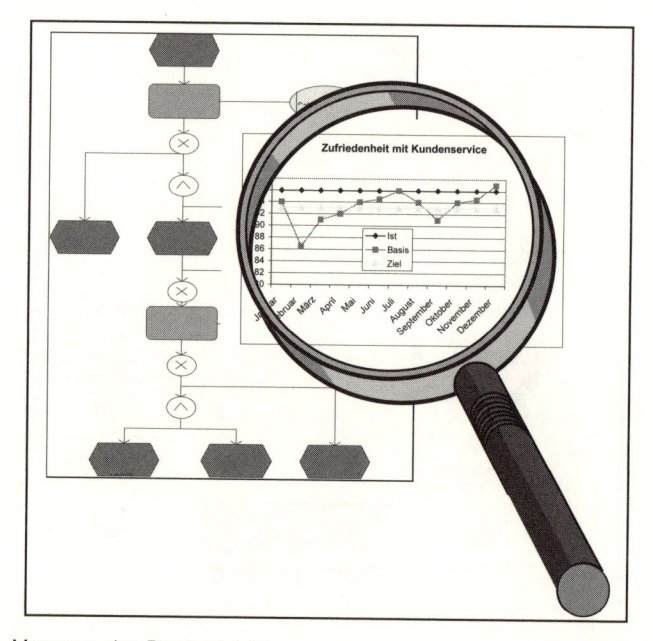

Abb. 5-2: Messung der Prozessleistung

5.1 Prozessausführung und -steuerung als Regelkreis

ment zur Visualisierung der Prozessleistung stellen die Prozess-Infotafel oder Prozess-Homepage dar, die gleichzeitig den Mitarbeitern weitere interessante Informationen rund um den Prozess liefern:

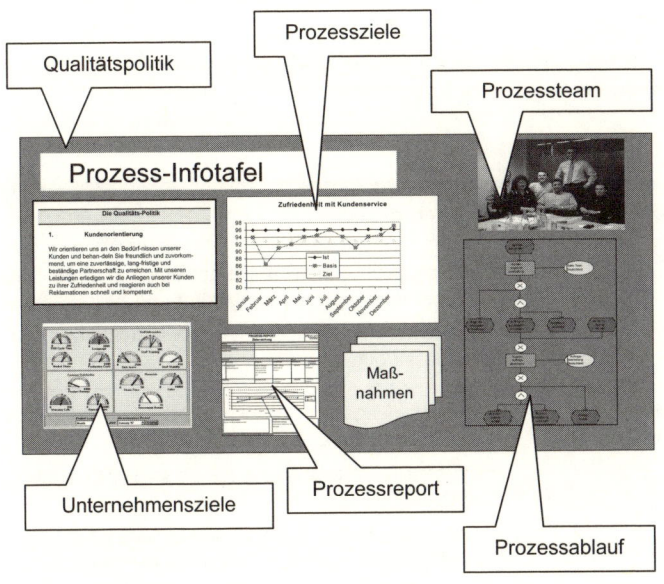

Abb. 5-3: Prozess-Infotafel

5.1.2 Aufgaben des Prozessteams

Das Prozessteam steht unter der Führung des Prozessverantwortlichen (vgl. Kapitel 1.4).

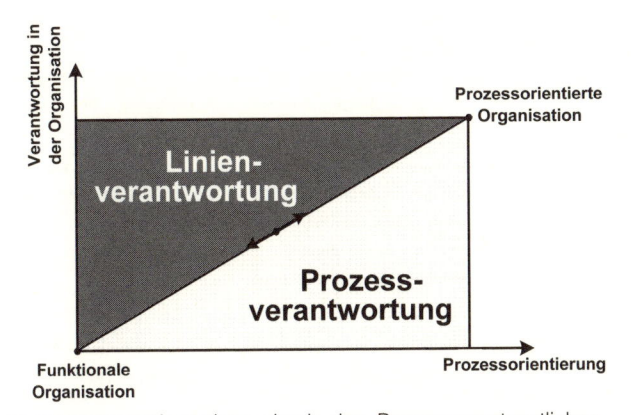

Abb. 5-4: Verantwortungsübernahme durch den Prozessverantwortlichen

Je nachdem, wie die Organisation ausgerichtet ist, kommt dem Prozessverantwortlichen eine unterschiedlich starke Verantwortung zu. Sind die Verantwortlichkeiten des Prozessverantwortlichen im Rahmen einer funktionalen Organisation gering, steigen diese mit zunehmender Prozessorientierung des Unternehmens.

Die Rollenbeschreibung des Prozessverantwortlichen in einem ausgeprägt prozessorientierten Unternehmen kann wie folgt aussehen:

Rollenbeschreibung Prozessverantwortlicher	
Ziele	• Sicherstellung, dass die festgelegten Prozesse entsprechend den Vorgaben ausgeführt und gesteuert werden • Erreichung der Prozessziele sowie kontinuierliche Verbesserung des Prozesses
Aufgaben/Pflichten/ Verantwortlichkeiten	• Entscheidungsrecht hinsichtlich der laufenden Zusammensetzung des Prozessteams • Personelle Verantwortung für die im Prozess tätigen Mitarbeiter • Koordination und Einberufung von laufenden und regelmäßigen internen Treffen des Prozessteams (z.B. Prozessteam-Jour-fixe) • Verantwortung für die tagtägliche Steuerung und Optimierung des Prozesses im Rahmen der Vorgaben • Verantwortung für die kontinuierliche Prozessverbesserung • Verantwortung für die Anpassung der Prozessbeschreibungen in Abstimmung mit den anderen Prozessen • Reporting und Berichterstattung zur Prozesszielerreichung • Verantwortung für die Einschulung neuer Mitarbeiter hinsichtlich des Prozesses und seiner Vorgaben • Budgetverantwortung für den Prozess
Verhaltenserwartungen	• Aktive Führung der im Prozess tätigen Mitarbeiter sowie des Prozessteams • Aktives Vorantreiben der kontinuierlichen Prozessverbesserung
Kompetenzen/Rechte	• Vergabe von Aufgaben innerhalb des Prozessteams • Einforderung vereinbarter Aufgaben und Maßnahmen

Abb. 5-5: Rollenbeschreibung eines Prozessverantwortlichen

Entscheidend ist, dass der Prozessverantwortliche seine Aufgabe als die treibende Kraft hinter dem Prozess aktiv wahrnimmt. Prozessteam-Jour-fixes sind beispielsweise eine Möglichkeit, um Aktuelles zum Prozess zu diskutieren, Abweichungen festzustellen bzw. Probleme aufzuzeigen und Maßnahmen zur Prozesssteuerung zu ergreifen:

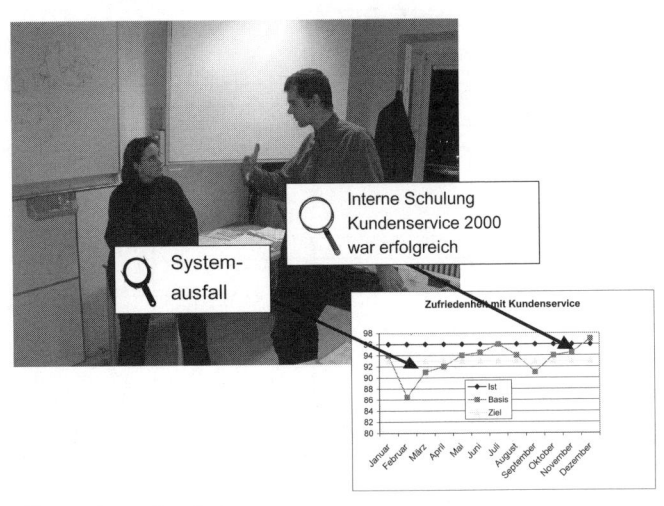

Abb. 5-6:   Prozessteam-Jour-fixe

Eine gute Problemdarstellung sollte zumindest vier Punkte beinhalten:

- Beschreibung des Problems, möglichst basierend auf verifizierbaren Tatsachen und nicht auf Vermutungen
- Hintergrundinformationen dazu, wann und wo das Problem auftaucht oder beobachtet wird
- Messgrößen, die die Größe oder das Ausmaß des Problems beschreiben
- Auswirkungen, Konsequenzen oder Bedrohungen, die durch das Problem verursacht werden

Schlechtes Beispiel:
Unsere Kunden sind verärgert und bezahlen ihre Rechnungen zu spät.

Verbessertes Beispiel:
In den letzten 6 Monaten (wann) bezahlten 20 % unserer Stammkunden unsere Rechnungen über 60 Tage zu spät (was). Die aktuelle Quote der verspäteten Zahlungen ist von 10 % im Jahr 1999 auf 25 % im Jahr 2000 angestiegen und stellt 30 % unserer offenen Forderungen dar (Größenordnung). Dies beeinflusst unseren Cashflow (Auswirkung oder Konsequenz) in negativer Weise.

5.1.3 Prozessreporting und Festlegung neuer Prozessziele

Das Prozessreporting dient dazu, den übergeordneten Stellen bis hin zur Leitung einen Überblick hinsichtlich der Prozessergebnisse und der Prozesszielerreichung zu geben, beispielsweise in Form eines Prozessreports:

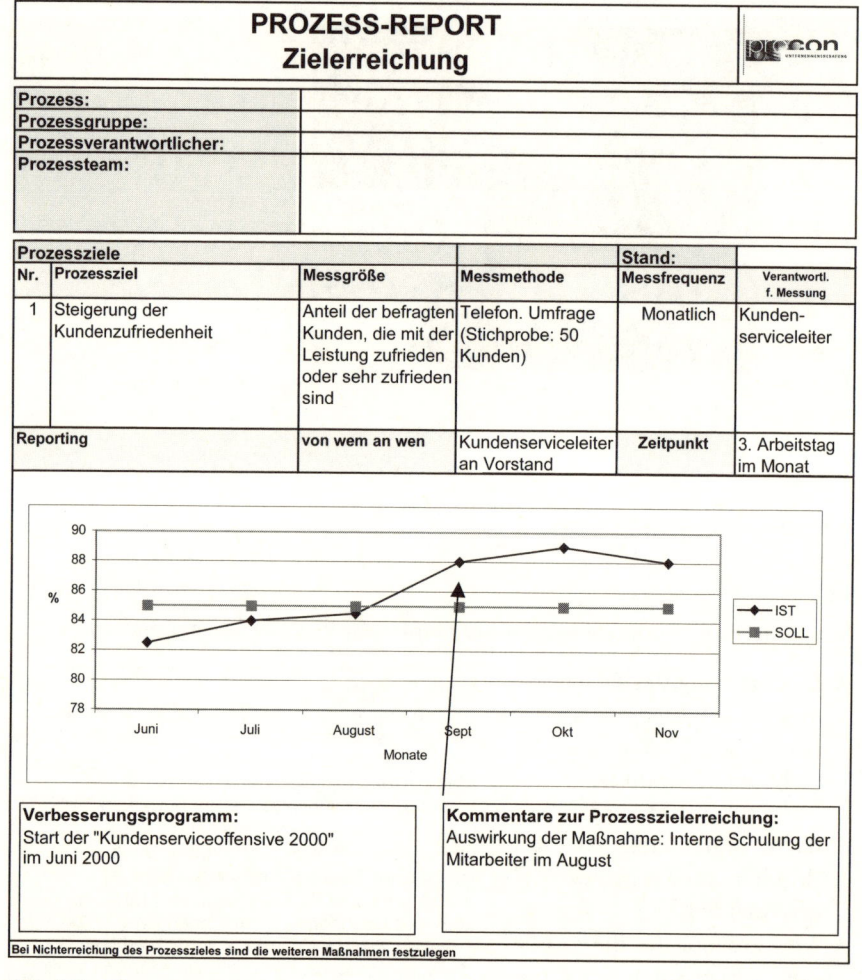

PROZESS-REPORT Zielerreichung					precon
Prozess:					
Prozessgruppe:					
Prozessverantwortlicher:					
Prozessteam:					

Prozessziele				Stand:	
Nr.	Prozessziel	Messgröße	Messmethode	Messfrequenz	Verantwortl. f. Messung
1	Steigerung der Kundenzufriedenheit	Anteil der befragten Kunden, die mit der Leistung zufrieden oder sehr zufrieden sind	Telefon. Umfrage (Stichprobe: 50 Kunden)	Monatlich	Kundenserviceleiter
Reporting		von wem an wen	Kundenserviceleiter an Vorstand	Zeitpunkt	3. Arbeitstag im Monat

Verbesserungsprogramm: Start der "Kundenserviceoffensive 2000" im Juni 2000	Kommentare zur Prozesszielerreichung: Auswirkung der Maßnahme: Interne Schulung der Mitarbeiter im August

Bei Nichterreichung des Prozesszieles sind die weiteren Maßnahmen festzulegen

Abb. 5-7: Prozessreport

Aufgrund des Reportings können auch von dem Prozess übergeordnete Stellen Maßnahmen zur Prozessverbesserung veranlassen. Neue Prozessziele können in einem festgelegten Zyklus oder im Anlassfall festgelegt werden.

5.1.4 Notwendigkeit zur Änderung eines existierenden Prozesses

Änderungen eines existierenden Prozesses sind bei Abweichungen vorzunehmen, die im Rahmen der laufenden Prozesssteuerung nicht unter Kontrolle gebracht werden können oder bei denen im Zuge der Prozessausführung konkrete Verbesserungspotentiale erkannt wurden.
Hierbei werden beispielsweise die Abweichungssituation bzw. das Verbesserungspotenzial des Prozesses genau beschrieben, dargestellt und in Bezug auf die derzeitige Nichterfüllung der Kundenanforderungen untersucht. Dabei sind wiederum die Schritte I–IV der 4-Schritte-Methode (vgl. Kapitel 4.1) im dafür erforderlichen Ausmaß anzuwenden.
Resultat sind eine geänderte Prozessbeschreibungen und möglicherweise auch geänderte Zielvorgaben.

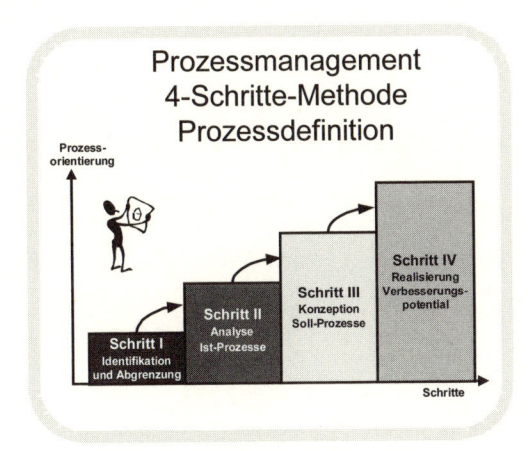

Abb. 5-8: Prozessmanagement 4-Schritte-Methode zur Prozessdefinition

6 Prozessmonitoring

Die Prozesssteuerung und -optimierung bedarf eines funktionierenden Prozessmonitorings und wird in den nachfolgenden sieben Schritten dargestellt:

- Festlegung der Ziele (Top-Down)
- Vereinbarung der Zielwerte
- Planung, Abstimmung und Einleitung des Zielerreichungsprogrammes
- Prozessausführung
- Durchführung Soll-/Ist-Vergleich (Zielerreichungsgrad/generelle Prozessbeurteilung)
- Analyse/Einleitung von Maßnahmen
- Berichterstattung und Kommunikation

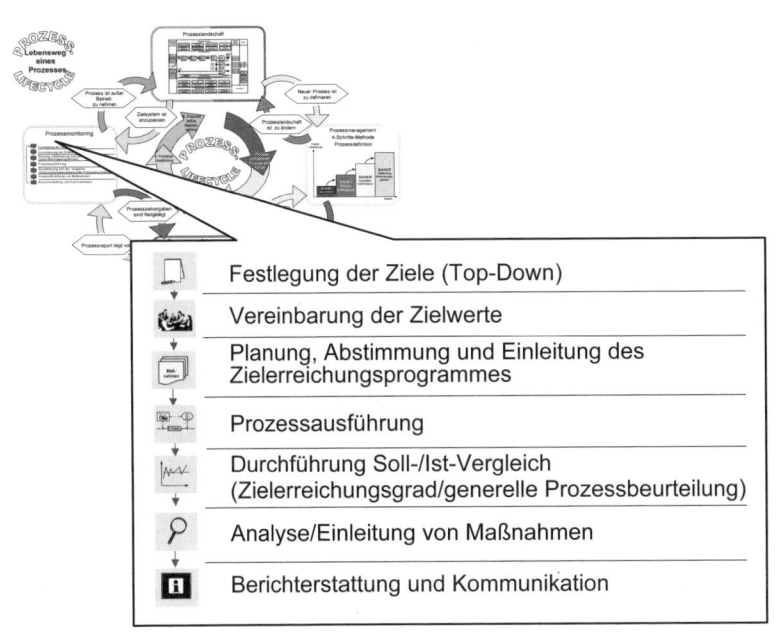

Abb. 6-1: Prozessmonitoring

6.1 Festlegung der Ziele – Operative Umsetzung der Unternehmensstrategie im Rahmen eines PQM-Systems

Ausgangspunkt ist die Festlegung der **Vision** („Wer sind wir, was wollen wir?"), der **Mission** („Welcher Sinn wohnt unserer Organisation inne?") und der **Strategie** („Auf welchem Wege erreichen wir die aus Vision und Mission hergeleiteten strategischen Ziele?")[37].

Nach der Definition von Mission, Vision und der Strategie sowie der Formulierung eines Leitbildes[38] sind im nächsten Schritt die für die Organisation relevanten strategischen Ziele und zugehörigen Messgrößen zu ermitteln[39]:

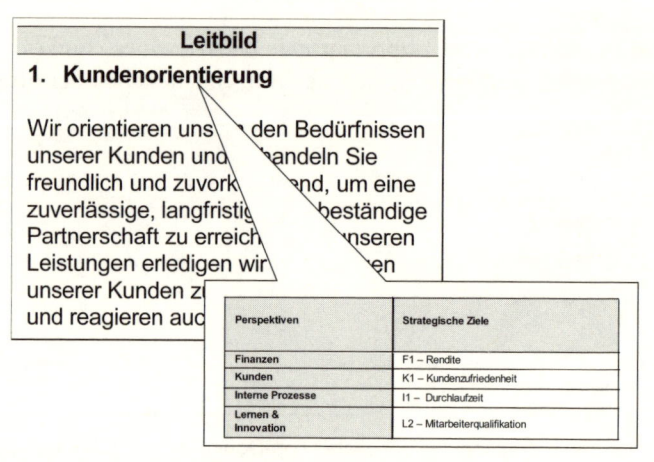

Leitbild
1. Kundenorientierung

Wir orientieren uns ... den Bedürfnissen unserer Kunden und ... andeln Sie freundlich und zuvork... ...nd, um eine zuverlässige, langfristi... ...beständige Partnerschaft zu erreich... ...nseren Leistungen erledigen wir... ...en unserer Kunden z... und reagieren auc...

Perspektiven	Strategische Ziele
Finanzen	F1 – Rendite
Kunden	K1 – Kundenzufriedenheit
Interne Prozesse	I1 – Durchlaufzeit
Lernen & Innovation	L2 – Mitarbeiterqualifikation

Abb. 6-2: Strategische Ziele/Balanced Scorecard

Die oben angeführte Tabelle bildet beispielsweise den Einstieg in die Balanced Scorecard des Unternehmens. Wie zu erkennen ist, findet man in der ersten Spalte die vier Perspektiven der Balanced Scorecard[40, 41]. In der zweiten Spalte sind die strategischen Ziele angeführt, hier jedoch symbolisch nur auf ein Ziel pro Perspektive vereinfacht.

Nachdem die strategischen Ziele in konkrete Messgrößen gegossen wurden und die Zuordnung zu den vier Perspektiven erfolgte, wird nun eine Auswahl jener Prozesse getroffen, die für die Erreichung der definierten strategischen Ziele relevant sind. Diese Prozesse können demgemäß als entscheidend für den strategischen Erfolg des Unternehmens bezeichnet werden. Zu jedem Ziel werden für die als erfolgskritisch erkannten Prozesse spezifische Prozessziele und -messgrößen bestimmt[42].

6.2 Vereinbarung der Zielwerte

Die Prozesszielwerte werden in einem Top-down- und Bottom-up-Prozess mit den Prozessverantwortlichen vereinbart[43]. Die Vorgehensweise zur Zielvereinbarung ist im Rahmen des Planungsprozesses festzulegen.

Die festgelegten Prozessziele können entweder in die jeweilige Prozessbeschreibung oder in einen zentralen Zielekatalog aufgenommen werden.

6.2 Vereinbarung der Zielwerte

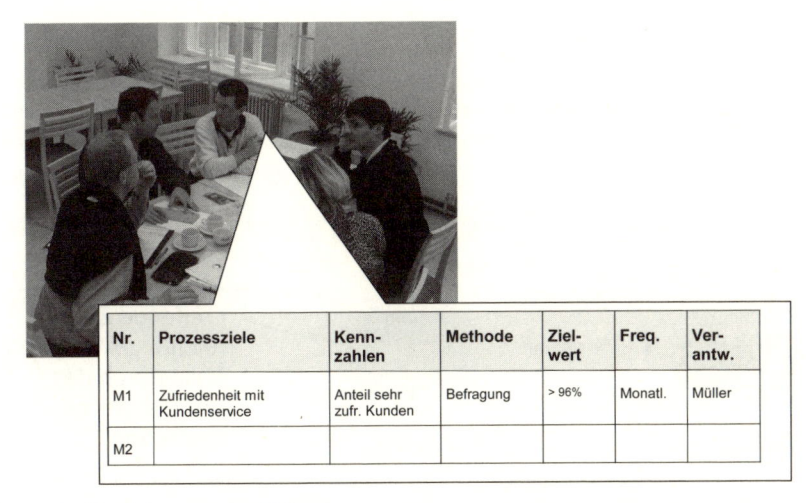

Nr.	Prozessziele	Kenn-zahlen	Methode	Ziel-wert	Freq.	Ver-antw.
M1	Zufriedenheit mit Kundenservice	Anteil sehr zufr. Kunden	Befragung	> 96%	Monatl.	Müller
M2						

Abb. 6-3: Vereinbarung der Zielwerte

6.3 Planung, Abstimmung und Einleitung des Zielerreichungsprogrammes

Das Prozessteam legt Maßnahmen mit Verantwortlichkeiten und Terminen fest, um die vereinbarten Zielwerte erreichen zu können.

Zielerreichungsprogramm

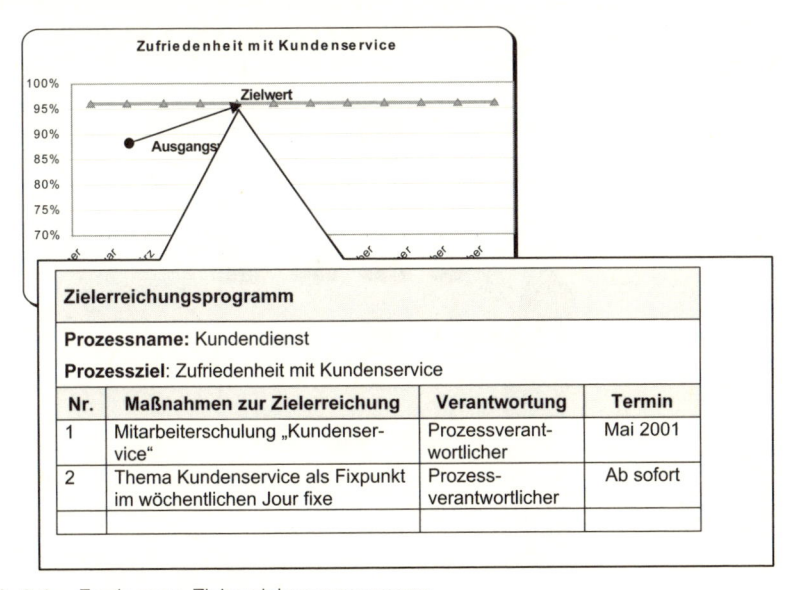

Prozessname: Kundendienst

Prozessziel: Zufriedenheit mit Kundenservice

Nr.	Maßnahmen zur Zielerreichung	Verantwortung	Termin
1	Mitarbeiterschulung „Kundenservice"	Prozessverantwortlicher	Mai 2001
2	Thema Kundenservice als Fixpunkt im wöchentlichen Jour fixe	Prozessverantwortlicher	Ab sofort

Abb. 6-4: Festlegung Zielerreichungsprogramm

6.4 Prozessausführung

Die festgelegten Maßnahmen zur Erreichung der vereinbarten Zielwerte werden vom Prozessteam zur Umsetzung gebracht. Der Prozessverantwortliche trägt für die Zielerreichung die Verantwortung und muss, wenn erforderlich, weitere Maßnahmen setzen.

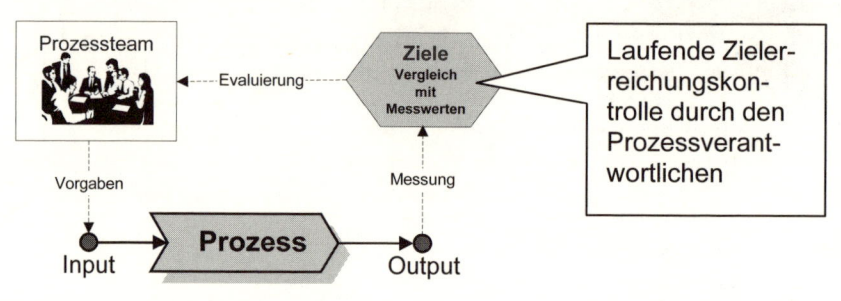

Abb. 6-5: Prozessausführung

6.5 Durchführung Soll-/Ist-Vergleich

Ein Soll-/Ist-Vergleich bzw. eine generelle Prozessbeurteilung kann auf der Basis des Prozessreports (vgl. Kapitel 5.1.3) und/oder im Rahmen einer Präsentation durch den Prozessverantwortlichen vorgenommen werden[44]:

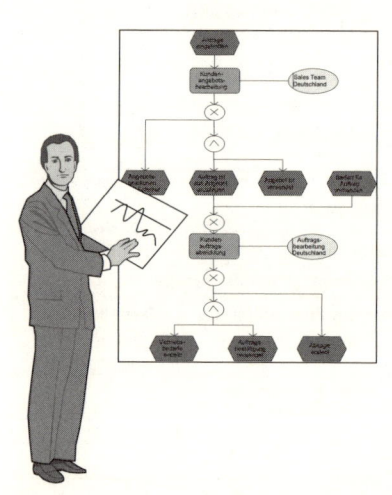

Abb. 6-6: Präsentation Prozessreport

Diese Präsentation kann beispielhaft folgende Punkte beinhalten:
- Welche Änderungen wurden im Prozess vorgenommen und was haben diese bewirkt?
- Wann wurden welche Prozessteam-Meetings, Prozess-Jour-fixes etc. durchgeführt und welche Ergebnisse resultierten daraus?
- Hat es Änderungen im Prozessteam gegeben, wurden auch andere (z.B. Kunden des Prozesses) eingebunden?
- Haben sich besondere Stärken des Prozesses gezeigt? (Erfolgsgeschichten)
- Gab es Probleme im Prozess – wenn ja, wie wurden diese gemeistert?
- Hat es Feedback (Positivreaktionen oder Reklamationen) seitens der Kunden des Prozesses gegeben – wenn ja, in welcher Form und mit welchen Ergebnissen, Konsequenzen etc.?
- Welche Kommentare, Hinweise und Bemerkungen gibt es zu den Verbesserungspotenzialen?
- Welche Maßnahmen, Aktionen, Schulungen etc. wurden durchgeführt?

6.6 Analyse und Einleitung von Maßnahmen

Ist ersichtlich, dass Prozesse die vorgegebenen Ziele nicht erreichen und die vom Prozessverantwortlichen festgelegten Maßnahmen alleine nicht ausreichen, dann sind von der Unternehmensleitung nach eingehender Analyse der Problemstellung übergeordnete Maßnahmen zu ergreifen. Hilfreich ist dabei, wenn die Unternehmensleitung einen Gesamtüberblick hinsichtlich der Zielerreichung durch die einzelnen Prozesse zur Verfügung hat, wie beispielsweise in Form eines Unternehmens-Leitstandes[45]:

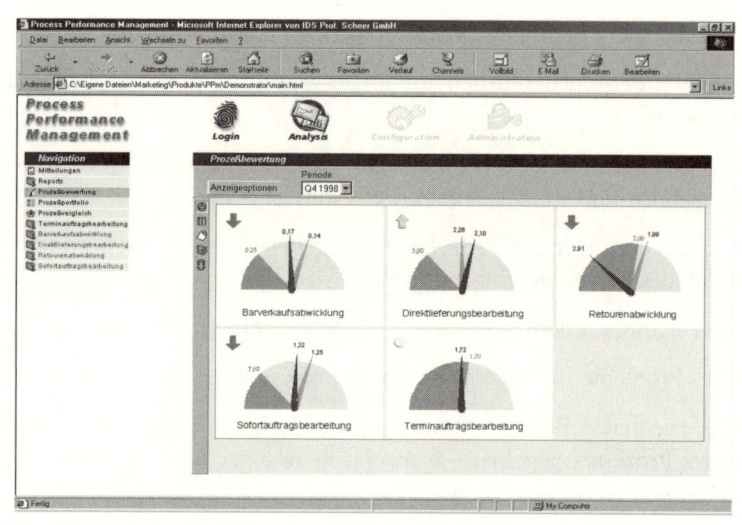

Abb. 6-7: Unternehmensleitstand Prozesszielerreichung

6.7 Berichterstattung und Kommunikation

Die Prozesszielerreichung sollte innerhalb des Unternehmens den Mitarbeitern kommuniziert werden. Dabei ist empfehlenswert, sich auf die Eckdaten, d.h. maximal zehn bis 15 unternehmensweite Ziele[46], zu beschränken, damit die Übersichtlichkeit für die Mitarbeiter gewahrt bleibt. Die Berichterstattung und Kommunikation kann beispielsweise folgende Kanäle berücksichtigen:

- Mitarbeiterversammlungen
- Mitarbeiterzeitung
- Intranet
- Aushänge auf Infotafeln

Abb. 6-8: Mitarbeiterversammlung

7 Prozess außer Betrieb nehmen

7.1 Auswirkungen innerhalb der Prozesslandschaft

Wird ein Prozess außer Betrieb genommen, so hat dies fast immer Auswirkungen auf andere Prozesse. Mit Hilfe der Prozesslandschaft sind zunächst die Auswirkungen an den Prozessschnittstellen zu untersuchen und bei Bedarf Anpassungen in den Prozessen vorzunehmen. Das geänderte Netzwerk der Prozesse ist in Form der Prozesslandschaft (vgl. Kapitel 3) nachzuführen. Wird beispielsweise die EDV outgesourct, ist das Prozesssymbol aus der

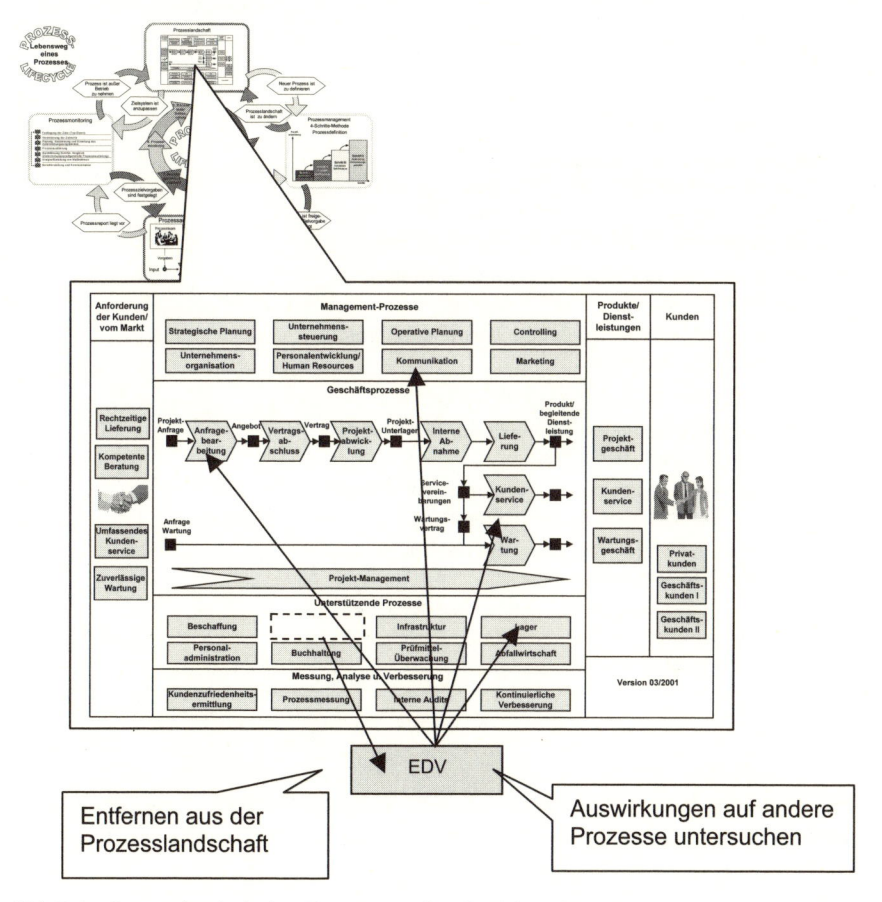

Abb. 7-1: Prozesslandschaft – Prozesse außer Betrieb nehmen

Prozesslandschaft zu entfernen und Konsequenzen auf andere Prozesse (z. B. Kommunikation, Lager, Anfragebearbeitung) sind zu untersuchen.

7.2 Vorgehensschritte

Es empfiehlt sich bei der außer Betriebnahme von Prozessen folgende Schritte zu berücksichtigen:

Checkliste für die außer Betriebnahme von Prozessen		
Vorgehensschritt	**Zeitpunkt**	**erledigt**
• Festlegung der Zielsetzung, die durch die außer Betriebnahme des Prozesses erreicht werden soll • Erstellung eines Konzeptes zur außer Betriebnahme durch das Prozessteam • Abstimmung mit den betroffenen Prozessverantwortlichen bzw. sonstigen Stellen die von der Änderung betroffen sind hinsichtlich des Zeitpunktes und der Art und Weise der außer Betriebnahme • Vorlage des Konzeptes und Freigabe durch die Unternehmensleitung • Entscheidung über die zukünftige Verwendung frei werdender Ressourcen • Anpassung der Prozesslandschaft vornehmen • Erforderliche Änderungen innerhalb der Dokumentation des PQM-Systems vornehmen • Anpassung des Zielsystems vornehmen unter Beachtung der übergeordneten Unternehmensziele • Information zur außer Betriebnahme des Prozesses an die betroffenen Mitarbeiter • Information zur außer Betriebnahme des Prozesses an betroffene Kunden und Lieferanten und Ergreifen der erforderlichen Maßnahmen		

Abb. 7-2: Checkliste für die außer Betriebnahme von Prozessen

Die sinnvolle Reihenfolge der einzelnen Vorgehensschritte kann im Einzelfall von obiger Checkliste auch abweichen und ist entsprechend anzupassen.

8 ISO 9000:2000-Prozessmodell

R. Käfer, G. Kohl, K. Wagner

8.1 Der prozessorientierte Ansatz der ISO 9001:2000

Die ISO 9001:2000 ist eine international gültige Norm, die die Forderungen an ein Qualitätsmanagement-System darstellt. Die Norm forciert einen prozessorientierten Ansatz zur Organisation und Steuerung des Unternehmens auf der Basis eines umfassenden Qualitätsbegriffes. Dieser neue umfassende Qualitätsbegriff ist geprägt vom Wandel des ersteller-/ergebnisbezogenen Zugangs hin zum kunden- und prozessbezogenen Zugang:

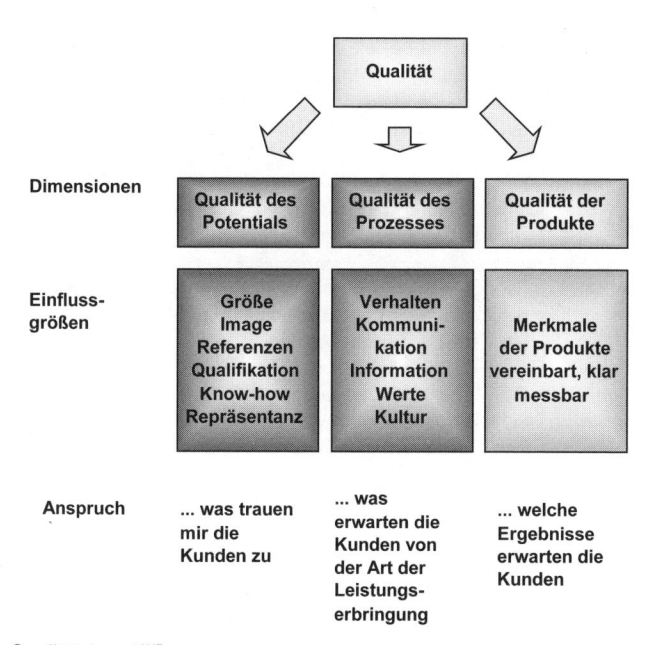

	Qualität		
Dimensionen	Qualität des Potentials	Qualität des Prozesses	Qualität der Produkte
Einflussgrößen	Größe Image Referenzen Qualifikation Know-how Repräsentanz	Verhalten Kommunikation Information Werte Kultur	Merkmale der Produkte vereinbart, klar messbar
Anspruch	... was trauen mir die Kunden zu	... was erwarten die Kunden von der Art der Leistungserbringung	... welche Ergebnisse erwarten die Kunden

Abb. 8-1: Qualitätsbegriff[47]

Die Qualität des Produktes kann nur dann in vollem Umfang zur Geltung kommen, wenn für den Kunden in seiner Erlebniswelt auch die Qualität des Prozesses an den Berührungspunkten mit dem Kunden in Ordnung ist. Die Qualität des Potenzials ist meist die Voraussetzung dafür, als Unternehmen überhaupt die Chance zu bekommen, Produkte bzw. Dienstleistungen liefern zu können.

8.2 Qualitätsmanagement-Prinzipien der ISO 9000:2000

Ein Qualitätsmanagement-Prinzip ist eine umfassende und grundlegende Richtlinie oder Überzeugung zur Führung und Leitung einer Organisation, mit dem Ziel ständiger, langfristiger Verbesserung der Leistungen durch

QM-Prinzipien	Auditcheckpunkte
Kundenorientierte Organisation	Organisationen brauchen ihre Kunden und sollten daher die jetzigen und künftigen Erfordernisse der Kunden erfassen, Kundenforderungen erfüllen und danach streben, die Erwartungen ihrer Kunden zu übertreffen.
Führung	Führungskräfte entscheiden über die einheitliche Zielsetzung, die Richtung und das interne Umfeld der Organisation. Sie schaffen die Umgebung, in der Mitarbeiter sich voll und ganz für die Erreichung der Ziele der Organisation einsetzen.
Einbeziehung der Mitarbeiter	Mitarbeiter machen auf allen Ebenen das Wesen einer Organisation aus, und ihre vollständige Einbeziehung gestattet die Nutzung ihrer Fähigkeiten zum Nutzen der Organisation.
Prozessorientiertes Herangehen	Das gewünschte Ergebnis lässt sich auf effiziente Weise erreichen, wenn zusammengehörige Mittel und Tätigkeiten als ein Prozess geleitet werden.
Systemorientierter Managementansatz	Das Erkennen, Begreifen und Führen eines Systems miteinander in Wechselbeziehung stehender Prozesse für ein gegebenes Ziel trägt zur Wirksamkeit und Effizienz der Organisation bei.
Ständige Verbesserung	Ständige Verbesserung ist ein permanentes Ziel der Organisation.
Sachliches Herangehen an Entscheidungen	Wirksame Entscheidungen beruhen auf der logischen und intuitiven Analyse von Daten und Informationen.
Lieferantenbeziehungen zum gegenseitigen Nutzen	Beziehungen zum gegenseitigen Nutzen zwischen der Organisation und ihren Lieferanten fördern die Wertschöpfungsfähigkeit beider Organisationen.

Abb. 8-2: Die acht Qualitätsmanagement-Prinzipien

Kundenorientierung, während gleichzeitig die Erfordernisse aller, die ein Interesse am Unternehmen haben, angesprochen werden. Die Berücksichtigung der folgenden acht Qualitätsmanagement-Prinzipien bieten die Grundlage für den Erfolg eines Prozessorientierten Qualitätsmanagement-Systems.
Die acht von der Internationalen Qualitäts-Gemeinschaft verabschiedeten Qualitätsmanagement-Prinzipien werden im „Übereinstimmenden Paar" ISO 9001:2000/ISO 9004:2000 berücksichtigt. Sie sind an die Leitung der Organisation adressiert und sollen zum Nutzen aller Stakeholder umgesetzt werden.
Der prozessorientierte Managementansatz der ISO 9001:2000 schließt das gesamte Unternehmen ein und geht vom Management der Organisation über das Management der im Unternehmen vorhandenen Prozesse bis hin zum Erkennen und Einleiten von Verbesserungsmaßnahmen[48].

8.3 Neuerungen der ISO 9000:2000 gegenüber der ISO 9000:1994 im Rahmen der großen Revision

8.3.1 Inhaltliche Neuerungen der ISO 9000:2000 gegenüber der ISO 9000:1994

Die inhaltlichen Neuerungen der ISO 9000:2000 in ihren Hauptpunkten stellen sich wie folgt dar:

- ISO 9001:1994, 9002:1994 und 9003:1994 werden zu einer Norm, der ISO 9001:2000 zusammengefasst,
- die Struktur der ISO 9001:1994 (20 Elemente) wird in Richtung der Hauptprozesskategorien geändert und mittels des ISO 9001:2000-Prozessmodells skizziert,
- das Forderungsniveau der ISO 9001 bleibt im Wesentlichen erhalten, ist jedoch im Rahmen des Prozessmodells übersichtlicher und verständlicher dargestellt,
- die Rolle der ISO 9004 in der Normenfamilie wird gestärkt,
- Betonung der betriebswirtschaftlichen Gesichtspunkte, insbesondere der Aspekt der Prozessmessung wird als Forderung neu aufgenommen,
- die Kundenorientierung wird betont, indem die Forderung nach Messung der Kundenzufriedenheit aufgenommen wird,
- der Prozess der ständigen Qualitätsverbesserung wird betont.

8.3.2 Normenüberblick zum Thema Qualitätsmanagement

Begriffe und Leitfaden	
ISO 9000	Qualitätsmanagementsysteme: Grundlagen und Begriffe

Übereinstimmendes Paar	
ISO 9001	Qualitätsmanagement-Systeme: Anforderungen
ISO 9004	Qualitätsmanagement-Systeme: Leitfaden zur Leistungsverbesserung

Europäische Normen	
EN 45001	Betreiben von Prüflaboratorien
EN 45002	Begutachtung von Prüflaboratorien
EN 45003	Akkreditierung von Prüflaboratorien
EN 45004	Stellen, die Überwachungen durchführen
EN 45011	Stellen, die Produkte zertifizieren
EN 45012	Stellen, die QM-Systeme zertifizieren
EN 45013	Stellen, die Personal zertifizieren
EN 45014	Konformitätserklärung von Anbietern
EN 45020	Fachausdrücke und Definitionen
EN 46001	Bes. Vorschriften zur Anwendung der ISO 9001 in der med. Geräte

Leitfäden	
ISO 10005:1995	QM-Leitfaden für Qualitätsmanagement-Pläne
ISO 10006:1997	Leitfaden für Qualität im Projektmanagement
ISO 10007:1995	QM-Leitfaden für Konfigurationsmanagement
ISO 10011-1:1990	Leitfaden für das Audit von QM-Teil 1: Auditdurchführung
ISO 10011-2:1991	Leitfaden für das Audit von QMS – Teil 2: Qualifikationskriterien für Qualitätsauditoren
ISO 10011-3:1991	Leitfaden für das Audit von QMS – Teil 3: Management von Auditprogrammen
ISO 10012-1:1992	Anforderungen an die Qualitätssicherung für Messmittel – Teil 1: Bestätigungssystem für Messmittel
ISO 10012-2:1997	Qualitätssicherung für Messmittel – Teil 2: Leitfaden für die Lenkung von Messprozessen
ISO 10013:1995	Leitfaden für das Erstellen von Qualitätsmanagement-Handbüchern
ISO/TR 10014:1998	Leitfaden zur Handhabung der Wirtschaftlichkeit im Qualitätsmanagement
ISO 10015:1999	Qualitätsmanagement – Leitfaden für Schulung
ISO/TR 10017:1999	Leitfaden für die Anwendung statistischer Verfahren für ISO 9001:1994

Abb. 8-3: Normenüberblick zum Thema Qualitätsmanagement

Innerhalb der Normen zum Qualitätsmanagement wird die Unterscheidung bezüglich dreier Bereiche getroffen:

- **Modelle**
  Nachweisnormen, die Anforderungen an ein Qualitätsmanagement-System in unterschiedlichen Nachweisstufen beinhalten
- **Leitfäden**
  Interpretationshilfen und Erläuterungen mit sehr spezifischen Ausführungen (z. B: Leitfaden für Dienstleister)
- **Richtlinien**
  Für den Bereich der Prüf- und Überwachungsstellen sowie deren Akkreditierung

8.4 ISO 9000:2000-Prozessmodell

Das „Prozessmodell" ist eine schematische Beschreibung aller Aktivitäten eines Unternehmens, die den Input der Umwelt (Kunden, Gesetzgeber etc.) in Form von Wünschen und Forderungen unter Verwendung angemessener Ressourcen in jenen Output umsetzen, der den Wünschen und Forderungen der Umwelt (Kunden, Gesetzgeber etc.) entspricht. Das Prozessmodell basiert auf dem kontinuierlichen Verbesserungskreis mit den Schritten Plan-Do-Check-Act, bekannt auch als **PDCA-Kreis** von Deming.

- **Planen (Plan):**
  Festlegung der Ziele und Planung der Prozesse, die für die Erzielung von Ergebnissen in Übereinstimmung mit den Kundenforderungen und der Politik der Organisation erforderlich sind

- **Durchführen (Do):**
  Umsetzung und Ausführung der Prozesse

- **Prüfen (Check):**
  Überwachung und Messung von Prozessen und Produkten anhand der Vorgaben, Ziele und Forderungen für das Produkt bzw. die Dienstleistung

- **Verbessern (Act):**
  Ergreifen von Maßnahmen zur ständigen Verbesserung der Prozessleistung

Abb. 8-4: Prozess der ständigen Verbesserung

Die Anwendung eines Systems von Prozessen in einer Organisation, gepaart mit dem Erkennen der Wechselwirkungen dieser Prozesse zueinander sowie deren Lenkung, kann als „prozessorientierter Ansatz" bezeichnet werden. Ein Vorteil des prozessorientierten Ansatzes besteht in der ständigen Lenkung, die dieser Ansatz über die Verknüpfung zwischen den einzelnen Prozessen im PQM-System bietet. Der prozessorientierte Ansatz betont vor allem die Bedeutung

- des Verstehens der Forderungen der Kunden und der Interessenspartner und die Wichtigkeit der Erfüllung dieser Forderungen,
- der Notwendigkeit, Prozesse aus der Sicht der Wertschöpfungskette zu betrachten,
- der Erzielung von Ergebnissen bezüglich Prozessleistung und -wirksamkeit und der ständigen Verbesserung von Prozessen auf der Grundlage objektiver Messungen.

Das Prozessmodell der ISO 9001:2000 stellt eine bildhafte Darstellung der Forderungen dieser Norm dar, gruppiert in folgende Hauptkategorien:

- Verantwortung der Leitung,
- Management von Ressourcen,
- Produkt- und Dienstleistungsumsetzung,
- Messung, Analyse und Verbesserung.

Diese Hauptkategorien präsentieren den Inhalt der ISO 9001:2000 und finden sich in den Kapitelüberschriften wieder. Die Inhalte der einzelnen Kategorien sind dabei nicht isoliert und in sich abgeschlossen zu betrachten, sondern stehen in gegenseitiger Verbindung zur Erreichung eines umfassenden

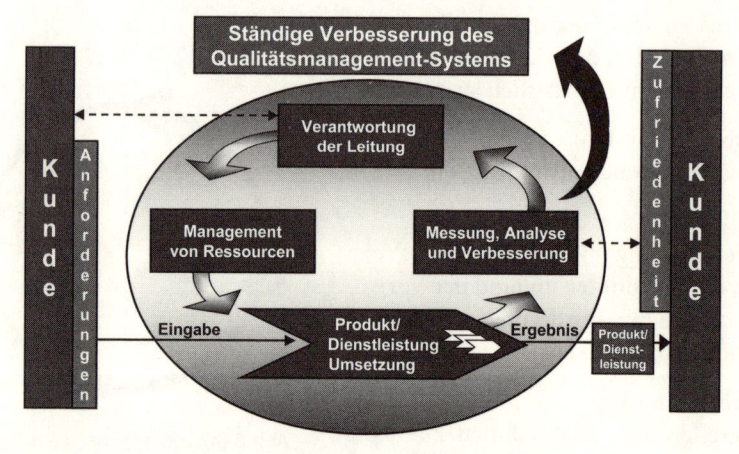

Abb. 8-5: Qualitätsmanagement-Prozessmodell ISO 9001:2000

Prozessorientierten Qualitätsmanagement-Systems. Das Qualitätsmanagement-Prozessmodell ist für alle Unternehmensbranchen und -größen gleichermaßen anwendbar.

8.5 Inhalte der internationalen Norm ISO 9001:2000 im Überblick

Die internationale Norm ISO 9001 wurde vom Technischen Komitee ISO/TC 176 „Qualitätsmanagement und Qualitätssicherung" erstmals 1987 herausgegeben. Im Jahr 1994 kam es zur ersten Revision, im Jahr 2000 zur

Abb. 8-6: Inhaltsverzeichnis der ISO 9001:2000

zweiten umfassenden und nun aktuellen Revision. Die im Dezember 2000 verabschiedete ISO 9001:2000 ersetzt somit die ISO 9001:1994, ISO 9002:1994 und ISO 9003:1994 und beinhaltet die im nachfolgenden Inhaltsverzeichnis angeführten Kapitel:

ISO 9001:2000 – Inhaltsverzeichnis

0 Einleitung
1 Anwendungsbereich
2 Normative Verweisungen
3 Begriffe
4 Qualitätsmanagement-System
5 Verantwortung der Leitung
6 Management der Ressourcen
7 Produktrealisierung
8 Messung, Analyse und Verbesserung

Anhang A: Entsprechung zwischen ISO 9001:2000 und ISO 14001:1996
Anhang B: Entsprechung zwischen ISO 9001:2000 und ISO 9001:1994

Literaturverzeichnis

[Normentextauszug ISO 9001:2000]

Die Kapitel 0 bis 3 beinhalten allgemeine Hinweise. Die Forderungen zur Darlegung eines Qualitätsmanagement-Systems sind in den Kapiteln 4 bis 8 enthalten. Diese stellen den Kern der ISO 9001:2000 dar.

Das nachfolgende detaillierte Prozessmodell zeigt ausgehend vom in der ISO 9001:2000 dargestellten Qualitätsmanagement-Prozessmodell die detaillierten Forderungen der ISO 9001:2000 und deren Zuordnung zu den Hauptkategorien:

8.6 Komzept der ISO 9001:2000/ISO 9004:2000   87

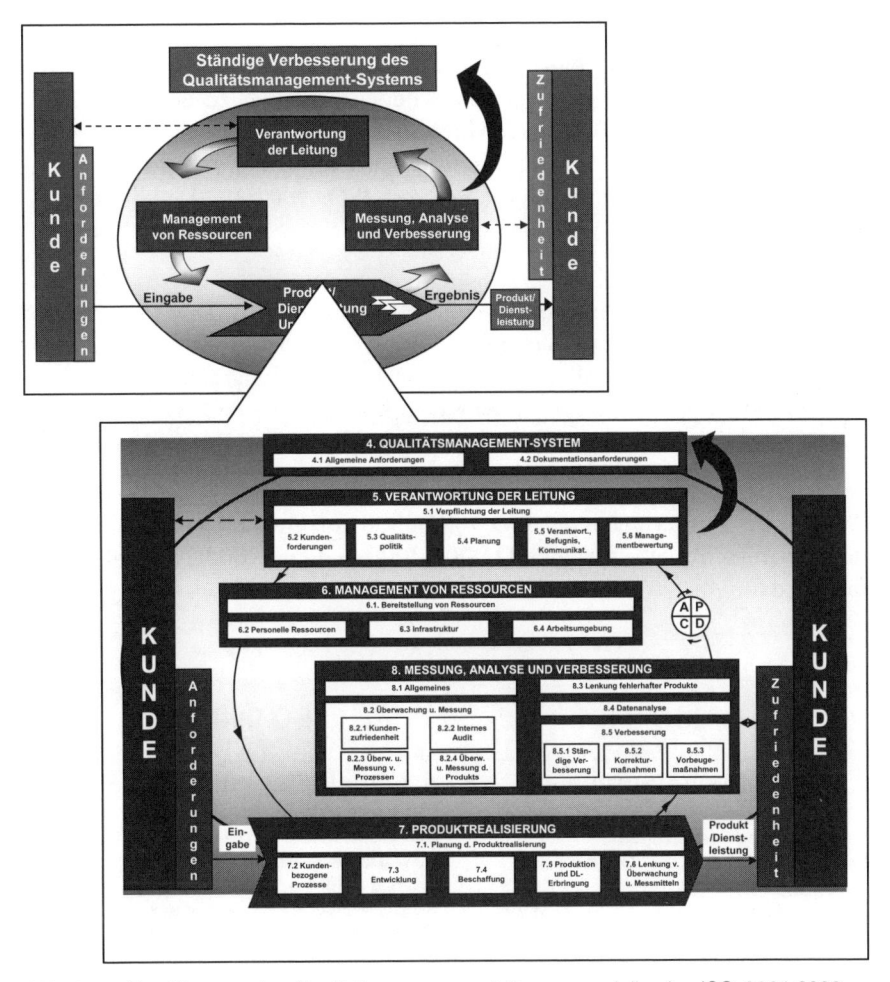

Abb. 8-7: Detaillierung des Qualitätsmanagement-Prozessmodells der ISO 9001:2000

8.6 Konzept der ISO 9001:2000/ISO 9004:2000

Die Inhalte der beiden internationalen Normen ISO 9001:2000 und ISO 9004:2000 sind so gestaltet, dass ihre Strukturen, d.h. die Inhaltsverzeichnisse, denselben Aufbau haben. Aus diesem Grund werden die beiden Normen als „Übereinstimmendes Paar" bezeichnet.
Der Grund der identischen Strukturen liegt im vereinfachten Gebrauch der beiden Normen. Es können nun bestimmte Inhalte aus der ISO 9001:2000 unter derselben Überschrift in der ISO 9004:2000 gefunden werden.

- ISO 9001:2000
  stellt eine zwingende Norm dar und zielt damit auf jene Prozesse, die notwendig sind, um die gegebene Kundenforderung zu erfüllen. Damit stellt die ISO 9001:2000 einen Mindeststandard zur Umsetzung von Qualitätsmanagement in der Organisation dar. Dies ist der wesentliche Unterschied zwischen den Forderungen der ISO 9001:2000 und der ISO 9004:2000.

- ISO 9004:2000
  geht über die Forderungen der ISO 9001:2000 hinaus. Den Organisationen wird gezeigt, wie sie die in der ISO 9001:2000 beschriebenen Qualitätsmanagement-Forderungen zur Leistungssteigerung und zur Erzielung von Spitzenleistungen einsetzen können. Die ISO 9004:2000 bietet Unterstützung zum Aufbau eines umfassenden Prozessorientierten Qualitätsmanagement-Systems.

Anhand der Forderungen der ISO 9001:2000 zur Qualitätspolitik stellt sich das Zusammenspiel zwischen ISO 9001:2000 und ISO 9004:2000 folgendermaßen dar:

ISO 9001	ISO 9004
5.3 Qualitätspolitik	**5.3 Qualitätspolitik**
Die oberste Leitung **muss** sicherstellen, dass die Qualitätspolitik: a) für den Zweck der Organisation angemessen ist, b) eine Verpflichtung zur Erfüllung von Anforderungen und zur ständigen Verbesserung der Wirksamkeit des Qualitätsmanagement-Systems enthält, c) einen Rahmen zum Festlegen und Bewerten von Qualitätszielen bietet, d) ..	Die oberste Leitung sollte die Qualitätspolitik als Mittel einsetzen, um die Organisation zur Verbesserung ihrer Leistung zu führen. Die Qualitätspolitk einer Organisation **sollte** ein gleichwertiger und konsistenter Bestandteil der gesamten Politik und Strategie der Organisation sein.

Abb. 8-8: Beispiel aus dem „Übereinstimmenden Paar" ISO 9001:2000/ISO 9004:2000

Darüber hinaus ist darauf hinzuweisen, dass die ISO 9004:2000 nicht als Handlungsanleitung zur ISO 9001:2000 zu sehen ist. Vielmehr bietet sie Anregung und Orientierung am Weg zur Umsetzung eines umfassenden Prozessorientierten Qualitätsmanagement-Systems in einer Organisation.

8.7 Prozessorientierung als Basis ganzheitlicher Managementsysteme

Die Fülle der Anforderungen an verschiedene Managementsysteme führt in einigen Fällen zu einer Vielzahl von Systemen im Unternehmen, wie z. B. in der Automobilbranche VDA 6.1, QS 9000, im Bereich der Luft- und Raumfahrt AS 9000, JAR 145, im Nahrungs- und Genussmittelbereich HACCP, im Bereich der Medizinprodukte EN 46001, u. a. m.

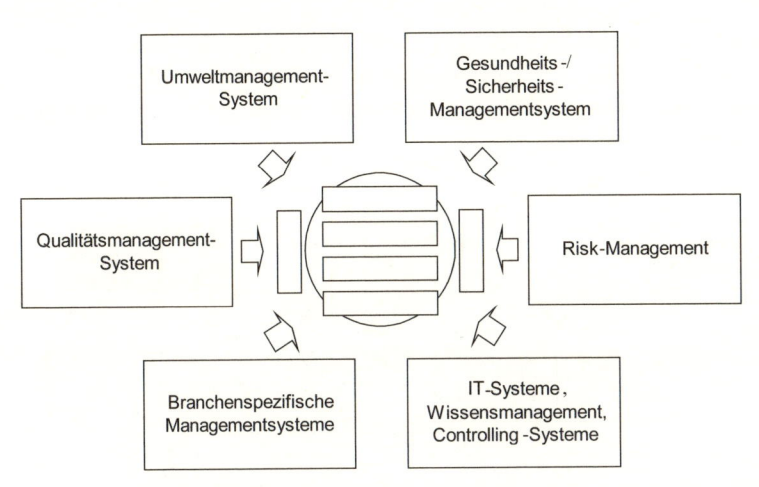

Abb. 8-9: Integration von Managementsystemen

Mittlerweile ist es Allgemeingut, diese unterschiedlichen, jedoch zusammenhängenden Systeme nicht unabhängig voneinander zu betrachten, sondern auf eine gemeinsame Basis, jener des Prozessmanagements zu stellen. Die ISO 9001:2000 eignet sich als Grundlage zur Integration der verschiedenen Managementsysteme. Im Mittelpunkt steht wiederum die Prozesslandschaft, die beliebig um weitere Prozesse – je nach Forderungen – ergänzt werden kann. Da die Bezeichnung der Prozesse innerhalb der Prozesslandschaft in der Sprache des Unternehmens beziehungsweise der Mitarbeiter verfasst ist, wird die Prozesslandschaft auch unabhängig von strukturellen Normenrevisionen.

Würde beispielsweise für das Unternehmen neben der Erfüllung der ISO 9001:2000 auch die Erfüllung der Forderungen der VDA 6.1 notwendig werden, dann ergibt sich daraus folgende Vorgehensweise im Hinblick auf die Gestaltung eines ganzheitlichen Managementsystems:

a) Welche Forderungen enthält die VDA 6.1, die bisher noch nicht durch das Unternehmen abgedeckt werden (z.B. Benchmarking)?
b) Welcher Prozess/welche Prozesse müssen definiert werden, um diese Forderungen zur Umsetzung zu bringen (z.B. Benchmarking-Prozess)?
c) Wo und wie lässt sich dieser Prozess in die bestehende Prozesslandschaft einfügen (z.B. Zuordnung des Benchmarking-Prozesses in die Kategorie Management-Prozesse)?
d) Bildung eines Prozessteams und Start mit den Aktivitäten zur Prozessdefinition und -umsetzung entsprechend dem Prozess-Lifecycle (vgl. Kapitel 2.2).

Analog dazu würde beispielsweise die Integration der Forderungen einer ISO 14001 aussehen, die zur Aufnahme des Prozesses Abfallwirtschaft etc. führen würde. Selbiges gilt für die Forderungen an ein Arbeitsschutzmanagement-System[49] etc.

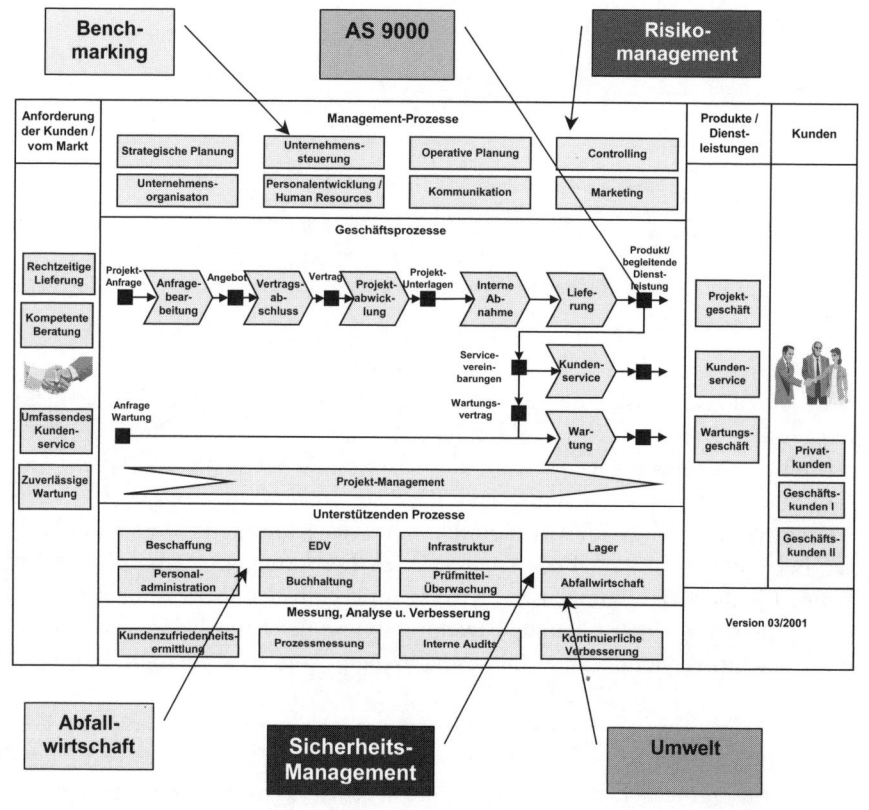

Abb. 8-10: Erweiterung der Prozesslandschaft/ganzheitliches Managementsystem

8.7 Prozessorientierung als Basis ganzheitlicher Managementsysteme

Die folgende Tabelle enthält zu den verschiedenen möglichen Themengebieten eines ganzheitlichen Managementsystems die dazu relevanten Normen, Gesetze etc.

Themengebiet	Relevante Normen, Gesetze etc.
Qualitätsmanagement	• Gruppe ISO 9000 • Gruppe ISO 10000
Umweltmanagement	• Gruppe ISO 14000 • EMAS II: Environment Management and Audit System
Gesundheit	• OHS 94/408875 (BSI)
Risk-Management	• AS/NZS 4360:1995 • CAN/CSA-Q634-M91
Value-Management	• EN 12973 (Entwurf)
Branchenspezifische	• QS 9000 • VDA 6 Serie • ISO 15504: Bewertung von Software-Prozessen • ISO/TS 16949: Quality Systems – Automotive Suppliers • TE 9000: Tooling and Equipment • HACCP: Hazard Analysis Critical Control Point • SCC: Sicherheits-Certificat Contractoren • AS 9000: Aerospace Basic Quality System Standard • TL 9000: Telekommunikations Quality System Requirements • EN 729: Schweißnorm (mit QM Inhalten/Verbindung) • EN 46001: Medizinprodukte
Sonstige:	• Gruppe EN 45000 • BS 7750: 94: Specification of Environmental Management Systems • MIL-Standards • ECSS-E-40 Draft 4: Software Engineering • BS 8800 Arbeitssicherheit • ISO 13407: Softwareergonomische Qualitätssicherungsmaßnahmen im SW-Entwicklungsprozess • ISO 9241: Gestaltungsrichtlinien für grafische Benutzeroberflächen

Abb. 8-11: Überblick, Normen, Forderungen, Hilfsmittel im Umkreis von QM

9 ISO 9001:2000 als Hilfsmittel und Checkliste

R. Käfer, G. Kohl

9.1 Forderungen der ISO 9001:2000 und deren Umsetzung in die Praxis

Anhand des nachfolgenden Beispiels wird exemplarisch aufgezeigt, wie die Forderungen der ISO 9001:2000 in einem Prozessorientierten Qualitätsmanagement-System Berücksichtigung finden.
Für den in die Prozesslandschaft eingebetteten Verkaufsprozess kann die ISO 9001:2000 als Checkliste in der Form verwendet werden, als dass die relevanten Forderungen herausgesucht werden.

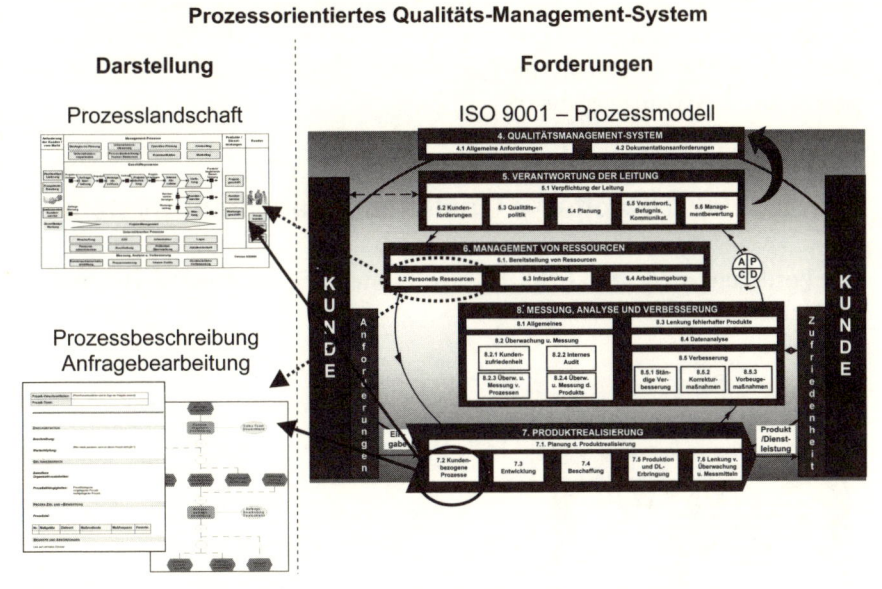

Abb. 9-1: Relevante Forderungen für den Prozess Anfragebearbeitung

Relevante Forderungen im Falle des Verkaufsprozesses sind in erster Linie jene aus dem Kapitel 7.2 „Kundenbezogene Prozesse". Für die Prozessdefinition ergeben sich daraus folgende Checkpunkte:

- Ist im Prozess eine systematische und nachweisbare Machbarkeitsprüfung gewährleistet?
- Ist die Kommunikation mit dem Kunden definiert und werden dabei alle für den Kunden entscheidenden Berührungspunkte berücksichtigt?
- etc.

Des Weiteren sind jedoch auch Forderungen der ISO 9001:2000 aus den Kapiteln

- 4 „Qualitätsmanagement-System",
- 5 „Verantwortung der Leitung",
- 6 „Management von Ressourcen" und
- 8 „Messung, Analyse und Verbesserung"

bei der Prozessgestaltung zu berücksichtigen. Beispielsweise sind im Zusammenhang mit der Erstellung eines Angebotes die Forderungen aus Kapitel 4.2.3 „Lenkung von Dokumenten" zu berücksichtigen. Jeder Arbeitsplatz benötigt eine entsprechende infrastrukturelle Ausstattung, somit sind auch Forderungen aus Kapitel 6.3 „Infrastruktur" zu berücksichtigen, etc.

Die ISO 9001:2000 wird somit als Checkliste eingesetzt und kann wertvolle Hinweise für die kundenorientierte Gestaltung der Prozesse geben.

Nachfolgend werden zur Illustration die Forderungen der ISO 9001:2000 überblicksmäßig vorgestellt und es werden Tipps und Hinweise für die praktische Umsetzung gegeben[50].

9.2 ISO 9001-Kapitel 4: Qualitätsmanagement-System

Die Forderungen der ISO 9001 zum Kapitel „Qualitätsmanagement-System" umfassen folgende Punkte:

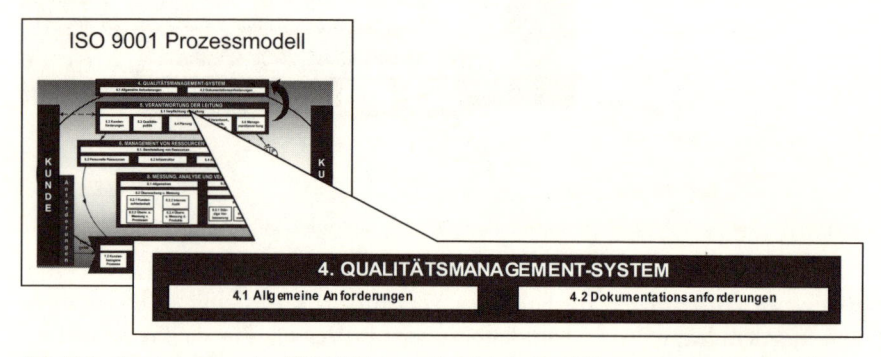

Abb. 9-2: Forderungen der ISO 9001 zum Kapitel 4 „Qualitätsmanagement-System"

9.2.1 ISO 9001-Kapitel 4.1: Allgemeine Anforderungen

Dieses Kapitel stellt den generellen Überblick hinsichtlich der Forderungen an das gesamte Qualitätsmanagement-System eines Unternehmens dar.

> **ISO 9001:2000-Kapitel 4.1: Allgemeine Anforderungen**
>
> Die Organisation muss entsprechend den Anforderungen dieser internationalen Norm ein Qualitätsmanagement-System aufbauen, dokumentieren, verwirklichen, aufrechterhalten und dessen Wirksamkeit ständig verbessern.
>
> Die Organisation muss
>
> a) die für das Qualitätsmanagement-System erforderlichen Prozesse und ihre Anwendung in der gesamten Organisation erkennen,
> b) die Abfolge und Wechselwirkung dieser Prozesse festlegen,
> c) die erforderlichen Kriterien und Methoden festlegen, um das wirksame Durchführen und Lenken dieser Prozesse sicherzustellen,
> d) die Verfügbarkeit von Ressourcen und Informationen sicherstellen, die zur Durchführung und Überwachung dieser Prozesse benötigt werden,
> e) diese Prozesse überwachen, messen und analysieren und
> f) die erforderlichen Maßnahmen treffen, um die geplanten Ergebnisse sowie eine ständige Verbesserung dieser Prozesse zu erreichen.
>
> ...
>
> [Normentextauszug ISO 9001:2000]

Aufgaben und Ziele des Qualitätsmanagement-Systems

Das Qualitätsmanagement-System hat die Zielsetzung, die Aufbau- und Ablauforganisation so festzulegen, dass die Unternehmensziele erreicht werden können und Nutzen für alle Interessenspartner, d.h. Kunden, Eigentümer, Mitarbeiter, Gesellschaft und Lieferanten, erzielt werden kann. Instrumente im Rahmen der Aufbauorganisation sind beispielsweise das Organigramm und Stellenbeschreibungen, Instrumente im Rahmen der Ablauforganisation sind beispielsweise die Prozesslandschaft und die Prozessbeschreibungen. Die Festlegung und Beherrschung festgelegter und optimierter Prozesse in der gesamten Organisation kann zu besser vorhersagbaren Ergebnissen, besserer Nutzung der Mittel, kürzeren Entwicklungs- und Ausführungszeiten und niedrigeren Kosten führen.
Beim Aufbau und der Weiterentwicklung des Qualitätsmanagement-Systems sollte sich die Organisation auf folgende Punkte konzentrieren:

a) gesamthafte kontinuierliche Verbesserung und die nachhaltige Kundenzufriedenheit

b) Erfordernisse und Erwartungen sämtlicher Interessenspartner
c) Vorbeugung von Problemen, statt sich in Abhängigkeit von deren Entdeckung nach dem Auftreten zu begeben

9.2.2 ISO 9001-Kapitel 4.2: Dokumentationsanforderungen

Dieses Kapitel beschreibt die Vorgehensweise zur Erstellung der Dokumentation des Qualitätsmanagement-Systems. Ebenfalls dargelegt wird die Organisationsstruktur des Qualitätsmanagement-Systems.

ISO 9001:2000-Kapitel 4.2.1: Allgemeines

Die Dokumentation zum Qualitätsmanagement-System muss enthalten:

a) dokumentierte Qualitätspolitik und Qualitätsziele,
b) ein Qualitätsmanagement-Handbuch,
c) dokumentierte Verfahren, die von dieser internationalen Norm gefordert werden,
d) Dokumente, die die Organisation zur Sicherstellung der wirksamen Planung, Durchführung und Lenkung ihrer Prozesse benötigt, und
e) von dieser internationalen Norm geforderte Aufzeichnungen.
...

[Normentextauszug ISO 9001:2000]

Dokumentation zum Qualitätsmanagement-System

Die Dokumentation des Qualitätsmanagement-Systems hat die Klärung und Festlegung der Unternehmensprozesse zum Ziel. Sie besteht aus

1. dem Qualitätsmanagement-Handbuch,
2. den Qualitätsmanagement-Verfahren bzw. Prozessbeschreibungen sowie
3. den Arbeits-, Prüfanweisungen, Checklisten, Formularen und anderen Vorgabeinformationen.

Die Bezeichnungen Qualitätsmanagement-Handbuch, Qualitätsmanagement-Verfahren sind Begriffe wie sie in der ISO 9001:2000 verwendet werden. Unternehmensintern können auch andere Bezeichnungen (z. B. Prozessbeschreibung, Prozessanweisung, Organisationsvorschrift ...) verwendet werden.

9.2 ISO 9001-Kapitel 4: Qualitätsmanagement-System

Ebene		Inhalt	Zweck
Ebene gesamtes Unternehmen	**QM-HB**	Q-Politik, Q-Ziele Aufbau- und Ablauforganisation, Prozesslandschaft	Q-Fähigkeit des gesamten Unternehmens sicherstellen
Bereiche, Prozesse	**Prozess-beschreibung**	Ablauforganisation Prozessabläufe u. Verantwortlichkeit	qualitätsorientiertes Verhalten der Mitarbeiter im Prozess sicherstellen
operative Ebene	**Arbeits-, Prüfanweisungen, Checklisten, Formulare, etc.**	arbeitsplatzbezogene Regelungen	qualitätsorientiertes Verhalten der Mitarbeiter am Arbeitsplatz sicherstellen

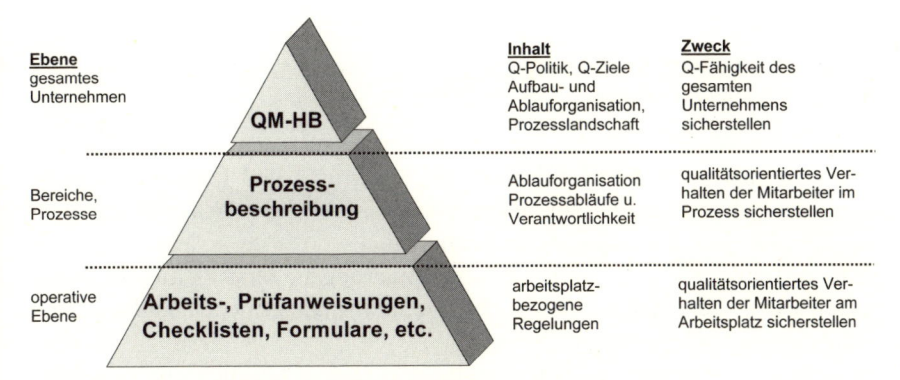

Abb. 9-3: Hierarchie der Qualitätsmanagement-Dokumente

ISO 9001:2000-Kapitel 4.2.2: Qualitätsmanagement-Handbuch

Die Organisation muss ein Qualitätsmanagementhandbuch erstellen und aufrechterhalten

...

[Normentextauszug ISO 9001:2000]

Umsetzung

Das Qualitätsmanagement-Handbuch beschreibt überblicksmäßig das Qualitätsmanagement-System der Organisation. Es dient vor allem zur externen Darlegung der Organisation sowie der Abläufe und Zuständigkeiten gegenüber Kunden. Das Qualitätsmanagement-Handbuch wird von der Unternehmensleitung in Kraft gesetzt, bezüglich ihrer praktischen Anwendung überwacht und jeweils dem neuesten Stand angepasst. Der Hauptzweck eines Qualitätsmanagement-Handbuchs besteht darin, die Grobstruktur des Qualitätsmanagement-Systems darzulegen. Beispielsweise sollte sich ein neuer Mitarbeiter mit Hilfe des Handbuchs einfach und rasch einen Überblick über das Qualitätsmanagement-System verschaffen können. Selbstverständlich kann es auch zu Marketingzwecken verwendet werden und entsprechend attraktiv gestaltet werden. Normforderungen, die für die Organisation nicht relevant sind (z.B. Design und Entwicklung, Prüfmittelüberwachung etc.) müssen erwähnt werden. Gleichzeitig dient das Qualitätsmanagement-Handbuch als ständige Referenz bei der Verwirklichung und Aufrechterhaltung dieses Systems. Umfang und Inhalt des Handbuchs sind abzustimmen auf:

- die Organisationsstruktur,
- die Produkte und Dienstleistungen,

- die Prozesse,
- die Unternehmensgröße,
- die Unternehmenskultur.

Da das Handbuch im Sinne der Norm kein eigenständiges Dokument sein muss, besteht auch die Möglichkeit, die Strukturen und Inhalte des Qualitätsmanagement-Systems nur in der Form eines elektronischen Handbuchs im Rahmen einer Intranetlösung abzubilden.

Das Verfahren zur Durchführung von Änderungen, Modifikationen, Überarbeitungen oder Ergänzungen des Qualitätsmanagement-Handbuchs ist festzulegen.

Beispielhaft setzt sich das Qualitätsmanagement-Handbuch aus folgenden Teilen zusammen:

- **Deckblatt:**
  Enthält den Firmennamen und die Adresse, den Titel, die Exemplarnummer bzw. den Vermerk betreffend Änderungsdienst sowie den Hinweis auf den Vertraulichkeitscharakter.

- **Inhaltsverzeichnis:**
  Das Inhaltsverzeichnis gibt den Überblick zu den Handbuchabschnitten.

- **Administratives und Benutzerhinweise:**
  Enthält die Hinweise für die Bearbeitung, Ergänzung und Verteilung des Qualitätsmanagement-Handbuchs.

- **Vorwort/Grundsatzerklärung/ Qualitätspolitik:**
  Es handelt sich um eine kurze Grundsatzerklärung der Unternehmensleitung zur Qualitätspolitik des Unternehmens. Diese Erklärung ist von der Unternehmensleitung zu unterzeichnen.

XYZ

QUALITÄTSMANAGEMENT HANDBUCH

Version 2
10.2.2001

Informationsexemplar ☐
Registriertes Exemplar ☐

XYZ – Qualität ist Wissen und Geisteshaltung

Firma XYZ	Qualitätsmanagement Handbuch	Version 1.0 Seite 2 von 19

Inhalt

1. Verbindlichkeitserklärung der Geschäftsführung
2. Qualitätspolitik
3. Aufbauorganisation
4. Qualitätsmanagementsystemaufbau
5. Beschreibung des Qualitätsmanagement-Systems
6. Verantwortung der Leitung
7. Management der Mittel
8. Geschäftsprozesse
9. Messung, Analyse und Verbesserung
10. Begriffe und Abkürzungen

Abb. 9-4: Qualitätsmanagement-Handbuch

9.2 ISO 9001-Kapitel 4: Qualitätsmanagement-System

- **Organisationsspezifischen Darlegung des Qualitätsmanagement-Systems:**
  Es empfiehlt sich die Gliederung entsprechend der Prozesslandschaft (vgl. Kapitel 3) vorzunehmen und darzustellen sowie eine Kurzbeschreibung der Prozesse aufzunehmen.

- **Begriffe und Abkürzung:**
  Ein Glossar listet die verwendeten Begriffe und Abkürzungen auf.

Bei einem elektronischen Qualitätsmanagement-Handbuch kann beispielsweise eine eigene Q-Homepage mit diversen Links zu weiteren Unterlagen und Informationen als Einstiegsseite (Inhaltsverzeichnis) dienen. Ausgangspunkt ist dabei, beispielsweise eine Auflistung sämtlicher Prozesse zu finden, strukturiert gemäß der Darstellung in der Prozesslandschaft, d.h. aufgeteilt in die Kapitel Management-Prozesse, Geschäftsprozesse etc.

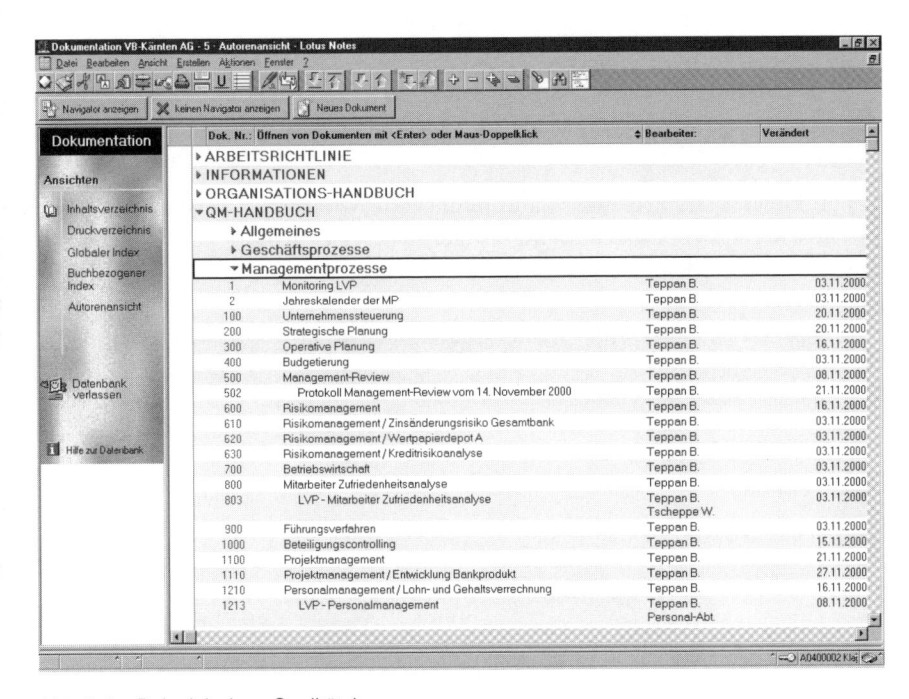

Abb. 9-5: Beispiel einer Qualitätshomepage

Ein Link zur Prozesslandschaft dient den Mitarbeitern als anschaulicher Überblick zu den im Unternehmen existierenden Prozessen:

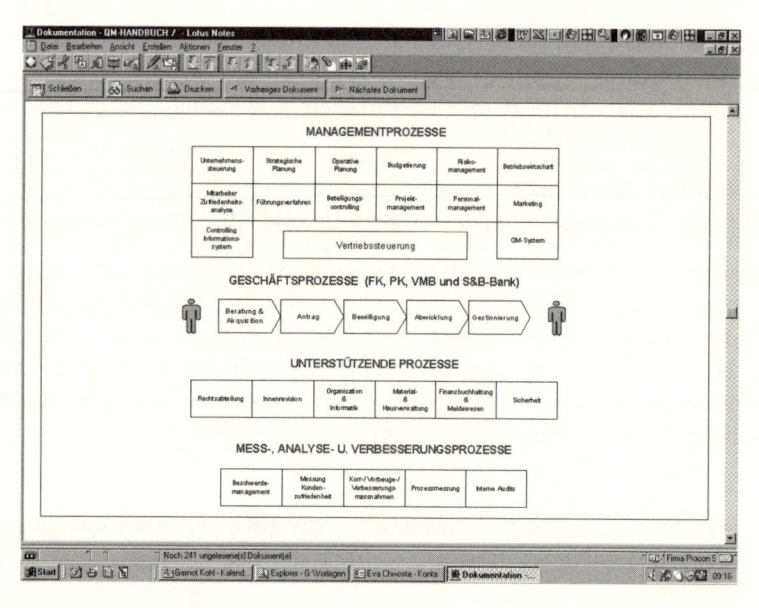

Abb. 9-6: Prozesslandschaft im Intranet

Bei Anklicken des Prozesses kann dann vom Mitarbeiter beispielsweise die gewünschte Prozessbeschreibung aufgerufen, gelesen und bei Bedarf auch ausgedruckt werden.

Abb. 9-7: Prozessbeschreibung im Intranet

> **ISO 9001:2000-Kapitel 4.2.3: Lenkung von Dokumenten**
>
> Die vom Qualitätsmanagement-System geforderten Dokumente müssen gelenkt werden. Aufzeichnungen stellen einen besonderen Dokumententyp dar und müssen nach den in Abschnitt 4.2.4 genannten Anforderungen gelenkt werden.
>
> Ein dokumentiertes Verfahren zur Festlegung der erforderlichen Lenkungsmaßnahmen muss eingeführt werden, um
>
> a) Dokumente bezüglich ihrer Angemessenheit vor ihrer Herausgabe zu genehmigen,
> b) Dokumente zu bewerten, sie bei Bedarf zu aktualisieren und erneut zu genehmigen,
> c) sicherzustellen, dass Änderungen und der aktuelle Überarbeitungsstatus von Dokumenten gekennzeichnet werden,
> d) sicherzustellen, dass gültige Fassungen zutreffender Dokumente an den jeweiligen Einsatzorten verfügbar sind,
> e) sicherzustellen, dass Dokumente externer Herkunft gekennzeichnet werden und ihre Verteilung gelenkt wird, und
> f) die unbeabsichtigte Verwendung veralteter Dokumente zu verhindern und diese in geeigneter Weise zu kennzeichnen, falls sie aus irgendeinem Grund aufbewahrt werden.
>
> [Normentextauszug ISO 9001:2000]

Maßnahmen zur Lenkung der Dokumente

Alle in der Organisationen vorhandenen Dokumente müssen gelenkt werden. Dokumente sind solche Unterlagen, die Vorgabecharakter haben und einen Änderungsdienst aufweisen. So ist beispielsweise das Formular einer Prüfcheckliste ein Dokument, da es über den Lauf verschiedene Versionen geben wird, die ausgefüllte Checkliste (Prüfprotokoll) hingegen ist eine Aufzeichnung, da diese Einträge nicht mehr geändert werden dürfen. Lenkung bedeutet, jederzeit zu wissen, wer welche Dokumente und Daten benötigt, wer welche Dokumente und Daten besitzt etc.

Beispiele für zu lenkende Dokumente sind:

- Qualitätsmanagement-Handbuch
- Prozessbeschreibungen
- Arbeitsanweisungen
- Prüfverfahren und -anweisungen
- Checklisten und Formulare
- Zeichnungen
- Preislisten

- Spezifikationen
- Fertigungspläne

Die nachfolgende Dokumentenmatrix bietet beispielsweise die Möglichkeit, für die relevanten Dokumente die Verantwortlichkeiten hinsichtlich der Erstellung/Änderung, Prüfung, Freigabe etc. übersichtlich darzustellen:

Dokumente	Erstellung/ Änderung	Prüfung	Freigabe	Ausgabe-stelle Aufbewahrungsort	Aufbewahrungs-dauer
QM-Handbuch	Q-Manager	–	GL	Q-Manager	2 Jahre
Prozessbeschreibungen	Prozesseigner	–	Prozesseigner	Prozesseigner	11 Jahre
Organigramme	GL	GL	GL	GL	10 Jahre
Auditpläne	Q-Manager	GL	GL	Q-Manager	3 Jahre
Preislisten	Verkauf	GL	GL	Verkauf	2 Jahre
Etc.					

Abb. 9-8: Auszug aus einer Dokumentenmatrix

Dokumente und Daten sind in einem Unternehmen das Fundament für

- die Kommunikation,
- das Training,
- das Teilen von Wissen und Know-how,
- die Bewertung und das Erkennen von Verbesserungspotenzial von Prozessen.

Da die Papiervermehrung in vielen Unternehmen eine der häufigsten Kritikpunkte beim Aufbau eines Qualitätsmanagement-Systems darstellt, sei hier folgender Hinweis angebracht:

> Die Art und das Ausmaß der Dokumentation müssen ihrer Anwendung entsprechend angemessen sein.

Dies bedeutet, dass beispielsweise je nach Qualifikation der Mitarbeiter, die Arbeitsanweisungen mehr oder weniger detailliert erstellt werden können, sofern es überhaupt notwendig ist, den Arbeitsvorgang genau zu beschreiben. Die ISO 9001:2000 verlangt nicht, dass jeder Handgriff bis ins letzte Detail beschrieben werden muss, sondern dass nur dort, wo es für die Mitarbeiter sinnvoll und hilfreich ist, Vorgaben geschaffen werden. Bei der Befolgung dieses Ratschlages kann es sogar sein, dass nach dem Aufbau des PQM-Systems die Dokumentation weniger Papier als vorher umfasst.

Hinweise zur Erstellung von Prozessbeschreibungen

Prozessbeschreibungen sind Dokumente im Sinne der ISO 9001:2000 und können auch die Bezeichnungen Verfahrensanweisung, Betriebsanweisung, Organisationsvorschrift etc. tragen. Prozessbeschreibungen selbst referenzieren ihrerseits wiederum auf Dokumente (z.B. Checklisten, Arbeitsanweisungen, Prüfanweisungen, Formulare etc.) und Daten (z.B. EDV-Verzeichnisse, Files). Alle Prozessbeschreibungen sollten einfach, eindeutig und leicht verständlich sein sowie die Ziele und Leistungen jener Prozesse oder Tätigkeiten spezifizieren, die einen Einfluss auf die Effektivität und Effizienz des Qualitätsmanagement-Systems haben.

Prozessbeschreibungen gelten je nach Verwendungszweck beispielsweise für das ganze Unternehmen oder für bestimmte Bereiche. Als Beschreibung des „Betriebs-Know-hows" sind sie jedoch weit gehend nur für den internen Gebrauch vorgesehen. Es sollte nur in Ausnahmefällen Kunden eine vertrauliche Einsichtnahme gewährt werden.

Die Erstellung von Prozessbeschreibungen ist in Abstimmung und Übereinstimmung mit der Erstellung des Qualitätsmanagement-Handbuchs auszuführen. Die äußere Form und der Umgang mit Prozessbeschreibungen muss eindeutig festgelegt werden. Der Detaillierungsgrad richtet sich nach den unternehmensspezifischen Gegebenheiten.

> Schriftliche Vorgaben sind notwendig, wenn durch das Fehlen einer solchen die Qualität beeinträchtigt werden würde.

Bei der Erstellung von Prozessbeschreibungen sind folgende Punkte zu berücksichtigen:

- **Ordnungssystem:**
  Eine eindeutige Identifikation der Qualitätsmanagement-Prozessbeschreibungen anhand eines Nummernsystems oder einer eindeutigen Namensgebung (z.B. Dateiname) muss möglich sein.
- **Formale Gestaltung:**
  Das Deckblatt einer Qualitätsmanagement-Prozessbeschreibung muss zumindest den Änderungsstand (z.B.: Versionsnummer), das Ausgabedatum, den Titel und den Freigabevermerk enthalten.

- **Registrierung:**
  Die Verantwortlichkeit für die Ausgabe, Registrierung und Evidenthaltung der Qualitätsmanagement-Prozessbeschreibungen ist eindeutig zu regeln.

- **Gliederung des Inhalts:**
  Qualitätsmanagement-Prozessbeschreibungen müssen als Informations- und Instruktionsträger des Qualitätsmanagement-Systems in ihrem Inhalt möglichst einheitlich gegliedert sein.

- **Prozess-Eigner bzw. -Verantwortlicher und Prozessteam:**
  Wer trägt die Verantwortung für den Prozess und welche Rechte sind damit verbunden?

- **Zweck:**
  Warum wird dieser Ablauf/Prozess beschrieben? Kurzer Hinweis auf die Beschreibung in diesem Abschnitt.

- **Prozessziel:**
  Welche messbaren Prozessziele werden festgelegt.

- **Anwendungs-/Geltungsbereich:**
  Welche Produkte oder Produktgruppen, welche Dienstleistungen, welche Organisationsbereiche oder Standorte sind betroffen? Gibt es Ausnahmen?

- **Abkürzungen/Begriffe/Definitionen:**
  Gibt es Abkürzungen, Begriffe und Definitionen, die nur Spezialisten kennen?

- **Zuständigkeiten:**
  Welche Stellen oder Organisationseinheiten sind für die beschriebenen Abläufe/Prozesse zuständig bzw. verantwortlich? Besitzen diese auch die entsprechende Befugnis? Wie ist das Unterstellungsverhältnis? Sind Schnittstellenregelungen beschrieben?

- **Prozess/Ablaufdarstellung:**
  Welche Tätigkeiten bzw. Prozessschritte sind in welcher Abfolge auszuführen? Welche eingehenden und ausgehenden Dokumente bzw. Informationen sind dabei erforderlich? Wo werden Prozessmessgrößen ermittelt?

Umfangreiche Abläufe bzw. Prozesse sollten aus Gründen der Übersichtlichkeit in Form von Flussplänen dargestellt werden, in denen standardisierte Sinnbilder Verwendung finden. Es gibt mehrere Möglichkeiten der Prozessdarstellung (vgl. Kapitel 5.1.1).
Die Abbildung „Prozess-Übersicht" zeigt beispielsweise die Abfolge der Tätigkeiten über eine horizontale Zeitachse und macht vor allem den abtei-

9.2 ISO 9001-Kapitel 4: Qualitätsmanagement-System

PROZESSABLAUF: VERKAUFSPROZESS

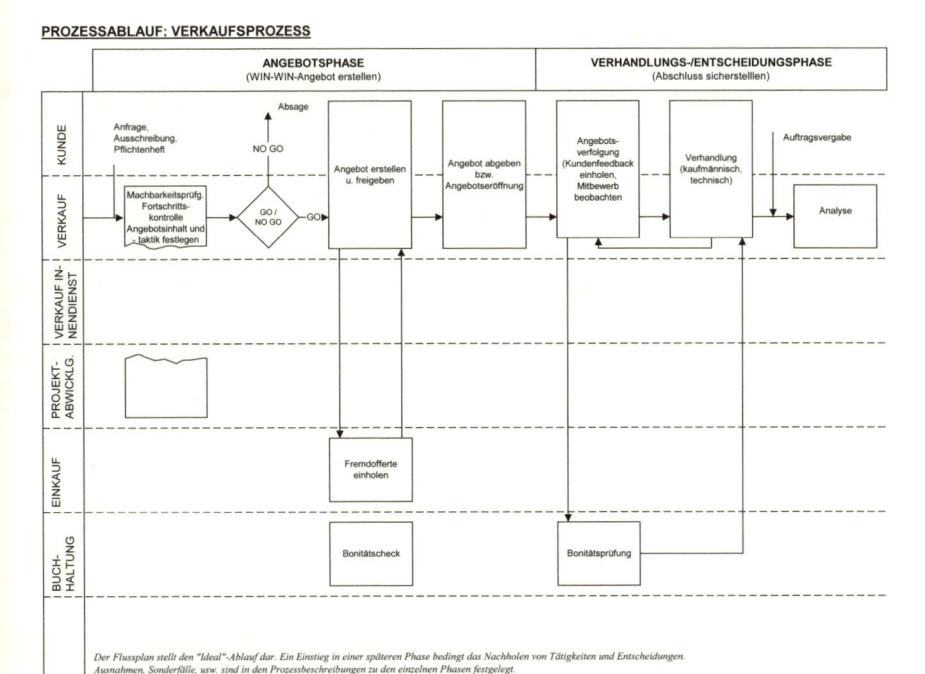

Abb. 9-9: Prozess-Übersicht

lungsübergreifenden Prozess und Informationsfluss zwischen den Abteilungen A, B und C ersichtlich.
Die nachfolgende Abbildung „Prozess-Ablauf" zeigt die Abfolge der Tätigkeiten über die vertikale Achse dargestellt. Es werden vor allem die ein- und ausgehenden Dokumente und Informationen ersichtlich gemacht:

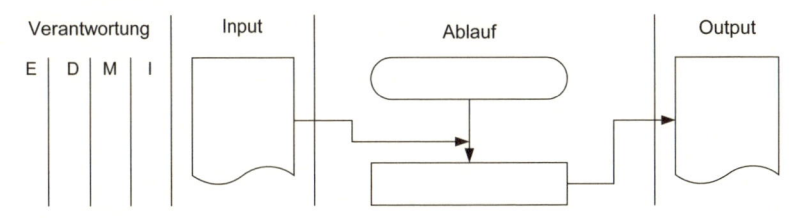

Abb. 9-10: Prozess-Ablauf

- **Hinweise und Verweise auf mitgeltende Unterlagen, Dokumente etc.:**
  Welche Unterlagen und Dokumente sind zusätzlich zu berücksichtigen? Links können dabei hilfreich sein, sofort auf die Dokumente zugreifen zu können.

- **Verteiler:**
  Wer bekommt diese Qualitätsmanagement-Prozessbeschreibungen innerhalb der Organisation? Qualitätsmanagement-Prozessbeschreibungen sollten an Personen außerhalb des Unternehmens nur mit Genehmigung desjenigen Bereichsleiters ausgegeben werden, der für die Freigabe zuständig ist.

- **Änderungsdienst:**
  Prozessbeschreibungen sind ständig an die betrieblichen Erfordernisse anzupassen, weshalb ein Änderungsdienst eingerichtet sein muss. Zuständig für den Änderungsdienst ist derjenige, der die Prozessbeschreibungen herausgegeben hat. Für alle Betroffenen muss klar sein, wie Änderungen angeregt und umgesetzt werden können.

- **Anhang:**
  Selbstverständlich können auch Arbeits- und Prüfanweisungen sowie Checklisten, Formulare, Standardbriefe, Muster, Beispiele etc. einer Prozessbeschreibung beigelegt werden.

9.2 ISO 9001-Kapitel 4: Qualitätsmanagement-System

Beispiel: **Auszug aus einer Anleitung zur Erstellung einer Prozessbeschreibung**

XYZ	Anleitung zur Erstellung einer Prozessbeschreibung	Dokument AA_PB_Erst.	Seite 2/4
		Änd.Datum 09/00	Version 1.0

5. Beschreibung:

5.1 Registrierung:
Jede Prozessbeschreibung ist mit einem eindeutigen Namen zu versehen, welcher im Feld „Dokument" in der Kopfzeile einzutragen ist. Im Feld „Version" der Kopfzeile ist die Versionsnummer einzutragen. Bei kleinen Änderungen wird die Versionsnummer um 0.1 erhöht, bei großen Änderungen auf die nächstliegende ganze Zahl gegangen. Das Feld „Änd. Datum" gibt das Datum der Ausgabe an.

5.2 Formale Gestaltung:
Für alle Prozessbeschreibungen werden die vorliegenden Formblätter (s. Formblatt Prozessbeschreibung) verwendet. [Dateiablage: F:\Vorlagen\Muster_Prozessbeschreibung]

5.4. Ablaufpläne
Umfangreiche Abläufe sollten in Form von Ablaufplänen dargestellt werden. Die verwendeten Sinnbilder sind in der Anlage erklärt.

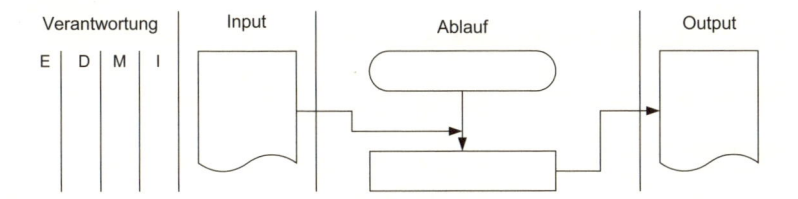

Verantwortung	Input	Ablauf	Output
E | D | M | I			

<u>Verantwortung:</u>
Unter der Verantwortung " E " = Entscheidung sollte jene übergeordnete Stelle angeführt sein, welche Entscheidungen treffen kann und darf (meist Geschäftsleitung bzw. Betriebsleiter).
Unter der Verantwortung " D " = Durchführung ist jene Person/Stelle angeführt, welche die einzelne Tätigkeit ausübt aber auch gewisse Entscheidungsfreiheiten besitzt.
Unter der Verantwortung " M " = Mitarbeit sind jene Stellen/Personen angeführt, die im Sinne von Wissen als Beratung herangezogen werden sollten (" Informationsgeber ").
Unter der Verantwortung " I " = Information sind jene Stellen/Personen anzuführen, welche Informationen bekommen sollten ("Informationsempfänger").
In den oben genannten verschiedenen Verantwortungsbereichen werden die zuständigen Abteilungen anhand einer zentral geführten Abkürzungsliste eingetragen.

Erstellt:	Geprüft:	Freigegeben:
Datum:	Datum:	Datum:

Abb. 9-11: Auszug aus einer Anleitung zur Erstellung einer Prozessbeschreibung

Beispiel: Formblatt Prozessbeschreibung

Firma	Prozessbeschreibung		Dokument Muster_PB.	Seite 1/1
XYZ	Formblatt		Änd.Datum 09/00	Version 1.0

1. Zweck:

2. Geltungsbereich:

3. Prozessziele:

Nr.	Prozessziel	Zielwert	Messgröße	Messung

4. Begriffe:

5. Zuständigkeiten:

6. Beschreibung des Prozesses:

7. Anhang:

8. Verteiler:

Erstellt:	Geprüft:	Freigegeben:
Datum:	Datum:	Datum:

Abb. 9-12: Formblatt Prozessbeschreibung

9.2 ISO 9001-Kapitel 4: Qualitätsmanagement-System

> **ISO 9001-Kapitel 4.2.4: Lenkung von Aufzeichnungen**
>
> Aufzeichnungen müssen erstellt und aufrechterhalten werden, um einen Nachweis der Konformität mit den Anforderungen und des wirksamen Funktionierens des Qualitätsmanagement-Systems bereitzustellen. Aufzeichnungen müssen lesbar, leicht erkennbar und wiederauffindbar bleiben.
> ...
>
> [Normentextauszug ISO 9001]

Maßnahmen zur Lenkung von Aufzeichnungen

Qualitätsaufzeichnungen dienen als Nachweis der Erfüllung der Qualitätsforderung, als Beweismaterial und als Ausgangspunkt zur Optimierung des Qualitätsmanagement-Systems.
Beispiele für zu lenkende Qualitätsaufzeichnungen sind:

- Nachweise von Prüfungen und Versuchen (Prüfberichte)
- Produkt- und Prozessfreigaben
- Abnahme-/Übergabeprotokolle
- Reklamationsberichte
- Auditberichte
- Regelkarten
- Fehlersammelkarten
- Prüfmittelkalibrier-Nachweise
- Wartungsberichte

Im Zusammenhang mit der „**Lenkung der Qualitätsaufzeichnungen**" müssen folgende Punkte geregelt werden:

- Vorgehensweise zur Identifizierung, Sammlung, Registrierung, Archivierung, Lagerung, Pflege und Beseitigung von Qualitätsaufzeichnungen
- Regelung der Verantwortlichkeiten
- Wer muss Zugang zu diesen Informationen haben und wer darf keinen Zugang zu diesen Informationen haben?
- Was ist zu tun, um die Zugriffsmöglichkeit einfach zu gestalten?
- Wie lange werden die in den Qualitätsaufzeichnungen vorhandenen Informationen tatsächlich benötigt, und wie werden nicht mehr benötigte Aufzeichnungen ausgeschieden und vernichtet? (Beispiel: Diverse Auftraggeber, z.B. Luft- und Raumfahrt, Militär, Automobilhersteller etc. legen meist vertraglich Aufbewahrungsfristen fest. Ebenso spielen die Produkt-

lebensdauer und rechtliche Rahmenbedingungen, wie beispielsweise das Produkthaftungsgesetz oder das Handelsgesetzbuch, eine Rolle).

Die Qualitätsaufzeichnungen eines Unternehmens beinhalten einen gewaltigen „Informationsberg", der es wert ist, strukturiert und geführt zu werden. Vor allem die **Analyse** (vgl. Kapitel 4) der vorhandenen Aufzeichnungen (z.B. Fehlerprotokolle, Reklamationsberichte etc.) kann wertvolle Anstöße für Korrektur- und Vorbeugemaßnahmen liefern.

9.3 ISO 9001-Kapitel 5: Verantwortung der Leitung

Die Forderungen der ISO 9001 zum Kapitel „Verantwortung der Leitung" umfassen folgende Punkte:

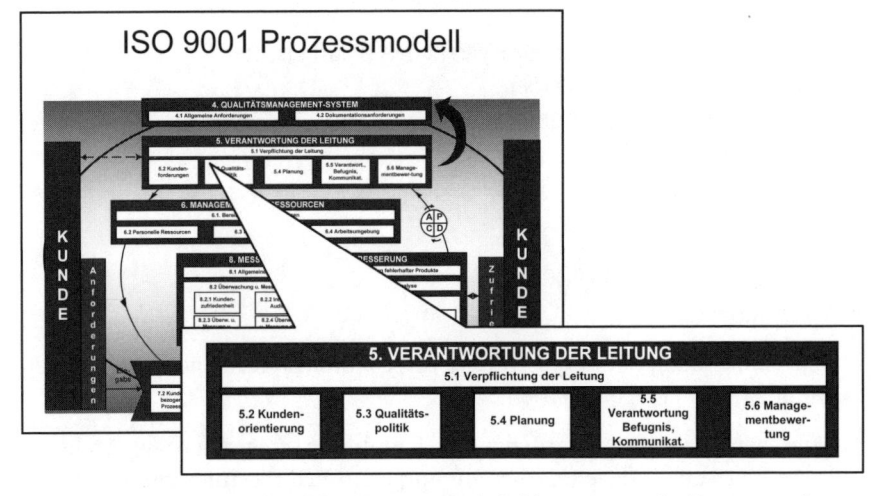

Abb. 9-13: Forderungen der ISO 9001 zum Kapitel „Management der Ressourcen"

9.3.1 ISO 9001-Kapitel 5.1: Verpflichtung der Leitung

Das Engagement und die Beteiligung der „Obersten Leitung" um die Zufriedenheit der Kunden und „Interessenspartner" („Stakeholder") ist Voraussetzung für ein effektives und effizientes Qualitätsmanagement-System. Effektiv bedeutet, die Dinge richtig zu tun, effizient bedeutet, die richtigen Dinge zu tun.

9.3 ISO 9001-Kapitel 5: Verantwortung der Leitung

> **ISO 9001:2000-Kapitel 5.1: Verpflichtung der Leitung**
>
> Die oberste Leitung muss ihre Verpflichtung bezüglich der Entwicklung und Verwirklichung des Qualitätsmanagement-Systems und der ständigen Verbesserung der Wirksamkeit des Qualitätsmanagement-Systems nachweisen, indem sie
>
> a) der Organisation die Bedeutung der Erfüllung der Kundenanforderungen sowie der gesetzlichen und behördlichen Anforderung vermittelt,
> b) die Qualitätspolitik festlegt,
> c) sicherstellt, dass Qualitätsziele festgelegt werden,
> d) die Verfügbarkeit von Ressourcen sicherstellt.
>
> [Normentextauszug ISO 9001:2000]

Gerade in der Aufbauphase eines Prozessorientierten Qualitätsmanagement-Systems ist das Engagement und die Beteiligung der Unternehmensleitung von entscheidender Bedeutung. Qualitätsmanagement muss aus vier Gründen von der Unternehmensleitung Top-down initiiert werden:

1. Der „Adlerblick", um einen Überblick über das gesamte Unternehmen zu haben, wird gefordert.
2. Die Identifikation der Prozesse bedarf einer strategischen Betrachtungsweise.
3. Nur das Topmanagement hat die nötige Durchschlagskraft, um funktionale „Fürstentümer" aufzubrechen.
4. Die Einführung eines Prozessorientierten Qualitätsmanagement-Systems erfordert erhebliche Human- und Sachinvestitionen, die in der Regel von der Unternehmensleitung genehmigt werden müssen.

9.3.2 ISO 9001-Kapitel 5.2: Kundenorientierung

Das Erkennen der heutigen und zukünftigen Kundenbedürfnisse und -forderungen

Im Sinne der Kundenorientierung ist es für ein Unternehmen entscheidend, die heutigen und morgigen Bedürfnisse und Forderungen der Kunden bzw. des Marktes zu erkennen.
Bei der Identifizierung der Bedürfnisse und Forderungen der Kunden bzw. des Marktes ist also auch das Wettbewerbsumfeld (Mitbewerber, Lieferanten etc.) zu berücksichtigen. Dies setzt die enge Zusammenarbeit verschiedenster Disziplinen im Unternehmen voraus, wie z.B. Marketing mit Verkauf, Qualitätsmanagement und Controlling usw. Die Darstellung und Verknüp-

fung dieser Prozesse (Marketing-, Budgetierungs-, Controlling- Prozess etc.) untereinander sollte in der Prozesslandschaft dargestellt werden[51].

Entscheidend ist, dass daraus die Chancen, Schwächen und mögliche künftige Wettbewerbsvorteile erkannt werden:

Festlegung der Strategie

Die Strategie dient dazu, die von der Unternehmens- bzw. Qualitätspolitik gesetzten Aufgaben unter bestmöglicher Verwendung der verfügbaren Ressourcen zu erreichen. Der Strategiefindungs- und -umsetzungsprozess umfasst fünf wesentliche Schritte[52]:

1. Bestimmung der strategischen Ausgangsposition für jede strategische Geschäftseinheit und für die Unternehmung als Ganzes
2. Bestimmung der zukünftigen Stellung der Unternehmung und der einzelnen strategischen Geschäftseinheiten in der Umwelt
3. Durchführung der Analyse hinsichtlich der Kernkompetenzen des Unternehmens und der derzeitigen Wettbewerbssituation
4. Konzentration auf die Kernkompetenzen als Quellen von Wettbewerbsvorteilen sowie Zuteilung der Ressourcen und Festlegung der wichtigsten Schritte, um die strategischen Geschäftseinheiten und die Unternehmung als Ganzes in die gewünschte Richtung zu bewegen
5. Festlegung der strategischen Ziele sowie der Kriterien und Standards zur Beurteilung der Strategie und zur Messung der Fortschritte

Besonders jene Unternehmen, die für Marktsignale offen sind und diese Informationen im Unternehmen weitergeben und deuten, meistern kritische Situationen leichter.

9.3.3 ISO 9001-Kapitel 5.3: Qualitätspolitik

Die umfassenden Absichten und Zielsetzungen einer Organisation zur Qualität müssen durch die oberste Leitung definiert werden.

9.3 ISO 9001-Kapitel 5: Verantwortung der Leitung

ISO 9001:2000-Kapitel 5.3: Qualitätspolitik

Die oberste Leitung muss sicherstellen, dass die Qualitätspolitik

a) für den Zweck der Organisation angemessen ist,
b) eine Verpflichtung zur Erfüllung von Anforderungen und zur ständigen Verbesserung der Wirksamkeit des Qualitätsmanagement-Systems enthält,
c) einen Rahmen zum Festlegen und Bewerten von Qualitätszielen bietet,
d) in der Organisation vermittelt und verstanden wird und
e) auf ihre fortdauernde Angemessenheit bewertet wird.

[Normentextauszug ISO 9001:2000]

Entwicklung der Qualitätspolitik

Die Qualitätspolitik muss Bestandteil der Unternehmenspolitik sein. Die Unternehmenspolitik, abgeleitet von der Vision, ist die Gesamtheit von Unternehmensgrundsätzen, die beispielsweise in einem Leitbild schriftlich dargelegt wird. Aufgabe der Unternehmenspolitik ist es, die Vision des Unternehmens so auszudrücken, dass alle auf die unternehmerische Gesamtrichtung fokussiert werden. Die Qualitätspolitik beschreibt die qualitätsrelevante Zielsetzung der Organisation und legt somit fest, was das Qualitätsmanagement-System leisten muss[53].

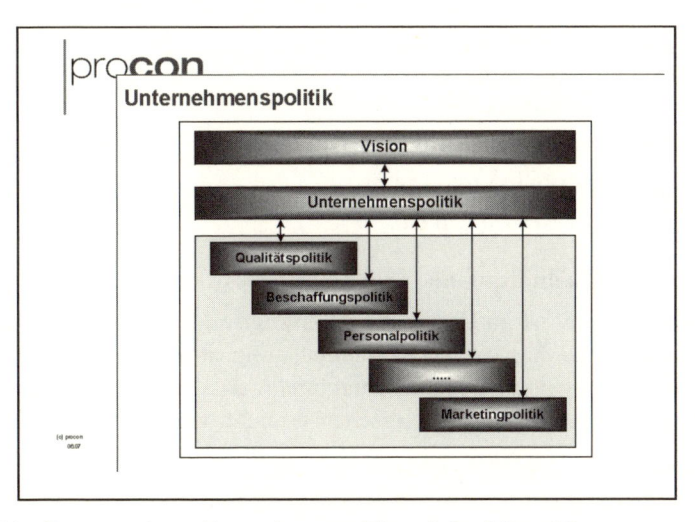

Abb. 9-14: Zusammenhang Unternehmenspolitik und Qualitätspolitik

Der erste Schritt zur Entwicklung der Qualitätspolitik ist die Beschaffung der zur Festlegung nötigen Informationen.

- **Umfang und Inhalt der Organisationsziele:**
  Sicherstellung der Verbindung und Übereinstimmung mit der Strategie der Organisation als Basis zur Entwicklung der Qualitätspolitik

- **Forderungen der Stakeholder:**
  Beispielsweise Forderungen der Aktionäre, Mitarbeiter, Lieferanten ...

- **Analyse und Einbeziehung der Konkurrenz und der Situation am Markt:**
  Bewertung von Gefahren innerhalb und außerhalb der Organisation sowie Berücksichtigung von Änderungen grundsätzlicher Gegebenheiten[54]

- **Hinterfragung der eigenen Fähigkeiten:**
  Fokussierung auf neue Anforderungen (Mensch, Technologie etc.) und der Fähigkeiten der Lieferanten und Partner

- **Beurteilung der Effektivität und Effizienz:**
  Verwendung der Ressourcen etc.

Die Qualitätspolitik

1. **Kundenorientierung**

   Wir orientieren uns an den Bedürfnissen unserer Kunden und behandeln sie freundlich und zuvorkommend, um eine zuverlässige, langfristige und beständige Partnerschaft zu erreichen. Mit unseren Leistungen erledigen wir die Anliegen unserer Kunden zu ihrer Zufriedenheit und reagieren auch bei Reklamationen schnell und kompetent.

2. **Wirtschaftlichkeit**

   Wir verpflichten uns, unter wirtschaftlichen Gesichtspunkten zu agieren. Wir hinterfragen die Prozesse in unserem Unternehmen hinsichtlich ihrer ökonomischen Sinnhaftigkeit und Effizienz. Um unseren Kunden aktuelle Technologien und ein fundiertes Know-How garantieren zu können, streben wir eine nachhaltige Kostendeckung und leistungsbezogene Stückkosten an.

3. **Dienstleistungsqualität**

   Unsere Tätigkeiten sind im Rahmen von Prozessen definiert, die eine größtmögliche Qualität unserer Dienstleistungen gewährleisten sollen. Verantwortung und Kompetenzen sind eindeutig festgelegt um einen klaren Informationsfluß und die Regelungen der Schnittstellen sicherzustellen. Die Vermeidung bzw. die rasche Beseitigung von Fehlern ist Teil unseres Prozessorien-

Abb. 9-15: Beispiel Qualitätspolitik

Umsetzung der Qualitätspolitik

Die Qualitätspolitik ist im Unternehmen umfassend und gründlich einzuführen und bekannt zu machen, die Geschäftsleitung ist dafür verantwortlich. Durch folgende Aktivitäten wird sichergestellt, dass ein optimales Verständnis und die Akzeptanz bei der Belegschaft erreicht wird:

- **Zielbesprechung mit Belegschaftsvertretern:**
  Sicherstellung der Informationsvermittlung zum frühestmöglichen Zeitpunkt.

9.3 ISO 9001-Kapitel 5: Verantwortung der Leitung

- **Betriebsversammlung:**
  Man muss der Einführung des Qualitätsmanagement-Systems die notwendige Aufmerksamkeit schenken. Es bedarf dabei der Unterstützung durch die Geschäftsleitung, um den Mitarbeitern darzustellen, dass diese dahinter steht. Betriebsversammlungen können zur Bekanntgabe der Ziele und Maßnahmen zu deren Erreichung durch die Unternehmensleitung genutzt werden.

- **Aushang:**
  Die Grundsatzerklärung der Geschäftsleitung sollte unterschrieben und datiert ausgehängt werden. Dabei ist darauf zu achten, dass sie stets aktualisiert wird.

- **Qualitätsbroschüre für die Mitarbeiter:**
  Eine Broschüre über die Qualitätspolitik, das Managementsystem und seine Grundlagen kann für die Mitarbeiter des Unternehmens erstellt werden. Die Mitarbeiter können damit direkt angesprochen werden und laufend Information zum Qualitätsmanagement-System erhalten.

- **Veröffentlichung von Qualitätszielen und Artikel zur Qualität an Anschlagtafeln oder in der Hauszeitschrift:**
  Laufende Mitteilungen und Werbung für das Qualitätsmanagement an die Belegschaft sind zu tätigen.

- **Qualitätsmanagement-Handbuch:**
  Durch die Niederschrift im Handbuch wird die Bedeutung der Qualitätspolitik intern wie extern betont. Mit der Unterschrift der Qualitätspolitik verpflichtet sich die Leitung zur Einhaltung der Qualitätsgrundsätze und setzt das Qualitätsmanagement-Handbuch in Kraft.

- **Abteilungsbesprechungen:**
  Besprechungen innerhalb der Abteilung dienen als wichtiges Führungsinstrument der Kommunikation und der Motivation. Dabei sollen Fragen beantwortet und Informationen übermittelt werden.

Es ist von großer Bedeutung, dass die Umsetzung der Qualitätspolitik nicht programmhaften Charakter hat, sondern langfristig und nachhaltig erfolgt. Andernfalls besteht die Gefahr, dass der Einführung von den Mitarbeitern nicht genügend Aufmerksamkeit geschenkt wird[55]. Nur die Überzeugung und Vorbildfunktion der obersten Leitung schafft die Voraussetzung, dass die Qualitätspolitik im ganzen Unternehmen akzeptiert wird. Konsequente Schulung und Information der Mitarbeiter fördern das Verständnis der Qualitätspolitik. Schließlich sichert ein transparentes PQM-System dessen Umsetzung durch alle Mitarbeiter[56].

9.3.4 ISO 9001-Kapitel 5.4: Planung

> **ISO 9001:2000-Kapitel 5.4.1: Qualitätsziele**
>
> Die oberste Leitung muss sicherstellen, dass für zutreffende Funktionsbereiche und Ebenen innerhalb der Organisation Qualitätsziele einschließlich derer, die für die Erfüllung der Anforderungen an Produkte erforderlich sind, festgelegt sind.
> ...
>
> [Normentextauszug ISO 9001:2000]

Ableitung der Qualitätsziele aus der Qualitätspolitik

Aus der Qualitätspolitik werden die Qualitätsziele der Einzelbereiche, der Abteilungen sowie jedes Mitarbeiters abgeleitet und stellen damit das Erreichen der Qualitätspolitik sicher. Qualitätsziele, die den Prozessen zugeordnet werden, tragen auch die Bezeichnung Prozessziele und dienen der Sicherstellung, dass die Qualitätspolitik erreicht wird. Die von der obersten Leitung erstellte Qualitätspolitik stellt den Ausgangspunkt bei der Zielfestlegung dar. Datenquellen sind alle aktuellen Ergebnisse des Qualitätsmanagement-Systems sowie Review-Berichte und das Zufriedenheitsniveau der Interessenspartner.

Den Inhalten der Qualitätspolitik entsprechend können jedem Aspekt ein oder mehrere Qualitätsziele zugeordnet werden. Die festgelegten Qualitätsziele dürfen einander nicht widersprechen.

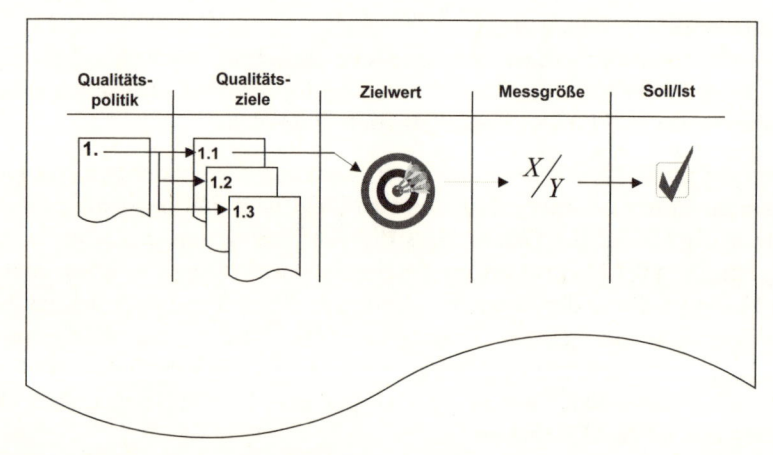

Abb. 9-16: Einbindung der Qualitätsziele

Zur Sicherstellung der Quantifizierbarkeit jedes einzelnen **Qualitätsziels** (z.B. Kundenzufriedenheit) müssen diesem Zielwerte und dazugehörende Messgrößen zugewiesen werden. Der Zielwert legt dabei den zu erreichenden Wert des Qualitätsziels (z.B. > 95 %) fest. Die Messgröße (z.B. Anzahl der zufriedenen Kunden im Verhältnis zur Gesamtkundenanzahl) legt den Maßstab zum Qualitätsziel fest.
Weiterhin sind Verantwortlichkeiten zur Messung des Fortschrittes bzw. der Verbesserung der Prozesse mit zugehörigen Zeiträumen im Rahmen des Prozessmonitorings (vgl. Kapitel 6) festzulegen.
Die Qualitätsziele werden für alle Ebenen im Unternehmen festgelegt, es erfolgt die Kaskadierung der Qualitätsziele – sinnvollerweise in einem Top-down/Bottom-up-Vorgehen. Die Verantwortung dafür obliegt den jeweiligen Leitern der betroffenen Prozesse. Somit ist sichergestellt, dass für alle Ebenen der Organisation von der obersten Leitung bis zum ausführenden Personal Vorgaben definiert sind.

Qualitätsziel	Zielwert	Messgröße	Soll/Ist
Kundenzufriedenheit	> 95 %	Anzahl zufriedener Kunden / Gesamtkunden	
Stammkunden halten	> 25 %	Anzahl der Wiederverkäufer / Alle Käufer	
Einsatzdauer	< 5 Stunden	Zeitmessung von ... bis ...	
usw.			

Abb. 9-17: Qualitätsziele und deren Quantifizierung

Überprüfung der Qualitätsziele

Die Qualitätsziele müssen dem betroffenen Personal bekannt sein und es muss über die entsprechenden Mittel verfügen, um diese Ziele erreichen zu können. Die Kenntnis der für seinen Bereich relevanten Ziele schafft einerseits Transparenz und klare Vorgaben für den Mitarbeiter, andererseits fördert diese die Akzeptanz. Dazu ist es notwendig, neuen Mitarbeitern sowie Teilzeit- oder vorübergehend Beschäftigten ebenso die Qualitätsziele darzulegen und das Verständnis zu fördern.
Die periodische Überwachung der Ziele und Zielgrößen durch das verantwortliche Personal soll unter Berücksichtigung der Forderungen und Wünsche der Interessenspartner erfolgen.

> **ISO 9001:2000-Kapitel 5.4.2: Planung des Qualitätsmanagement-Systems**
>
> Die oberste Leitung muss sicherstellen, dass
>
> a) die Planung des Qualitätsmanagement-Systems erfolgt, um die angegebenen Anforderungen zu erfüllen und die Qualitätsziele zu erreichen
>
> ...
>
> [Normentextauszug ISO 9001:2000]

Durchführung Qualitätsplanung

Die Realisierung von Qualitätsverbesserungen innerhalb einer Organisation sollte nicht dem Zufall überlassen bleiben, sondern geplant werden. Ziel der Qualitätsplanung ist, Qualität in allen Bereichen und Prozessen von vornherein sicherzustellen und nicht zu „erprüfen". Für einen Produktionsbetrieb bedeutet dies beispielsweise, dass vor dem Start eines neuentwickelten Produktes der Produktionsprozess (d. h. Produktionseinrichtungen, Anlagen, Werkzeuge, Technologie, Methode, Personal, Transportwege etc.) in all seinen Details geplant werden muss. Ob die Planung ausreichend war, um das Produkt in einwandfreier Qualität produzieren zu können, kann im Rahmen einer Prototyp- und Pilotphase noch vor dem Serienstart überprüft werden.

Die nachfolgende Grafik zeigt beispielhaft die Phasen der Qualitätsplanung eines Betriebes der Automobilzulieferindustrie:

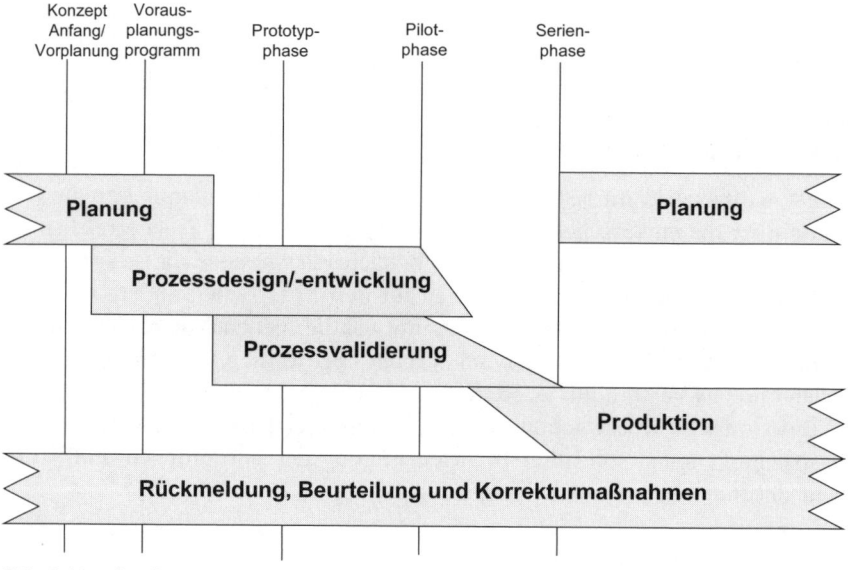

Abb. 9-18: Qualitätsplanung

Die Phasen der Qualitätsplanung untergliedern sich dabei folgendermaßen:

- **Planung**
  Ermittlung der Bedürfnisse und Erwartungen des Kunden, dabei sind alle Tätigkeiten mit Blick auf den Kunden (Endbenutzer, Konsument) auszuführen.

- **Prozessdesign und Prozessentwicklung**
  Der zur Anwendung kommende Prozess und die darin auszuführenden Tätigkeiten und Prüfungen sind festzulegen. Dazu dienen Prozessbeschreibungen, Arbeitsanweisungen, Prüfanweisungen, Checklisten etc.

- **Prozessvalidierung**
  Durch Auswertungen (z.B. aus einer Versuchsserie) ist der Prozess zu validieren. Dabei ist zu überprüfen, ob das Produkt bzw. die Dienstleistung die Forderungen des Kunden erfüllen.

- **Rückmeldung, Beurteilung und Korrekturmaßnahmen**
  Die Wirksamkeit des Prozesses wird beurteilt anhand von Rückmeldungen aus dem Prozess (z.B. Fehler-/Problemmeldungen) und daraus resultierend sind Korrekturmaßnahmen einzuleiten.

Selbstverständlich ist es auch für ein Dienstleistungsunternehmen wichtig, vor dem erstmaligen Ausführen einer Dienstleistungstätigkeit eine Qualitätsplanung zu betreiben, wenn auch nicht in diesem Umfang und Detaillierungsgrad wie in obigem Beispiel.

9.3.5 ISO 9001-Kapitel 5.5: Verantwortung, Befugnis und Kommunikation

> **ISO 9001:2000-Kapitel 5.5.1: Verantwortung und Befugnis**
>
> Die oberste Leitung muss sicherstellen, dass die Verantwortungen und Befugnisse innerhalb der Organisation festgelegt und bekannt gemacht werden.
>
> [Normentextauszug ISO 9001:2000]

Festlegung der Verantwortlichkeiten und Befugnisse

Die Festlegung der Verantwortungen und Befugnisse ist Grundvoraussetzung für ein funktionierendes Qualitätsmanagement-System. Verantwortungen und Befugnisse sind deshalb für die Bereiche und Mitarbeiter, welche die Produkt- und Prozessqualität beeinflussen, eindeutig und klar festzulegen.

Dies dient unter anderem der Unterstützung der Mitarbeiter, schafft Klarheit an Schnittstellen und ist ein Nachweis der Aufgabenstellung. Die Organisation wird transparent, die Personalqualifikation und -besetzung wird erleichtert und die Motivation und Entscheidungsfreudigkeit wird gefördert. Zu betonen ist, dass den Mitarbeitern angemessene Befugnis eingeräumt werden sollte, damit sie die ihnen zugewiesene Verantwortung wahrnehmen können. Verantwortlichkeit und Entscheidungsgewalt müssen übereinstimmen. Die Mitarbeiter sollten ihre festgelegte Befugnis und Freiheit sowie die vorgegebenen Aktionsspielräume klar verstehen. Jeder Mitarbeiter der Organisation sollte sich für das Erreichen der Qualitätsziele und der Qualitätsforderungen verantwortlich fühlen.

Die Festlegung der Verantwortungen und Befugnisse erfolgt zweckmäßigerweise beispielsweise in:

- Organigrammen
- Zuständigkeitsmatrizen
- Funktionendiagrammen
- Stellenbeschreibungen
- Prozessbeschreibungen

Als eine Möglichkeit einer Darstellung der Verantwortlichkeiten und der Kommunikations- und Informationswege sei hier das **Funktionendiagramm** erwähnt:

Aufgaben	Management	Entwickl. & Konstr.	Produktion	Qualitätswesen
1. Festlegung der Qualitätspolitik	E	M	M	M
2. Erstellung von Qualitätsmanagement-Programmen	E	M	M	M
3. Entwurfsprüfung		D	M	M
4. Prüfplanung		M	M	D
5. Freigabe von Lieferanten	E	M	I	M
6. Erstellen von Prüfanweisungen		M	M	D

E = Entscheidung, D = Durchführung, M = Mitarbeit, I = Information

Abb. 9-19: Funktionendiagramm

> **ISO 9001:2000-Kapitel 5.5.2: Beauftragter der obersten Leitung**
>
> Die oberste Leitung muss ein Leitungsmitglied benennen, das, unabhängig von anderen Verantwortungen, die Verantwortung und Befugnis hat, die Folgendes einschließen:
>
> a) ... sicherzustellen, dass die für das Qualitätsmanagement-System erforderlichen Prozesse eingeführt, verwirklicht und aufrechterhalten werden
>
> ...
>
> [Normentextauszug ISO 9001:2000]

Die Aufgaben des Beauftragten der obersten Leitung

Der Beauftragte der obersten Leitung ist derjenige, welcher die Interessen der Leitung bezüglich des Qualitätsmanagements gegenüber allen Führungsebenen wahrnimmt. Der Beauftragte der obersten Leitung ist die direkte Ansprechperson innerhalb des Führungskreises für alle qualitätsrelevanten Belange und ist selbst auch Mitglied der obersten Leitung. Er sollte die Tätigkeiten im Qualitätsbereich koordinieren und organisationsweit für die Förderung des Qualitätsbewusstseins sorgen. Zu seinen Aufgaben gehören:

- Die Verantwortung, ein Qualitätsmanagement-System zu entwickeln, aufzubauen und aufrechtzuerhalten
- Die Darstellung und Weiterleitung der Fortschritte bzgl. der Qualitätsziele und der Zielgrößen im Rahmen des Berichtswesens
- Identifizierung von Verbesserungspotenzialen
- Die Darstellung und Weiterleitung der kundenbezogenen Beziehungen, eingeschlossen der Kundenbeschwerden
- Das Management des internen Audit-Systems
- Die Aufbereitung der Kundenbedürfnisse und Erwartungen, die nicht in den vereinbarten Anforderungen beinhaltet sind
- Die Durchführung des Management-Reviews

Vielfach delegiert der Beauftragte der obersten Leitung operative Aufgaben im Zusammenhang mit dem Qualitätsmanagement-System an eine Stabsstelle mit dem Namen Qualitätsbeauftragter bzw. Qualitätsmanager. Dieser wiederum kann auf die Unterstützung seitens der Prozesseigner bzw. -verantwortlichen zurückgreifen.
Der Beauftragte der obersten Leitung berichtet in regelmäßigen Abständen dem Topmanagement und nimmt im Rahmen der Management-Meetings zu Qualitätsfragen Stellung.

> **ISO 9001:2000-Kapitel 5.5.3: Interne Kommunikation**
>
> Die oberste Leitung muss sicherstellen, dass geeignete Prozesse der Kommunikation innerhalb der Organisation eingeführt werden und dass eine Kommunikation über die Wirksamkeit des Qualitätsmanagement-Systems stattfindet.
>
> [Normentextauszug ISO 9001:2000]

Aspekte der Internen Kommunikation

Die interne Kommunikation ist der Lebensnerv eines Unternehmens. Sie zu verbessern wirkt sich positiv auf die Leistungsbereitschaft der Mitarbeiter aus und ist wichtige Voraussetzung dafür, dass sich ein Unternehmen permanent an den sich rasch ändernden Marktanforderungen ausrichtet. Bei der internen Kommunikation innerhalb einer Organisation lassen sich grundsätzlich geplante und ungeplante, formelle und informelle Kommunikation unterscheiden. Die ungeplante informelle Kommunikation („Gerüchteküche") wirkt dabei oftmals gegen die geplante formelle Kommunikation. Im besten Falle sollte die interne Kommunikation einhergehen mit einer transparenten Informationspolitik, die über Ziele, Aufgaben, Veränderungen und Probleme geplant, also bewusst informiert. Eine der wichtigsten Führungsaufgaben ist jene, die Menschen im Unternehmen für die Unternehmensziele und die dazu notwendigen Veränderungen zu gewinnen. Eine direkte und offene Form der Kommunikation lässt oft ungeahnte brachliegende Potenziale der Mitarbeiter frei werden. Im Zusammenhang mit der internen Kommunikation sind folgende Aspekte zu berücksichtigen:

9.3 ISO 9001-Kapitel 5: Verantwortung der Leitung

Aspekte der internen Kommunikation	Was ist zu beachten?
Zeitpunkt der Kommunikation	Die Kommunikation von wichtigen Informationen sollte zu einem Zeitpunkt einsetzen bevor noch Gerüchte bzw. Unsicherheiten bezüglich einer bestimmten Situation entstehen können.
Art und Form der Kommunikation	Eine klare, leicht verständliche Sprache ist besonders wichtig. Dabei sind die unterschiedlichen Erfahrungen und Ausbildungsniveaus der jeweiligen Zielgruppe unter den Mitarbeitern zu berücksichtigen.
Umfang der Kommunikation	Der Umfang der Kommunikation sollte informativ, nicht übermächtig sein. Dabei ist es am besten, sich in die Lage der Adressaten hineinzuversetzen.
Kontinuität der Kommunikation	Der größte Feind erfolgreicher interner Kommunikation ist neben dem Verschweigen von Informationen die Diskontinuität.

Abb. 9-20: Aspekte der internen Kommunikation

Manche Organisationen signalisieren ihre Bereitschaft zur offenen und direkten Kommunikation sogar dadurch, dass sie von den Mitarbeitern Feedback zum Kommunikationsverhalten einholen.

9.3.6 ISO 9001-Kapitel 5.6: Managementbewertung

Die Bewertung des Qualitätsmanagement-Systems gibt über dessen Wirksamkeit Auskunft und initiiert Verbesserungen. Diese Form der Qualitätsmanagement-Bewertung wird auch als so genanntes „Management Review" bezeichnet.

ISO 9001:2000-Kapitel 5.6.1: Allgemeines

Die oberste Leitung muss das Qualitätsmanagement-System der Organisation in geplanten Abständen bewerten, um dessen fortdauernde Eignung, Angemessenheit und Wirksamkeit sicherzustellen. Diese Bewertung muss die Bewertung von Möglichkeiten für Verbesserungen des und den Änderungsbedarf für das Qualitätsmanagement-System einschließlich der Qualitätspolitik und der Qualitätsziele enthalten.
...

[Normentextauszug ISO 9001:2000]

Planung und Vorbereitung des Management-Reviews

Die Qualitätsmanagement-Bewertung sollte von der obersten Leitung in einem von ihr für geeignet gehaltenen zeitlichen Abstand vorgenommen werden. Dieser sollte in Übereinstimmung mit dem strategischen Planungszyklus der Organisation stehen.

Inhalt der Vorbereitung des Management-Reviews ist das Verdichten der unternehmensspezifischen Daten als Basis zur Bewertung der Wirksamkeit des Qualitätsmanagement-Systems.

Folgende Daten können die Basis bilden:

- Ermittlung der Effektivität und Effizienz des Qualitätsmanagement-Systems zur Beurteilung dessen Gesamtwirksamkeit.
  Als Informationsquelle werden die Ergebnisse der internen Audits, Kundenaudits und eventuell durchgeführter Produktaudits herangezogen. Das Management-Review kann auch als Rechtfertigung der Aufwendungen für Qualitätsmanagement gesehen werden.
- Auswertung des Kundenfeedbacks und die Frage, ob das Vertrauen des Kunden weiterhin gegeben ist!
  Dies kann die Analyse der Kundenzufriedenheit beinhalten.
- Analyse von Konkurrenz und Markt und Anwendung von Benchmarking.
- Berücksichtigung und Einbeziehung neuer Technologien, qualitätsbezogener Konzepte, Marktstrategien und sozialer oder Umweltbedingungen.
  Überlegungen zur Anpassung des Qualitätsmanagement-Systems, inklusive die Qualitätspolitik und die Qualitätsziele, im Hinblick auf diese Änderungen sollten angestellt werden.
- Übersicht über den Bedarf oder die Möglichkeit von Verbesserungen.

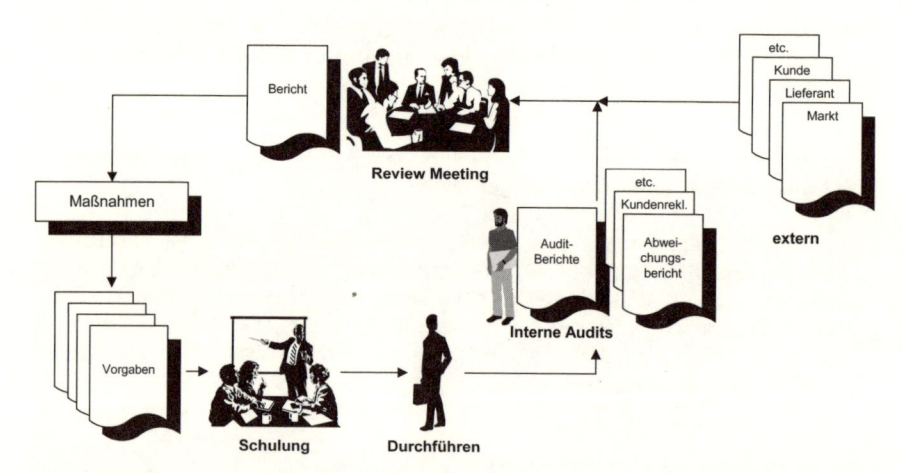

Abb. 9-21: Aufgabe des Management-Reviews

Folgende finanzielle und nichtfinanzielle Messgrößen können darüber hinaus in die Bewertung einbezogen werden:

- **finanzielle Messgrößen:**
  Umsatz, Gewinn, Wertschöpfung, Cashflow, Liquidität, Deckungsbeitrag, Qualitätskosten etc.
- **nichtfinanzielle Messgrößen:**
  Marktanteil, Lieferzeit, Entwicklungszeit, Durchlaufzeit, Lagerumschlag, Nacharbeit und Ausschuss, Marktverhalten der Produkte und Dienstleistungen, Reklamationen, Mängelberichte etc.

Die Information für das Management-Review muss von solcher Qualität und Detaillierung sein, dass durch die (oberste) Leitung Schlüsse und Entscheidungen für Verbesserungen getroffen werden können.

Durchführung des Management-Reviews

Das Management-Review basiert auf den beschriebenen strukturierten und zusammengefassten Evaluierungen. Alle betroffenen Manager sollten reguläre Teilnehmer des Management-Reviews sein. Darüber hinaus kann es sinnvoll sein, auch Manager anderer Bereiche und Ebenen teilnehmen zu lassen. Dies stellt eine möglichst breite Basis an aktueller Information für allen Betroffenen dar und fördert die Akzeptanz bei den Teilnehmenden. Die Unternehmensleitung hat den Erfüllungsstand der Unternehmensziele zu bewerten, bei Nichterfüllung Korrekturmaßnahmen einzuleiten, diese zu überwachen und zu dokumentieren. Es ist festzulegen, nach welchen Regeln/Vorschriften/Anweisungen diese Bewertungen durchgeführt werden. Management-Reviews werden in der Praxis üblicherweise jährlich durchgeführt. Störungen, organisatorische Änderungen oder eine Verringerung der Produktqualität sollten allerdings immer zu außerordentlichen Bewertungen in kürzeren Abständen führen.

Ergebnisse des Management-Reviews

Das Ergebnis des Management-Reviews umfasst Feststellungen, Schlussfolgerungen und Empfehlungen, die in der Qualitätsmanagement-Bewertung erzielt wurden. Die Aufzeichnung dieser Informationen stellt die Basis für die erforderlichen Maßnahmen dar, die zur Verbesserung des Qualitätsmanagement-Systems ergriffen werden.
Die folgenden Punkte sind festzulegen:

- In welcher Form wird die Bewertung dokumentiert?
  Eine Möglichkeit wäre die Verfassung eines Management-Review-Berichtes, der neben der Dokumentation der Bewertung die beschlossenen Maßnahmen zur Verbesserung beinhalten kann.

- Wer veranlasst Maßnahmen, die sich aus der Bewertung ergeben?
  Das Ergebnis des Management-Reviews stellt die Definition und Ressourcenzuweisung für Verbesserungsmaßnahmen dar.
- Wer überwacht die Maßnahmen?
  Überprüfung der Umsetzung und Wirksamkeit der beschlossenen Maßnahmen.

Management-Review-Bericht

Unternehmen/Bereich	Datum/Dauer (von – bis)
XYZ	14.11.2000 /

Teilnehmer
###

Agenda

1 Begrüßung/Eröffnung
2 Internes Audit: Ergebnisse und daraus abgeleitete Maßnahmen im Hinblick auf die Zertifizierung
3 Übersicht LVPs: Welche Verbesserungspotentiale wurden von den Prozessteams bisher erkannt, mit Maßnahmen versehen, bereits umgesetzt
4 Prozessmonitoring: Übersicht Prozesszielerreichung auf der Basis der Prozessreports und Maßnahmen zur Prozessverbesserung
5 Leitbild/Strategische Ziele: Darlegung der Verknüpfung zu den Prozesszielen und Festlegung Prozessziele (Top-Down-Ansatz)
6 Aktivitäten im QM-System 2001
7 Freigabe Auditplan für 2001
8 Freigabe des Prozessmanagement-Handbuches (Vorwort/LoNo-Datenbank)
9 Mitarbeiterinfo anlässlich Projektabschluss und Zertifizierung (z. B. Info-News)

Inhaltsübersicht

1 Internes Audit	2
2 LVPs	2
3 Prozessmonitoring	2
4 Leitbild/Strategische Ziele	3
5 Aktivitäten QM-System 2001	3
6 Beilagen	3
7 Verteiler	3

Abb. 9-22: Management-Review-Bericht

9.4 ISO 9001-Kapitel 6: Management von Ressourcen

Die Forderungen der ISO 9001 zum Kapitel „Management der Ressourcen" umfassen folgende Punkte:

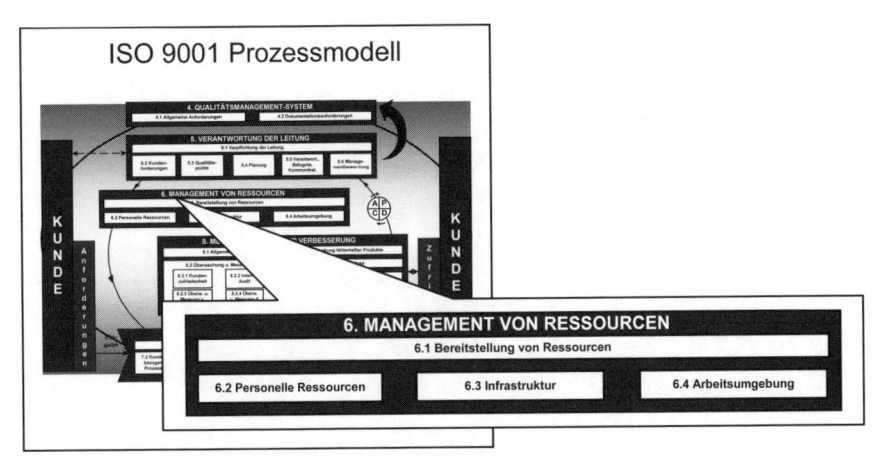

Abb. 9-23: Forderungen der ISO 9001 zum Kapitel „Management von Ressourcen"

9.4.1 ISO 9001-Kapitel 6.1: Bereitstellung von Ressourcen

Die Verfügbarkeit und der optimale Einsatz aller dem Unternehmen zur Verfügung stehenden Ressourcen und damit die Vermeidung jeglicher Verschwendung von Ressourcen stehen im Vordergrund. Die Zurverfügungstellung und Verwendung von Ressourcen müssen einer gezielten Planung unterworfen werden. Die Planung erfolgt unter dem Gesichtspunkt des optimalen Ressourceneinsatzes zur Unterstützung der Leistungserstellungsprozesse einerseits, und zur Erhaltung der Leistungsbereitschaft der Organisation andererseits.

9.4.2 ISO 9001-Kapitel 6.2: Personelle Ressourcen

Wenn man davon ausgeht, dass Qualität durch Menschen entsteht, so muss der Ausbau des Humanpotenzials ein Kernelement jedes Managementsystems sein.

> **ISO 9001:2000-Kapitel 6.2.1: Allgemeines**
>
> Personal, das die Produktqualität beeinflussende Tätigkeiten ausführt, muss aufgrund der angemessenen Ausbildung, Schulung, Fertigkeiten und Erfahrungen fähig sein.
>
> **ISO 9001:2000-Kapitel 6.2.2: Fähigkeit, Bewusstsein und Schulung**
>
> Die Organisation muss
>
> a) die notwendigen Fähigkeiten des Personals, das die Produktqualität beeinflussende Tätigkeiten ausübt, ermitteln,
> b) zur Deckung dieses Bedarfs für Schulung sorgen oder andere Maßnahmen ergreifen,
> c) die Wirksamkeit der ergriffenen Maßnahmen beurteilen,
> d) sicherstellen, dass ihr Personal sich der Bedeutung und Wichtigkeit seiner Tätigkeit bewusst ist und weiß, wie es zur Erreichung der Qualitätsziele beiträgt, und
> e) geeignete Aufzeichnungen zu Ausbildung, Schulung, Fertigkeiten und Erfahrung führen.
>
> [Normentextauszug ISO 9001:2000]

Personalauswahl

Auf der Grundlage der Anforderungsprofile und der durchzuführenden Tätigkeiten und Aufgaben sollte die Organisation systematisch unter Berücksichtigung des Qualifikationsprofils der Mitarbeiter die Auswahl und Ernennung des Personals nach objektiven Kriterien gestalten und effektiv kommunizieren.

Schulungsbedarf

Die ständige Weiterentwicklung des persönlichen Potentials und der Qualifikation der Mitarbeiter ist einer der entscheidenden Wettbewerbsfaktoren und somit von besonderer Bedeutung für jedes Unternehmen.
Das Thema Schulung betrifft sowohl externe Seminare als auch interne Schulungen (z.B. Einweisung am Arbeitsplatz, innerbetriebliche Weiterbildung, Erfahrungsaustausch etc.).
Für die Ermittlung des Schulungsbedarfes wird das Anforderungsprofil in Form der Stellen-, Rollen- oder Funktionsbeschreibungen herangezogen. Für die ermittelten Ausbildungsbedürfnisse sollten Schulungsmaßnahmen definiert und durchgeführt werden. Nachweise darüber sind zu führen.

Schulungsbedarf ergibt sich nicht nur bei Einführung neuer Technologien oder bei der Übernahme einer neuen Aufgabe, sondern ist permanent vorhanden und muss deshalb auch ständig überprüft und erfasst werden. Insbesondere Qualitätsthemen sollen mittels Schulungen an die Mitarbeiter vermittelt werden. Diese Schulungen von Qualitätsmanagement-Inhalten dienen v. a. zur Bewusstseinsbildung und Darstellung der Bedeutung von Qualität in der täglichen Arbeit. Teilnehmer sind in diesem Fall alle Mitarbeiter der Organisation, wobei neben grundsätzlichen Themen wie der Qualitätspolitik des Unternehmens auch die Schulung der Prozessbeschreibungen Inhalt sein können.

Dies aber mit Maß und Ziel, denn es gilt:

„Was man nicht nützt, ist eine schwere Last."

Goethes Faust

Die Wirksamkeit der absolvierten Schulungen sollte bewertet werden (z. B. Feedbackbögen, Prüfungsergebnisse etc.)

Instrumente der Personalentwicklung

Die wichtigsten Elemente der Personalentwicklung sind Mitarbeitergespräch, Assessment-Center, Förder-/Forderkonzepte und die Nachfolgeplanung[57].

Das Mitarbeitergespräch dient dazu, die Leistungen der Vergangenheit und das Ausmaß der vereinbarten Aufgabenerfüllung gezielt zu besprechen, Stärken und Schwächen zu erkennen und Verbesserungsmöglichkeiten zu finden, zukünftige Arbeitsschwerpunkte zu planen, Ziele zu vereinbaren und durch zielgerichtete Förderung die berufliche und persönliche Weiterentwicklung zu ermöglichen.

Nachfolgender Ablauf stellt beispielhaft die Schritte im Ablauf des Mitarbeitergesprächs dar:

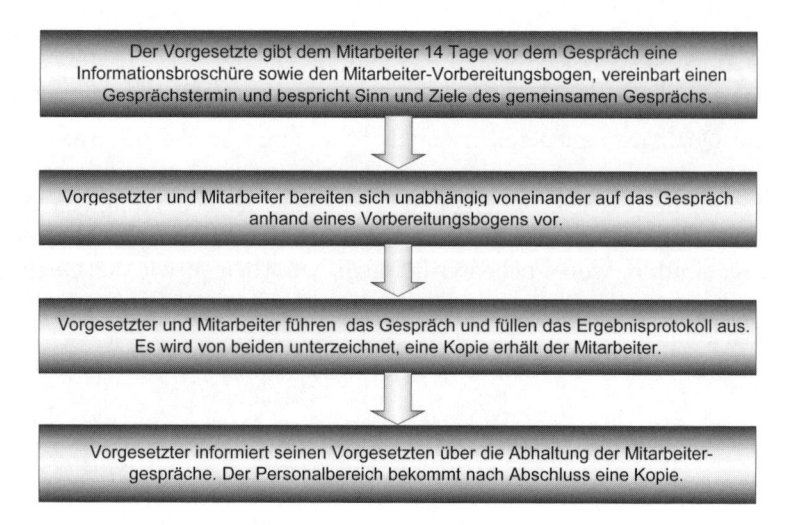

```
┌─────────────────────────────────────────────────────────────────┐
│   Der Vorgesetzte gibt dem Mitarbeiter 14 Tage vor dem Gespräch eine │
│   Informationsbroschüre sowie den Mitarbeiter-Vorbereitungsbogen, vereinbart einen │
│   Gesprächstermin und bespricht Sinn und Ziele des gemeinsamen Gesprächs. │
└─────────────────────────────────────────────────────────────────┘
                              ▼
┌─────────────────────────────────────────────────────────────────┐
│   Vorgesetzter und Mitarbeiter bereiten sich unabhängig voneinander auf das Gespräch │
│                  anhand eines Vorbereitungsbogens vor.          │
└─────────────────────────────────────────────────────────────────┘
                              ▼
┌─────────────────────────────────────────────────────────────────┐
│  Vorgesetzter und Mitarbeiter führen das Gespräch und füllen das Ergebnisprotokoll aus. │
│  Es wird von beiden unterzeichnet, eine Kopie erhält der Mitarbeiter. │
└─────────────────────────────────────────────────────────────────┘
                              ▼
┌─────────────────────────────────────────────────────────────────┐
│  Vorgesetzter informiert seinen Vorgesetzten über die Abhaltung der Mitarbeiter- │
│  gespräche. Der Personalbereich bekommt nach Abschluss eine Kopie. │
└─────────────────────────────────────────────────────────────────┘
```

Abb. 9-24: Ablauf des Mitarbeitergesprächs

Die systematische Mitarbeiterförderung strebt eine bessere Übereinstimmung von Stellenanforderungen und persönlicher Qualifikation an. Die dabei erreichten Vorteile kommen dem Mitarbeiter selbst, dem Vorgesetzten und dem Unternehmen zugute. Der Nutzen lässt sich wie folgt darstellen.

```
┌──────────────────────────────┐      ┌──────────────────────────────┐
│ Der Erfolg als Vorgesetzter  │      │ Die Mitarbeiter können ihre  │
│ hängt davon ab, wie gut die  │      │ persönlichen Fähigkeiten und │
│ Mitarbeiter betriebliche     │      │ Qualifikationen durch        │
│ Aufgaben erfüllen. Durch     │◄────►│ systematische Förderung      │
│ systematische Förderung kann │      │ erweitern. Dadurch erhöhen   │
│ die Güte der Aufgaben-       │      │ sie den Grad ihrer Aufgaben- │
│ erfüllung erhöht werden.     │      │ erfüllung und sie bereiten   │
│ Die Leistung der Vorgesetzten│      │ sich auf längerfristige      │
│ wird unter anderem danach    │      │ berufliche Entwicklungen vor.│
│ bewertet, wie systematisch   │      └──────────────────────────────┘
│ sich die Mitarbeiter für     │
│ längerfristige Aufgaben      │
│ inner- oder außerhalb des    │
│ Bereichs entwickeln.         │
└──────────────────────────────┘
             ▼                                   ▼
          ┌──────────────────────────────────────────┐
          │ Der Nutzen für die Organisation ist,     │
          │ qualifizierte Mitarbeiter in ausreichender│
          │ Anzahl zur richtigen Zeit für heutige und│
          │ zukünftige Aufgaben zur Verfügung zu haben.│
          └──────────────────────────────────────────┘
```

Abb. 9-25: Nutzen systematischer Förderung

Beispiel: Formular Ausbildungsbedarfsermittlung für Mitarbeiter

Ausbildungsbedarf für Mitarbeiter						
Bereich: Service			Stelle:			
Kenntnisse/Fähigkeiten des Mitarbeiters	1 wenig X...Soll	2	3	4	5 viel O...IST	geplante Förderungsmaßnahmen
1. Fachwissen/Grundlagen						
Klimatechnik						
Lüftungstechnik						
Wärmetechnik						
2. Produktkenntnis						
Unimop 1						
Unimop 2						
Zentra 200/202						
3. Servicespezifische Kenntnisse						
Problem-Ursachen Suche						
Wartungsvertragskenntnis						
4. Arbeitsmethodik						
Terminplanung						
Arbeitsplanung						
Kenntnis der 7 Tools						
Verwendung der 7 Tools						
Setzen von Prioritäten						
Verkaufsmethodik						
Reklamationsbehandlung						
5. Sprachkenntnisse						
Deutsch						
Englisch						
Ungarisch						
6. persönliche Fähigkeiten						
Flexibilität						
Teamarbeit						
Kontaktfähigkeit						
Belastbarkeit						
Rhetorik – Sicherheit im Auftreten						
7. Sonstiges						
Fehlendes						

Abb. 9-26: Checkliste Ausbildungsbedarf

Beispiel: Ausbildungsplan

Mitarbeiterausbildungsplan Fa. XYZ		
Name:	Personalnummer:	
Planung		
Ausbildungsziel:		
Ausbildungsort:	Termin:	
Datum:	Unterschrift Mitarbeiter:	Freigabe Vorgesetzter:
Angaben zur Ausbildung		
Ausbildungsinhalt:		☐ entsprechen ☐ entsprechen nicht
Ausbildungsunterlagen:		☐ entsprechen ☐ entsprechen nicht
Ausbildungsort:		☐ entsprechen ☐ entsprechen nicht
Datum:	Unterschrift Mitarbeiter:	Freigabe Vorgesetzter:
Ausbildung absolviert		
☐ ja (nach Vereinbarung)	☐ nein (Neuplanung)	
Datum:	Unterschrift Mitarbeiter:	Freigabe Vorgesetzter:
Überprüfung der Wirksamkeit der Ausbildung		
☐ ja (nach Vereinbarung)	☐ nein (Neuplanung)	
Bemerkungen:		
Datum:	Unterschrift Mitarbeiter:	Freigabe Vorgesetzter:
Bestätigung der Qualifikation des Mitarbeiters		
für:		
Bemerkungen:		
Datum:	Unterschrift Mitarbeiter:	Freigabe Vorgesetzter:

Abb. 9-27: Ausbildungsplan

9.4.3 ISO 9001-Kapitel 6.3: Infrastruktur

Die Infrastruktur der Organisation (Anlagen, Betriebsmittel etc.) muss hinsichtlich der Unterstützung der Leistungserstellung ermittelt, bereitgestellt und aufrechterhalten werden. Das Unternehmen muss diesbezüglich die Anforderungen und Bedürfnisse hinsichtlich der Infrastruktur erheben und definieren. Dabei sind folgende Punkte zu berücksichtigen:

- Funktion
- Leistungsmerkmale
- Sicherheitsbestimmungen
- Verfügbarkeit
- Platz-/Raumbedarf
- Investitions- und Erhaltungskosten (Wartung)
- Termine

Eine regelmäßige Überprüfung der Infrastruktur stellt sicher, dass die Anforderungen und Bedürfnisse hinsichtlich der Infrastruktur dauerhaft erfüllt werden.

Wartungs- und Instandhaltungsprogramme bzw. -konzepte

Die Wartung und Instandhaltung bezieht sich auf Gebäude, Maschinen, Geräte, Werkzeuge etc., die die Organisation zur Erstellung ihrer Produkte oder zur Umsetzung ihrer Dienstleistungen einsetzt. Die Wartung und Instandhaltung ist abhängig vom Gebrauch und Einsatz und ist hinsichtlich der Art und des Umfangs festzulegen. Dabei kann auf die existierenden Betriebsanleitungen, Wartungshinweise etc. zurückgegriffen werden. Die Umsetzung von TPM (Total Productive Maintainance)-Programmen ist empfehlenswert. Auch der Begriff FMS (Facility Management Service) und damit verbunden die Beauftragung externer und interner Spezialisten findet immer mehr Verbreitung.

Notfallprogramme

Zur Sicherstellung der zugesagten Qualität für den Kunden kann es erforderlich sein, Überlegungen bezüglich verschiedenster Notfälle, wie den Ausfall der EDV oder gerade benötigter Produktionsmaschinen, anzustellen. Dabei können verschiedene Szenarien skizziert sowie deren Eintrittswahrscheinlichkeit abgeschätzt werden.
Die daraus abgeleiteten Notfallmaßnahmen werden den Mitarbeitern innerhalb des Qualitätsmanagement-System beispielsweise in Form von Checklisten zu Verfügung gestellt. Bewertet wird im Sinne der Messung der Prozesse die Wirksamkeit dieser Maßnahmen.

Beispiel: Wartungsplan

Wartungsplan		Firma XYZ
Bezeichnung der Maschine:	Abteilung:	
Inventar-Nr.:	zuständige Stelle:	
Standort:	Wartungsintervall:	
Hersteller:	Herstellungs-Nr.:	
Wartungsmaßnahmen:		

geplanter Wartungstermin	reguläre Wartung	außertourliche Wartung	Datum der Durchführung/Anmerkungen	Erledigungsvermerk

Formular Nummer 09032/2000 - Version 1.3 - 11.11.2000

Abb. 9-28: Wartungsplan

9.4.4 ISO 9001-Kapitel 6.4: Arbeitsumgebung

Die physische und psychische Belastung der Mitarbeiter ist zu erkennen und zu vermindern, das Unfallrisiko zu minimieren und die Arbeitsbedingungen sind zu verbessern.

9.4 ISO 9001-Kapitel 6: Management von Ressourcen

> **ISO 9001:2000-Kapitel 6.4: Arbeitsumgebung**
>
> Die Organisation muss die Arbeitsumgebung ermitteln, bereitstellen und aufrechterhalten, die zum Erreichen der Konformität mit den Produktanforderungen erforderlich ist.
>
> [Normentextauszug ISO 9001:2000

Die Arbeitsumgebung sollte der Leistungserbringung durch die Mitarbeiter förderlich sein sowie zur Motivation und Zufriedenheit der Mitarbeiter beitragen. Dazu sind physische als auch psychische Aspekte zu berücksichtigen. Die Mittelbereitstellung obliegt der Leitung.

Physische Aspekte:

- Lärm-/Geräuschpegel
- Hitzeeinwirkung
- Lichtverhältnisse
- Hygienebedingungen
- Temperatur-/Feuchtigkeitseinflüsse
- Sauberkeit
- Gestaltung persönlicher Bereiche

Alle potenziellen Gefährdungsfaktoren sind mit höchster Zuverlässigkeit und Wirksamkeit auszuschalten. Ist dies nicht möglich, sind entsprechende Maßnahmen in folgender Reihenfolge zu treffen:

1. Einsatz gefahrloser Technik
2. Anwendung sicherheitstechnischer Mittel (z.B. Schutzvorrichtungen)
3. Anwendung organisatorischer Maßnahmen
4. Aufstellung von Verhaltensgeboten und -verboten

Verhaltensgebote und -verbote sind nur dann zulässig, wenn keine anderen Lösungen gefunden werden können.
Die einschlägigen Arbeitnehmerschutzbestimmungen sind ebenfalls zu berücksichtigen. An dieser Stelle der Norm besteht die Möglichkeit, die Forderungen des Arbeitnehmerschutzes in das Qualitätsmanagement-System zu integrieren. So können die sich daraus ergebenden Hinweise und Bestimmungen direkt in die jeweiligen Prozessbeschreibungen eingefügt werden.
Die nachfolgende Checkliste beinhaltet Fragen, die bei der Betrachtung des Arbeitsumfeldes berücksichtigt werden sollten:

Frage	Detaillierte Fragestellung	Erläuterung
Wie?	Wie wird die Arbeit ausgeführt?	Frage nach der Arbeitsgestaltung
Womit?	Mit welchen Arbeitsmitteln wird gearbeitet?	Frage nach den Werkzeugen und Vorrichtungen
Wo?	Welche Umgebungsbedingungen bestehen?	Frage nach der Arbeitsumgebung
Was?	Was wird verlangt?	Frage nach der Arbeitsaufgabe
Wie lange?	Wie lange dauert die Ausführung?	Frage nach der Dauer der Teilbelastungen
Wie oft?	Wie häufig wird die Arbeitstätigkeit ausgeführt?	Frage nach der Häufigkeit bzw. dem Zyklus der Arbeitstätigkeit
Wann?	Wann wird die Arbeit ausgeführt?	Frage nach der Belastungszeit (z. B. nachts)
Wer?	Wer führt die Arbeit aus?	Frage nach der Arbeitsperson (Alter, Geschlecht, Gesundheitszustand, Qualifikation)

Abb. 9-29: Fragen zur ergonomischen Betrachtung des Arbeitsumfeldes

Psychische Aspekte:

Folgende Aspekte nehmen Einfluss auf die psychischen Aspekten der Arbeitsumgebung:

- Verständnis der Unternehmensziele und des dafür erforderlichen Beitrags jedes Einzelnen
- Weiterentwicklung der Qualifikation des Mitarbeiters
- Förderung der Kreativität und des Potenzials der Mitarbeiter durch Einsatz von dazu förderlichen Methoden
- Einbeziehung und Übertragung von Verantwortung an die Mitarbeiter
- Beachtung und Belohnung von besonderen Leistungen

Mitarbeiter, die über die Ziele des Unternehmens informiert sind, deren Qualifikation sich laufend weiterentwickelt, deren Kreativität gefördert wird, die das Wissen auch in Form der Übernahme von Verantwortung umsetzen können und die dafür auch noch beachtet und belohnt werden, sollten das Ziel jedes Unternehmens sein.

9.5 ISO 9001-Kapitel 7: Produktrealisierung

Die Forderungen der ISO 9001 zum Kapitel „Management der Ressourcen" umfassen folgende Punkte:

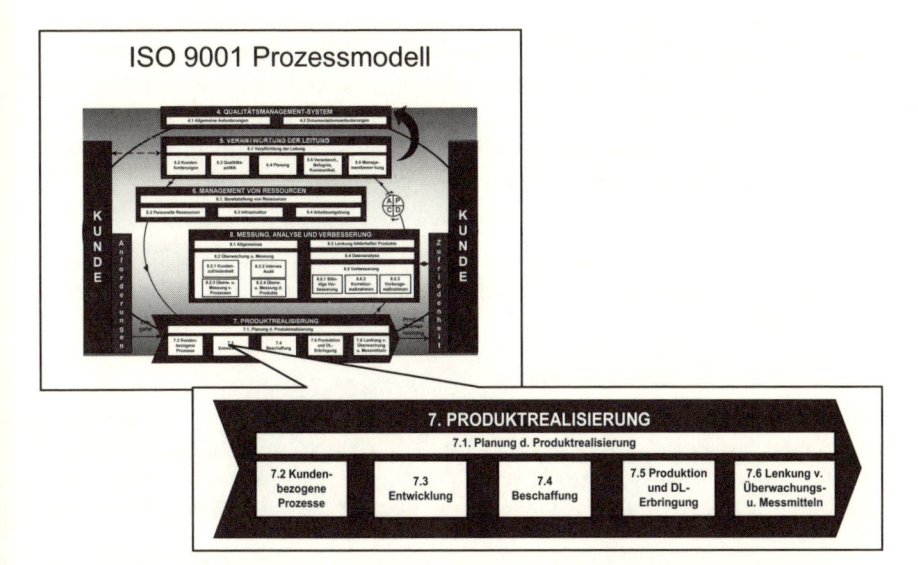

Abb. 9-30: Forderungen der ISO 9001 zum Kapitel „Management der Ressourcen"

9.5.1 ISO 9001-Kapitel 7.1: Planung der Produktrealisierung

Die Planung, Optimierung und kontinuierliche Verbesserung der Produktions- oder Dienstleistungserstellungsprozesse eines Unternehmens sind entscheidend für den Erfolg. Auch hier ist der Prozess-Lifecycle anzuwenden (vgl. Kapitel 2.2).

> **ISO 9001:2000-Kapitel 7.1: Planung der Produktrealisierung**
>
> Die Organisation muss die Prozesse planen und entwickeln, die für die Produktrealisierung erforderlich sind. Die Planung der Produktrealisierung muss mit den Anforderungen der anderen Prozesse des Qualitätsmanagement-Systems im Einklang stehen.
> ...
>
> [Normentextauszug ISO 9001:2000]

Die spezifischen, detaillierten Forderungen finden sich in den ISO 9001:2000-Kapiteln 7.2 bis 7.6.

9.5.2 ISO 9001-Kapitel 7.2: Kundenbezogene Prozesse

Im Sinne einer qualitätsgerechten Leistungserbringung ist es entscheidend, dass zu Beginn der Leistungserstellungskette die Kundenerfordernisse erfasst und verstanden werden. Die Anforderungen des Kunden, d.h. der Empfänger des Produktes oder der Dienstleistung, müssen ermittelt, in geeigneter Form dokumentiert und an die richtigen Stellen innerhalb und außerhalb des Unternehmens weitergeleitet werden.

ISO 9001:2000-Kapitel 7.2.1: Ermittlung der Anforderungen in Bezug auf das Produkt

Die Organisation muss Folgendes ermitteln:

a) die vom Kunden festgelegten Anforderungen einschließlich der Anforderungen hinsichtlich Lieferung und Tätigkeiten nach der Lieferung,
b) vom Kunden nicht angegebene Anforderungen, die jedoch für den festgelegten oder den beabsichtigten Gebrauch, soweit bekannt, notwendig sind,
c) gesetzliche und behördliche Anforderungen in Bezug auf das Produkt und
d) alle weiteren von der Organisation festgelegten Anforderungen.

[Normentextauszug ISO 9001:2000]

Ermittlung der Anforderungen

Bei der Festlegung der Forderungen ist wichtig, dass alle Anforderungen des Kunden – auch die vorausgesetzten und nicht ausgesprochenen – vollständig und auch richtig identifiziert werden. Beispielsweise sollte ein Arzt auch dann die richtige Diagnose stellen, wenn ihm der Patient die Krankheitssymptome nicht mit der korrekten lateinischen Bezeichnung nennen kann.
Die folgende Checkliste kann bei der Identifikation der Kundenforderungen hilfreich sein:

9.5 ISO 9001-Kapitel 7: Produktrealisierung

CHECKLISTE	JA/NEIN
Sind der Anwendungszweck, das Einsatzgebiet und die Einsatzbedingungen bekannt?	
Sind die vom Kunden genannten Forderungen quantifizierbar? (z. B. „fachmännische Arbeit", „leuchtende Farben", „luxuriöses Aussehen")	
Sind die „Äußerlichkeiten" festgelegt? (z. B. polieren, konservieren etc.)	
Sind die Anforderungen betreffend Kennzeichnung, Verpackung und Transport festgelegt?	
Sind die erforderlichen Prüfungen und deren Umfang definiert?	
Ist die Kommunikation (z. B. Ansprechpartner) geregelt?	

Abb. 9-31: Checkliste zur Identifizierung der Kundenforderungen

Die formelle Dokumentation der Kundenforderungen kann beispielsweise in Form eines Lasten-/Pflichtenheftes erfolgen. Damit werden die Erwartungen des Kunden in einen vorläufigen Satz von Spezifikationen als Basis für die nachfolgenden Tätigkeiten übertragen.

Typische Inhalte für ein Pflichtenheft sind beispielsweise:

- Ausgangssituation und Betriebsbedingungen
- Funktionelle Anforderungen (technisches Konzept)
- Schnittstellenanforderungen
- Abmessungen und Gewichte
- Preis- und Kostenvorstellungen als Handlungsrahmen
- Abnahmebedingungen
- Anforderungen betreffend Wartung/Service

Es sollte ebenfalls berücksichtigt werden, dass nicht nur Kunden, sondern auch alle anderen Interessenspartner (z. B. Anwender, Partnerfirmen, Gesetzgeber etc.) Forderungen, Bedürfnisse und Erwartungen an das Produkt bzw. die Dienstleistung haben.

Es kommt jedoch nicht nur auf das Produkt oder die Dienstleistung selbst an, sondern auch auf die Art, wie es/sie erbracht wird. Im ständig härter werdenden Wettbewerb wird es für Unternehmen immer schwieriger, sich auf dem Markt zu behaupten. Eine Profilierung kann prinzipiell auf drei Ebenen erfolgen:

- Der sachlichen Ebene: Hier handelt es sich um das Image einer Firma, das unter anderem durch Werbebotschaften, Öffentlichkeitsarbeit, Geschäftsberichte, Gebäude, Einrichtungen etc. entsteht bzw. gestaltet wird.

- Der leistungsspezifischen Ebene: Hier geht es um Dinge wie Produktangebot, Sortimentsgestaltung, Preispolitik sowie Raschheit und Zuverlässigkeit der Leistungserstellung.
- Der menschlichen Ebene: Hier dreht es sich um die Gestaltung der (zwischen-)menschlichen Beziehungen zwischen Kunden und Mitarbeitern.

Zwischen diesen drei Ebenen besteht eine gegenseitige Beeinflussung. Je mehr sich die Produkt-/Dienstleistungsangebote gleichen, umso wichtiger wird die menschliche Ebene. Verkaufsförderungsaktionen machen ein Unternehmen oft nur kurzfristig erfolgreich. Jedoch nur zufriedene Kunden garantieren langfristig den Erfolg des Unternehmens. Deshalb ist es wichtig, eine Partnerschaft mit den Kunden aufzubauen. Das sichert dem Unternehmen bessere wirtschaftliche Ergebnisse.

ISO 9001:2000-Kapitel 7.2.1: Bewertung der Anforderungen in Bezug auf das Produkt

Die Organisation muss die Anforderungen in Bezug auf das Produkt bewerten. Diese Bewertung muss vor dem Eingehen einer Lieferverpflichtung gegenüber dem Kunden vorgenommen werden ...

...

Aufzeichnungen der Ergebnisse der Bewertung und deren Folgemaßnahmen müssen geführt werden ...

...

Wenn sich Produktanforderungen ändern, muss die Organisation sicherstellen, dass die zutreffenden Dokumente ebenfalls geändert werden und dass dem zuständigen Personal die geänderten Anforderungen bewusst gemacht werden ...

...

[Normentextauszug ISO 9001:2000]

Bewertung der Anforderungen

Die festgestellten und dokumentierten Forderungen, Bedürfnisse und Erwartungen müssen nach der Festlegung überprüft werden. Die festgelegten und bereits überprüften Forderungen sollten auch in späterer Folge regelmäßig einer Analyse unterzogen werden, um feststellen zu können ob sich beispielsweise Kunden- bzw. Marktforderungen in der Zwischenzeit geändert haben. Die Ergebnisse können Eingang finden in die Geschäftsplanung, die Produktentwicklung etc.

9.5 ISO 9001-Kapitel 7: Produktrealisierung

Ein Angebot sollte nur dann erstellt werden bzw. ein Vertrag nur dann angenommen werden, wenn sichergestellt ist, dass alle darin angeführten Forderungen erfüllbar sind.
Dabei sind folgende Punkte zu berücksichtigen:

- Kapazitäten (Termineinhaltung, Menge)
- Fachwissen (Know-how)
- Technische Ressourcen (Material, Werkzeuge, Maschinengenauigkeit etc.)
- Lieferanten (Outsourcing)
- Wirtschaftlichkeit (Kosten, Deckungsbeitrag, Kundenbonität etc.)

ISO 9001:2000-Kapitel 7.2.3: Kommunikation mit den Kunden

Die Organisation muss wirksame Regelungen für die Kommunikation mit den Kunden zu folgenden Punkten festlegen und verwirklichen:

Produktinformationen
Anfragen, Verträge oder Auftragsbearbeitung einschließlich Änderungen, und Rückmeldungen von Kunden einschließlich Kundenbeschwerden.

[Normentextauszug ISO 9001:2000]

Kommunikation mit den Kunden

Eine wirksame Kommunikation ist wesentliche Voraussetzung, um Vertrauen beim Kunden bzw. Anwender zu erzeugen. Folgende Punkte sollten berücksichtigt werden:

- Bereitstellung anwendergerechter Produktdokumentationen, Bedienungsanleitungen etc.
- Hilfestellung bei Unklarheiten, aufgetretenen Produktfehlern, Informationsdefiziten (z.B. 24-Stunden-Hotline)
- Möglichkeiten und Instrumente, so dass der Kunde ermuntert wird, Feedback zum Produkt bzw. zur Dienstleistung zu geben
- Kundenumfragen (schriftlich oder mündlich) zur Informationsgewinnung
- Festlegung und Bekanntgabe von kundenbezogenen Ansprechpartnern. (Wer ist aus welchem Anlass anzusprechen und auf welche Weise, z.B. Telefon, Fax, Brief, Besprechung etc.)

Entscheidend ist dabei das „Wie":

- Wie tritt man dem Kunden gegenüber?
- Wie wird der Kunde behandelt?

- Wir wird er betreut?
- Wie erfolgt die Beratung?
- Wie werden die Kundengespräche geführt?
- Wie werden die Kundenprobleme individuell gelöst?
- Wie werden Kundenreklamationen behandelt?

> **Der tägliche Ärger**
> Wer hat sie noch nie gehört, die Antworten von Zentralstellen: „Da sind Sie falsch verbunden." – „Ich bin nicht zuständig." – „Da müssen Sie in unseren Richtlinien nachschauen." Wie viel Ärger wird tagtäglich in den Unternehmen durch solche Aussprüche „produziert". Kunden schätzen es nicht, wenn ihre Anliegen erst durch mehrere Stellen gehen müssen, bevor eine annehmbare Lösung gefunden wird. Untersuchungen haben ergeben, dass ein negatives Empfinden bereits besteht, wenn dreimal weiterverbunden wird. Und dies passiert im Alltag gar nicht so selten. Noch größerer Ärger entsteht, wenn man als Kunde überhaupt niemand persönlich erreichen kann und nur der Telefonanrufbeantworter eingeschaltet ist.

Durch umfassende Beratung und den Aufbau einer Vertrauensbasis soll die Kundenzufriedenheit gesichert und die Kundenbindung dahingehend stabilisiert werden, dass die eigenen Kunden gegenüber Abwerbungsversuchen der Konkurrenz „immun" werden.

> **Stammkundenbetreuung**
> Konzentrieren Sie sich nur auf die Neukundenakquisition? Sie sollten aber auch alles erdenkliche zur Pflege bestehender Kundenbeziehungen tun. Wer ist bei Ihnen König? Der Stammkunde oder der Neukunde? Vielen Neukunden werden verlockende Test- und Einstiegsangebote, Begrüßungsgeschenke etc. gemacht. Revanchieren Sie sich auch bei treuen Kunden mit einem besonderen Service, günstigeren Konditionen etc. Haben Sie schon einmal an pünktliche Zahler geschrieben? Haben Sie sich schon bei Kunden bedankt, die ihre Rechnung prompt bezahlen? Nutzen Sie diesen Anlass zur Kontaktpflege mindestens einmal pro Jahr. Ihr Kunde wird sich über die Anerkennung freuen und gut über Sie sprechen.

> **Kundenkommunikation**
> Um die Kommunikation mit dem Kunden aufrechtzuerhalten, rufen Toyota-Mitarbeiter in den USA die Besitzer in regelmäßigen Abständen an. Die aus diesen Gesprächen gewonnenen Informationen werden zur laufenden Verbesserung des Produkts eingesetzt.

Beispiel: Infoweitergabe an den Kunden

Firma XYZ

Einschreiben

		Unser Zeichen	
Datum	2.3.2001	Direkt Tel.	+43 1/
Ihre Kontaktperson		Direkt Fax	+43 1/

Betreff: **Kommission: ..../Bekanntgabe des Projektleiters**

Sehr geehrter Auftraggeber,
wir möchten uns auf diesem Wege nochmals für den von Ihnen erteilten Auftrag bedanken und Ihnen diesbezüglich mitteilen, dass dieser von unserem Verkaufsberater – Herrn .... – zur Ausführung an den Projektleiter – Herrn ...., der bei Absenzen von Herrn .... vertreten wird, übergeben wurde.

Diesen Auftrag betreffende Korrespondenzen ersuchen wir Sie, direkt an die angeführten Mitarbeiter zu richten:

        Adresse: Musterstr. 1
        Tel.:   0222 / 123 456 78-DW... Herr ....
        Mobiltel.:   0663 / .... Herr ....
                    0663 / .... Herr ....
        Fax: 0222 / 123 456 78 oder 0222 / .....

Sie gewährleisten dadurch eine erfolgreiche, reibungslose Zusammenarbeit im Zuge der Projektabwicklung, wofür wir uns bereits im Voraus bedanken.

Mit freundlichen Grüßen

Abb. 9-32: Brief „Bekanntgabe des Projektleiters"

Beispiel: Prozessbeschreibung – Anfrage- und Angebotsphase

Firma	Prozessbeschreibung		Dokument PB_Verkauf	Seite 1 / 4
XYZ	Anfrage- und Angebotsphase		Änd.Datum 09 / 00	Version 1.0

1. Zweck
Diese Prozessbeschreibung beschreibt die Anfrage- und Angebotsphase, um sicherzustellen, dass die Kundenforderungen festgelegt, angemessen und dokumentiert sind sowie über diese Forderungen mit dem Kunden Einvernehmen besteht.

2. Geltungsbereich
Diese Prozessbeschreibung ist für alle Standardprodukte verbindlich.

3. Prozessziele

Nr.	Prozessziel	Zielwert	Messgröße	Messung
1	Hit rate (Verhältnis von Aufträgen zu Angeboten)	60	Prozent gewonnene Angebote	Jährlicher Betrachtungszeitraum

4. Begriffe

4.1 Angebot
Die Bereitschaftserklärung eines Unternehmens, einen zustandegekommenen Vertrag über die Lieferung eines Produktes zu erfüllen.

4.2 Vertrag
Mit dem Kunden vereinbarte Forderungen, übermittelt durch beliebige Mittel.

Prozesseigner:	Prozessteam:	
Erstellt:	Geprüft:	Freigegeben:
Datum:	Datum:	Datum:

Abb. 9-33:   Prozessbeschreibung – Anfrage- und Angebotsphase

9.5 ISO 9001-Kapitel 7: Produktrealisierung

Firma	Prozessbeschreibung	Dokument PB_Verkauf	Seite 2 / 4
XYZ	Anfrage- und Angebotsphase	Änd.Datum 09 / 00	Version 1.0

5. Zuständigkeiten

5.1 Verkaufsleitung
Die Verkaufsleitung ist für die Prüfung des Pflichtenhefts und die Durchführung der Machbarkeitsprüfung unter Mithilfe des zuständigen Verkäufers, des Verkaufsinnendienstes und gegebenenfalls der jeweiligen Abteilungen zuständig. Sie muss für die termingerechte Erstellung des Angebots sorgen. Die Erstellung und Prüfung des Angebots fällt ebenfalls in den Zuständigkeitsbereich der Verkaufsleitung, wieder unter Mitarbeit der Abteilungen.

Kommt es nach einem Angebot zu keinem Auftrag, hat die Verkaufsleitung die Gründe dafür zu untersuchen und geeignete Maßnahmen einzuleiten, um zu verhindern, dass zukünftige Angebote aus dem gleichen Grund abgelehnt werden. Auch wenn ein Auftrag nicht angenommen werden kann, müssen die Ursachen dafür von der Verkaufsleitung untersucht werden. Vor der Auftragsbestätigung muss die Verkaufsleitung allfällige Abweichungen zwischen Auftrag und Angebot mit dem Kunden abklären.

5.2 Verkäufer und Verkaufsinnendienst
Falls für die Bearbeitung einer vorliegenden Anfrage ein Verkäufer oder Verkaufsdienstmitarbeiter dazu ermächtigt wurde, übernimmt dieser die Aufgaben der Verkaufsleitung, soweit nicht andere Vereinbarungen getroffen wurden.

6. Beschreibung

6.1 Prüfung des Pflichtenhefts
Bei der Prüfung des Pflichtenhefts im Rahmen der Registrierung und Machbarkeitsprüfung wird grundsätzlich kontrolliert, ob die Anforderungen des Kunden umsetzbar sind. Bei Auftreten von Unklarheiten ist mit dem Kunden Rücksprache zu halten.

Abb. 9-33 *(Fortsetzung)*

Firma	Prozessbeschreibung	Dokument PB_Verkauf	Seite 3 / 4
XYZ	Anfrage- und Angebotsphase	Änd.Datum 09 / 00	Version 1.0

6.2 Machbarkeitsprüfung
Im Zuge der Machbarkeitsprüfung wird bereits ein Rohentwurf angefertigt, wobei ständig mit dem Kunden Kontakt gehalten wird. Dieser Entwurf wird anschließend geprüft. Außerdem ist zu kontrollieren, ob der potentielle Auftrag mit den vorhandenen Kapazitäten auch termingerecht erledigt werden kann.

7. Anhang
Anlage 1: Protokoll Machbarkeitsprüfung
Anlage 2: Angebot

8. Verteiler
Verkaufsleiter
Verkäufer
Verkaufsinnendienst
Marketing

Abb. 9-33 *(Fortsetzung)*

9.5 ISO 9001-Kapitel 7: Produktrealisierung

Firma	Prozessbeschreibung	Dokument PB_Verkauf	Seite 4 / 4
XYZ	Anfrage- und Angebotsphase	Änd.Datum 09 /00	Version 1.0

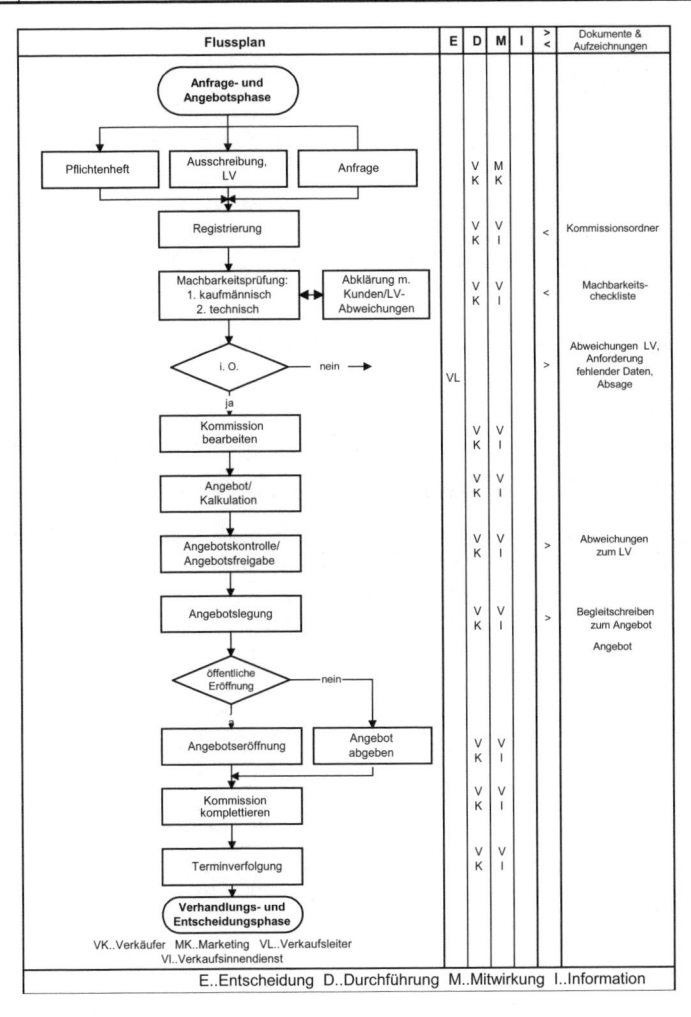

Flussplan	E	D	M	I	> <	Dokumente & Aufzeichnungen

Anfrage- und Angebotsphase

- Pflichtenheft
- Ausschreibung, LV — V/K, M/K
- Anfrage
- Registrierung — V/K, V/I — < Kommissionsordner
- Machbarkeitsprüfung: 1. kaufmännisch 2. technisch ↔ Abklärung m. Kunden/LV-Abweichungen — V/K, V/I — < Machbarkeitscheckliste
- i. O. — nein → VL — > Abweichungen LV, Anforderung fehlender Daten, Absage
- ja
- Kommission bearbeiten — V/K, V/I
- Angebot/ Kalkulation — V/K, V/I
- Angebotskontrolle/ Angebotsfreigabe — V/K, V/I — > Abweichungen zum LV
- Angebotslegung — V/K, V/I — > Begleitschreiben zum Angebot, Angebot
- öffentliche Eröffnung — nein
- Angebotseröffnung ← Angebot abgeben — V/K, V/I
- Kommission komplettieren — V/K, V/I
- Terminverfolgung — V/K, V/I
- **Verhandlungs- und Entscheidungsphase**

VK..Verkäufer MK..Marketing VL..Verkaufsleiter
VI..Verkaufsinnendienst
E..Entscheidung D..Durchführung M..Mitwirkung I..Information

Abb. 9-33 *(Fortsetzung)*

9.5.3 ISO 9001-Kapitel 7.3: Entwicklung

Die Entwicklung eines neuen Produkts oder einer neuen Dienstleistung muss gelenkt, d. h. in geeigneter Weise geplant, überwacht und korrigiert werden.

> **ISO 9001:2000-Kapitel 7.3.1: Entwicklungsplanung**
>
> Die Organisation muss die Entwicklung des Produkts planen und lenken.
>
> Bei der Entwicklungsplanung muss die Organisation festlegen
>
> a) die Entwicklungsphasen,
> b) für jede Entwicklungsphase die angemessene Bewertung, Verifizierung und Validierung und
> c) die Verantwortungen und Befugnisse für die Entwicklung.
> ...
>
> **ISO 9001:2000-Kapitel 7.3.2: Entwicklungseingaben**
>
> Eingaben in Bezug auf die Produktanforderungen müssen ermittelt und aufgezeichnet werden.
> ...
>
> **ISO 9001:2000-Kapitel 7.3.3: Entwicklungsergebnisse**
>
> Die Entwicklungsergebnisse müssen in einer Form bereitgestellt werden, die deren Verifizierung gegenüber den Entwicklungseingaben ermöglicht, und müssen vor der Freigabe genehmigt werden.
> ...
>
> **ISO 9001:2000-Kapitel 7.3.4: Entwicklungsbewertung**
>
> In geeigneten Phasen müssen systematische Entwicklungsbewertungen gemäß geplanten Regelungen (siehe Kapitel 7.3.1) durchgeführt werden
> ...
>
> **ISO 9001:2000-Kapitel 7.3.5: Entwicklungsverifizierung**
>
> Eine Verifizierung muss gemäß geplanten Regelungen (siehe Kapitel 7.3.1) durchgeführt werden, um sicherzustellen, dass die Entwicklungsergebnisse die Entwicklungsvorgaben erfüllen.
> ...
>
> **ISO 9001:2000-Kapitel 7.3.6: Entwicklungsvalidierung**
>
> Eine Entwicklungsvalidierung muss gemäß geplanten Regelungen (siehe Kapitel 7.3.1) durchgeführt werden, um sicherzustellen, dass das resultierende Produkt in der Lage ist, die Anforderungen für die festgelegte Anwendung oder den beabsichtigten Gebrauch, soweit bekannt, zu erfüllen.
> ...
>
> [Normtextauszug ISO 9001:2000]

Entwicklungsplanung

Gerade die Planungsphase ist von entscheidender Bedeutung für alle weiteren Design- und Entwicklungsschritte. In Abhängigkeit des Umfangs und der Komplexität von Design und Entwicklung ermöglicht die Planung den Aufbau eines Gerüstes zur effizienten Durchführung aller Design- und Entwicklungstätigkeiten. Dabei sind folgende Punkte zu berücksichtigen:

- zu erreichende Design- und Entwicklungsziele
- durchzuführende Tätigkeiten (Art, Umfang, Termine, Meilensteine etc.)
- beteiligte/verantwortliche Funktionen und Stellen (Abgrenzung der Aufgaben, Festlegung der Kommunikations- und Informationsstrukturen)
- erforderliche Ressourcen (Arbeitszeit, Budget etc.)
- Rahmenbedingungen (Voraussetzungen, Restriktionen, Budget etc.)

Entwicklungseingaben

Die Entwicklung eines neuen Produkts oder einer neuen Dienstleistung muss auf der Grundlage eindeutiger Vorgaben bzw. Spezifikationen (z. B. Lasten-/Pflichtenheft) erfolgen. Inputs dazu können sein:

- mit dem Kunden vereinbarte Vertragsbestandteile und allgemeine Markterfordernisse
- internationale und nationale Richtlinien (z. B. CE-Zeichen), Normen, Standards
- unternehmensinterne Richtlinien, Unterlagen, Ergebnisse und Erkenntnisse vorangegangener Entwicklungen

Bei der Festlegung der Vorgaben bzw. Spezifikationen ist der gesamte Produktlebenszyklus zu berücksichtigen.

Entwicklungsergebnisse

Design- und Entwicklungsergebnisse sind beispielsweise:

- Zeichnungen
- Stücklisten
- Prototypen
- Modelle

Es ist zu berücksichtigen, dass mit den Design- und Entwicklungsergebnissen auch bereits Produktionsmethoden, Entsorgungsmethoden etc. zumindest indirekt festgelegt sind. Die zweckmäßige Aufbereitung und Dokumentation der Entwicklungsergebnisse kann später dazu herangezogen werden, um Verbesserungen an Produkten und Dienstleistungen darauf aufzusetzen, auftauchende Probleme und Fehler analysieren zu können und das Wissen bzw. Know-how für spätere Entwicklungen evident zu halten.

Entwicklungsbewertung

Jede Designphase sollte durch eine formelle, systematische und kritische Bewertung der bisherigen Designergebnisse abgeschlossen werden. Folgende Gesichtspunkte sollten dabei berücksichtigt werden:

- Erfüllung der Vorgaben gemäß Lasten-/Pflichtenheft
- Überlegungen zu nicht vorgesehenem und missbräuchlichem Gebrauch
- Sicherheit und Umweltverträglichkeit
- Zuverlässigkeit, Bedienbarkeit, Instandhaltbarkeit
- Forderungen bezüglich Beschriftung, Warnhinweise, Gebrauchsanweisungen etc.

Mit Hilfe der Design- und Entwicklungsüberprüfung (Design-/Entwicklungs-Review) sollten Problembereiche und Unzulänglichkeiten identifiziert und vorausgesehen werden, um rechtzeitig Maßnahmen zur Problembehebung ergreifen zu können. Ein Design-Review sollte unter der Teilnahme von Vertretern verschiedener Funktionen stattfinden, um eine abteilungsübergreifende Sichtweise zu bekommen.

Entwicklungsverifizierung

Im Rahmen der Design- und Entwicklungsverifizierung müssen alle Spezifikationen, Einhaltung bzw. Erfüllung überprüft werden. Die Design- und Entwicklungsverifizierung kann eine oder mehrere der folgenden Methoden umfassen:

- Durchführen alternativer Berechnungen, um die Richtigkeit der ursprünglichen Berechnungen und Analysen nachzuweisen
- Untersuchungen und Demonstrationen (z. B. anhand von Untersuchungen eines Entwicklungsmusters oder Prototyps)
- unabhängige Prüfungen, um die Richtigkeit der ursprünglichen Berechnungen und/oder anderer Designtätigkeiten zu verifizieren

Entwicklungsvalidierung

Im Rahmen der Design- und Entwicklungsvalidierung wird beurteilt, ob die Kundenforderungen in Anbetracht der tatsächlichen Betriebs- und Einsatzbedingungen erfüllt werden können. Die Designvalidierung schließt die Lücke zwischen den unternehmensintern aufgestellten Vorgaben und den tatsächlich vorhandenen Kunden- bzw. Marktforderungen.
Die beiden Begriffe Entwicklungsverifizierung und -validierung können folgendermaßen voneinander abgegrenzt werden:

9.5 ISO 9001-Kapitel 7: Produktrealisierung

Verifizierung	Validierung
Bestätigung aufgrund einer Untersuchung und durch Führung eines Nachweises, dass die	
festgelegten Forderungen	besonderen Forderungen für einen speziellen vorgesehenen Gebrauch durch den Kunden
	erfüllt worden sind.

Abb. 9-34: Unterscheidungstabelle Verifizierung/Validierung

Lenkung von Entwicklungsänderungen

Design- und Entwicklungsänderungen müssen systematisch berücksichtigt und umgesetzt werden. Das Vorgehen bei Änderungen im Rahmen der Entwicklung von neuen Produkten oder Dienstleistungen muss genau geregelt sein. Es ist von entscheidender Bedeutung, dass Änderungen an alle betroffenen Stellen innerhalb und außerhalb des Unternehmens weitergeleitet werden. Insbesondere wenn das Produkt bereits am Markt bzw. beim Kunden ist und Fehler bzw. Unzulänglichkeiten auftreten (z.B. Produkthaftungsfälle, Rückrufaktionen). Es sollte auch beachtet werden, wie sich Design- und Entwicklungsänderungen am Produkt auf die Prozesse und die Instandhaltbarkeit der Prozessausrüstung auswirken.

Sämtliche Designänderungen müssen in den Vorgaben bzw. Spezifikationen und im Entwicklungsplan festgehalten, kommuniziert und nachgeführt werden.

In der Umsetzung könne die Forderungen zur Entwicklung in Form eines Projektmanagementprozesses umgesetzt werden, der über den reinen Fokus Regelung F&E-Aktivitäten hinaus auch für weitere Projekte Anwendung finden kann.

Die vorliegenden Forderungen zur Entwicklung der ISO 9001:2000 werden von vielen Unternehmen als optional gesehen. Da die „neue" ISO nicht mehr zwischen dem Umfang der Forderungen an das QM-System zwischen 9001, 9002 und 9003 unterscheidet, schließen Unternehmen, die keine eigene Entwicklung betreiben, diese aus. Das kann in Form eines kurzen Vermerkes im QM-Handbuch wie „... die Forderungen zur Entwicklung kommen in der Fa. XYZ nicht zur Anwendung ..." explizit vorgenommen werden.

9.5.4 ISO 9001-Kapitel 7.4: Beschaffung

Beschaffungsprozess

Beschaffte Produkte und/oder Dienstleistungen werden Bestandteile der Leistungen der Organisation und beeinflussen direkt deren Qualität.

ISO 9001:2000-Kapitel 7.4.1: Beschaffungsprozess

Die Organisation muss sicherstellen, dass die beschafften Produkte die festgelegten Beschaffungsanforderungen erfüllen. Art und Umfang der auf den Lieferanten und das beschaffte Produkt angewandten Überwachung müssen vom Einfluss des beschafften Produkts auf die nachfolgende Produktrealisierung oder auf das Endprodukt abhängen.
Die Organisation muss Lieferanten aufgrund von deren Fähigkeit beurteilen und auswählen, Produkte entsprechend den Anforderungen der Organisation zu liefern. Es müssen Kriterien für die Auswahl, Beurteilung und Neubeurteilung aufgestellt werden. Aufzeichnungen über die Ergebnisse von Beurteilungen und über notwendige Maßnahmen müssen geführt werden.

[Normentextauszug ISO 9001:2000]

Lieferantenbeurteilung und -auswahl

Für alle Lieferanten von qualitätsrelevanten Produkten und/oder Dienstleistungen soll laufend eine Bewertung durchgeführt werden, wie gut die Anforderungen durch die Lieferanten erfüllt werden. Je größer der Einfluss des zugelieferten Produktes oder der erbrachten Dienstleistung auf die Qualität ist, desto sorgfältiger sollte diese Bewertung durchgeführt werden. Ziel der Bewertung ist nicht, schlechte Lieferanten auszuschließen, sondern die festgestellten Abweichungen als Grundlage zur Verbesserung zu nutzen.
Es sollte eine Auflistung mit zugelassenen Lieferanten geben und Unterlagen, aus denen hervorgeht, wie gut oder schlecht die Lieferanten die Anforderungen erfüllen. Diese Auflistung soll in festzulegenden Abständen aktualisiert werden, um Verbesserungen oder Verschlechterungen des Lieferanten zu berücksichtigen.
Die Methode zur Feststellung der Lieferfähigkeit kann eine Kombination der folgenden Punkte enthalten:

- Identifikation der kritischen Produkte und/oder Dienstleistungen bzgl. Einflüssen auf die Gesamtleistungsqualität
- Bewertung der Fähigkeit des Lieferanten und/oder seines Qualitätsmanagement-Systems an Ort und Stelle

9.5 ISO 9001-Kapitel 7: Produktrealisierung

- Bewertung von Produktmustern
- Vorgeschichte mit ähnlichen Produkten
- Untersuchungsergebnisse von ähnlichen Produkten
- veröffentliche Erfahrungen anderer Anwender

Das System zur Beurteilung der Lieferanten muss objektive Messgrößen zur Beurteilung der Lieferantenqualifikation beinhalten. Es sollten die Gesamtbeschaffungskosten im Hinblick auf Qualität, Verfügbarkeit, Lieferzeiten und Preis bewertet werden. Die Beurteilung der Lieferanten kann auch mittels Lieferantenaudits durchgeführt werden. Dabei steht im Vordergrund, ob das Qualitätsmanagement-System des Lieferanten den Anforderungen der Organisation gerecht wird.

Es sind Regelungen für die Erledigung von Beanstandungen und entsprechende Verbesserungsmaßnahmen zu vereinbaren. Ziel ist die Zusammenarbeit mit dem Lieferanten und die Unterstreichung des gemeinsamen Interesses an beschafften Produkten und/oder Dienstleistungen, die den Anforderungen entsprechen.

ISO 9001:2000-Kapitel 7.4.2: Beschaffungsangaben

Beschaffungsangaben müssen das zu beschaffende Produkt beschreiben. Soweit angemessen, enthalten diese

a) Anforderungen zur Genehmigung von Produkten, Verfahren, Prozessen und Ausrüstung,
b) Anforderungen an die Qualifikation des Personals und
c) Anforderungen an das Qualitätsmanagement-System.

Die Organisation muss die Angemessenheit der festgelegten Beschaffungsanforderungen sicherstellen, bevor sie diese dem Lieferanten mitteilt.

[Normentextauszug ISO 9001:2000]

Beispiel: Auszug aus Prozessbeschreibung zur Lieferantenbewertung

Firma	Prozessbeschreibung		Dokument PB 03 01 A	Seite 3/6
XYZ	Lieferantenbewertung		Version 1.0	
Prozesseigner:		Erstellt:	Datum:	
Prozessteam:		Freigegeben:	Datum:	

4. Bewertungsablauf

- Lieferantenfragebogen
- Lieferantenaudit
→ Lieferantenvorbewertung (1)
↓
Lieferantenauswahl (2)
↓
Lieferantenfreigabe? — nein → Maßnahmenkatalog (3)
↓ ja
Eingabe des Lieferanten in die Datenbank → aktualisierte Liste mit freigegebenen Lieferanten
↓
- Lieferantenbericht
- Lieferantenaudit
→ laufende Lieferantenbewertung (4)
↓
Lieferanteninformation (5) → Rücksprache mit dem Lieferanten
↓
Maßnahmenkatalog (3)

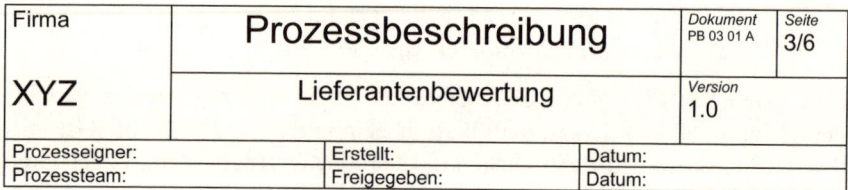

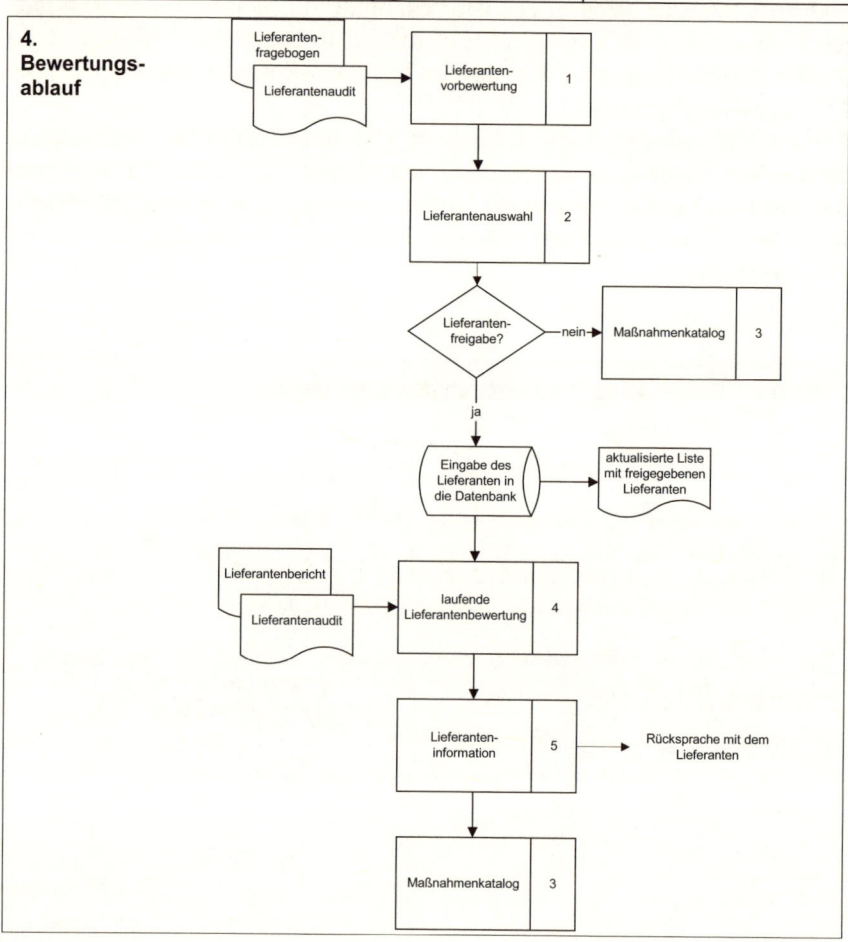

Abb. 9-35: Auszug einer Lieferantenbewertung

Firma	Prozessbeschreibung	Dokument PB 03 01 A	Seite 4/6
XYZ	Lieferantenbewertung	Version 1.0	

Prozesseigner:	Erstellt:	Datum:
Prozessteam:	Freigegeben:	Datum:

1	Lieferanten-vorbewertung	A) Ist ein neuer Lieferant zu beurteilen, wird durch die Abteilung Beschaffung der Lieferantenfragebogen (Erstbeurteilung) erstellt, der auf alle qualitätsrelevanten Forderungen, die an seine Produkte/Dienstleistung gestellt werden, Bezug nimmt. B) Die Lieferbedingungen sind ein fester Vertragsbestandteil und werden von der Abteilung Recht erstellt und dem Lieferanten vorgelegt. Der Lieferant muss diese akzeptieren und sich verpflichten, diese vorbehaltlos zu erfüllen. C) Das Qualitätsmanagement entscheidet über die Anerkennung von Nachweisen (z. B. QMS nach ISO 9000, VDA 6.1) in Abhängigkeit von der Art und Wichtigkeit der zu liefernden Produkte bis hin zu einem Audit beim Lieferanten (dabei ersteht der Auditbericht den Lieferantenfragebogen).
2	Lieferanten-auswahl	A) Das Qualitätsmanagement entscheidet über Aufnahme oder Ablehnung des Lieferanten gemäß der in Pkt. 1 vorliegenden Unterlagen. B) Bei positiver Lieferantenauswahl wird der Lieferant freigegeben und in der EDV erfasst.
3	Maßnahmenkatalog	A) Lieferantenfreigabe: Falls das Qualitätsmanagement bei der Auswertung der Unterlagen feststellt, dass der Lieferant nicht in der Lage ist, die an ihn gestellten Forderungen zu erfüllen, wird der Lieferanten davon in Kenntnis gesetzt, um ihn zur Behebung der festgestellten Mängel zu bewegen, so dass er bei einer nachfolgenden Beurteilung in die Lieferantenliste aufgenommen werden kann. B) Laufende Beurteilung: Gemeinsame Maßnahmenplanung zur Problembeseitigung. Ziel der laufenden Beurteilung ist es auch, das Qualitätsniveau aller Lieferanten zu heben und eine dauerhafte Partnerschaft mit den Lieferanten aufzubauen.
4	laufende Bewertung	A) Zur Aktualisierung der Lieferantenliste werden vom Qualitätsmanager folgende Daten gesammelt: Wareneingangsprüfung, Fehlermeldungen, sonstige Informationen. Der Lieferant verbleibt in der Lieferantenliste, solange keine Mängel bei seiner Lieferware respektive deren Verarbeitung auftreten. B) Mindestens einmal jährlich hat der Qualitätsmanager gemeinsam mit der Beschaffung die Daten aller Lieferanten der Lieferantenliste zu aktualisieren. C) Lieferanten, die trotz Intervention laut Pkt. 3 aus der Lieferantenliste fallen, werden in der EDV als „bis auf weiteres gesperrt" gekennzeichnet.
5	Lieferanten-information	A) Der Lieferant erhält halbjährlich von der Beschaffung Information zu seiner Bewertung. B) Fällt der Lieferant aus der Lieferantenliste, informiert die Beschaffung ihn umgehend davon und er bekommt die Möglichkeit, Stellung zu nehmen.
X	Mitgeltende Dokumente	↳ Lieferantenfragebogen zur Erstbeurteilung ↳ Lieferbedingungen „Lieferant" Firma XYZ ↳ Auditbericht Lieferantenaudit ↳ Lieferantenliste (mit zugelassenen Lieferanten)

Abb. 9-35 *(Fortsetzung)*

Beschaffungsangaben

Die erfolgreiche Beschaffung von Produkten und/oder Dienstleistungen beginnt mit einer klaren Festlegung der Forderungen. Der Umfang der Festlegung hängt dabei von der Auswirkung des zu beschaffenden Produkts und/oder Dienstleistung auf die Organisation als auch auf deren Kunden ab. Üblicherweise sind die Forderungen in den vertraglichen Spezifikationen, Vereinbarungen und Beschaffungsdokumenten enthalten, die dem Lieferanten übergeben werden. Der Einkauf sollte geeignete Prozesse entwickeln, um sicherzustellen, dass die Forderungen an die Zulieferungen klar festgelegt, übermittelt und – was am wichtigsten ist – vom Lieferanten vollständig verstanden worden sind.

Beschaffungsdokumente sollten vor ihrer Freigabe bezüglich ihrer Genauigkeit und Vollständigkeit geprüft und genehmigt werden. Dies ist von besonderer Bedeutung, wenn die Beschaffungsdokumente im Rahmen des Vergleichs zwischen zugesagter und real erbrachter Leistung als Bezug dienen.

Von Bedeutung sind im Zusammenhang mit den Beschaffungsdokumenten die Arten und Wege der Kommunikation zwischen den Vertragspartnern. Es sollte genau festgelegt sein,

- WIE,
- mit WELCHEN MITTELN,
- WER,
- WANN,
- WAS

an der Nahtstelle zwischen Lieferant und Organisation kommuniziert wird.

ISO 9001:2000-Kapitel 7.4.3: Verifizierung von beschafften Produkten

Die Organisation muss die erforderlichen Prüfungen oder sonstigen Tätigkeiten festlegen und verwirklichen, durch die sichergestellt wird, dass das beschaffte Produkt die festgelegten Beschaffungsanforderungen erfüllt.

[Normentextauszug ISO 9001:2000]

Durchführung der Wareneingangsprüfung bzw. Prüfung der Waren vor Ort

Eine klare Vereinbarung über die Methoden, mit denen die Erfüllung der Forderungen geprüft wird, sollte mit dem Lieferanten entwickelt werden. Die Vereinbarung schließt auch den Ort der Prüfung ein. Zweckmäßige Maßnahmen sollten eingeführt werden, um sicherzustellen, dass eingegan-

9.5 ISO 9001-Kapitel 7: Produktrealisierung

gene Materialien ordnungsgemäß überwacht werden. Diese Maßnahmen sollten den definierten Gefahrenübergang, Sperrzonen oder andere zweckmäßige Methoden zur Vorbeugung gegen eine unbeabsichtigte Verwendung oder den Einsatz von ungeeigneten Produkten/Dienstleistungen umfassen. Besonderer Regelung bedarf die Prüfung von Leistungen und Produkten beim Lieferanten. Hier sollten

- Abnahmebedingungen,
- die definierten Qualitätsmerkmale,
- die Verantwortungen und
- die Prozesse im Rahmen einer Nichterfüllung der Anforderungen

eindeutig geregelt sein.

Firma:			Abteilung:	
	LIEFERANTENBERICHT			
Lieferant:		Adresse:	Ansprechpartner:	
Lieferung:				
Beilagen:				
Betrifft folgende Punkte zur Lieferantenbeurteilung: O QM-System O Wareneingangsprüfung O Flexibilität			O Produkt-/Dienstleistungsqualität O Termintreue O Dokumente (Pläne, Zeugnisse, ...)	
Beschreibung:				beschrieben
			von:	am:
			zur Weiterleitung	
			an:	am:
Maßnahmen:				eingeleitet
			von:	am:
			durchzuführen	
			von:	bis:
Erledigungsvermerk-Bemerkungen:				erledigt
			von:	am:
				geprüft
			von:	am:

Abb. 9-36: Lieferantenbericht

Der Umfang der durchzuführenden Prüfungen sollte sorgfältig geplant und abgestimmt werden. Die zu prüfenden Merkmale sollten auf das Risikopotenzial des Produkts gegründet sein. Das Personal sollte angemessen geschult sein.

9.5.5 ISO 9001-Kapitel 7.5: Produktion und Dienstleistungserbringung

Die Lenkung der Produktions- und Dienstleistungserbringungs-Prozesse sollte sicherstellen, dass diese unter beherrschten Bedingungen in der spezifizierten Weise und Reihenfolge ablaufen. Die Lenkung bezieht sich auf materielle und immaterielle Produkte.

ISO 9001:2000-Kapitel 7.5.1: Lenkung der Produktion und der Dienstleistungserbringung

Die Organisation muss die Produktion und die Dienstleistungserbringung unter beherrschten Bedingungen planen und durchführen. Beherrschte Bedingungen enthalten, falls zutreffend,

a) die Verfügbarkeit von Angaben, welche die Merkmale des Produkts beschreiben,
b) die Verfügbarkeit von Arbeitsanweisungen, soweit notwendig,
c) den Gebrauch geeigneter Ausrüstung,
d) die Verfügbarkeit und den Gebrauch von Überwachungs- und Messmitteln,
e) die Verwirklichung von Überwachungen und Messungen und
f) die Verwirklichung von Freigabe- und Liefertätigkeiten und Tätigkeiten nach der Lieferung.

[Normentextauszug ISO 9001:2000]

Planung der Produktions- und Dienstleistungserbringungs-Prozesse

Die Organisation sollte Forderungen für die Produktion/Dienstleistungserbringung festlegen. Die Festlegungen für Ausführung, Verifizierung, Aufgaben nach der Produktion/Dienstleistungserbringung und/oder Kundendiensterfordernisse sind unter Berücksichtigung folgender Punkte zu treffen:

- Kapazitätsplanung
- Produktmerkmale
- Kompetenz der Mitarbeiter
- Prozesseingaben

9.5 ISO 9001-Kapitel 7: Produktrealisierung

- Prozessausrüstungen
- Betriebsmittel
- Instandhaltung

Im Rahmen der Planung sollten auch Prüfungen, Tests, erforderliche Personalqualifikationen und geeignete Arbeitsbedingungen festgelegt werden. Eine Qualitätsprüfung sollte an wichtigen Punkten des Realisierungsablaufs vorgesehen werden, um Auswirkungen von Fehlern zu minimieren und die Erträge zu maximieren.
Die Festlegungen sind schriftlich in Form von

- Prozessbeschreibungen
- Arbeits-/Prüfanweisungen
- Checklisten
- Arbeitsplänen
- etc.

festzuhalten, sofern durch das Nichtvorhandensein schriftlicher Vorgaben die Qualität des Produktions- bzw. Dienstleistungserbringungs-Prozesses beeinträchtigt werden könnte.
Maßgeblicher Faktor für den beherrschten Prozess ist der Mitarbeiter und dessen Qualifikation. Im Rahmen der Selbstprüfung von Tätigkeiten gewährleisten die Mitarbeiter die Stabilität des Prozesses, indem sie bei Abweichungen korrigierend eingreifen. Dies setzt eigenverantwortliches Arbeiten voraus, das durch klare Zuständigkeiten und definierte Verantwortungsbereiche unterstützt wird. Die Benutzung von Qualitätsregelkarten und statistischen Stichprobenverfahren und -plänen sind Beispiele für Techniken, die zur Erleichterung der Prozesslenkung angewendet werden. Geeignete Methoden für die Reinigung und Instandhaltung von Betriebsmitteln sowie Einzelheiten der Produkthandhabung müssen festgelegt sein. Bemühungen der Mitarbeiter, neue Methoden zur Verbesserung der Prozessqualität zu entwickeln, sollten ermutigt werden. Die systematische Suche nach Verschwendung stellt eine Möglichkeit dazu dar.

ISO 9001:2000-Kapitel 7.5.2: Validierung der Prozesse zur Produktion und zur Dienstleistungserbringung

Die Organisation muss sämtliche Prozesse der Produktion und Dienstleistungserbringung validieren, deren Ergebnis nicht durch nachfolgende Überwachung oder Messung verifiziert werden kann.
...

[Normentextauszug ISO 9001:2000]

Das Ziel der Prozessvalidierung ist die Sicherstellung, dass der Leistungserstellungsprozess konstante Ergebnisse liefert, und zwar bei den Prozessen, bei denen die Einhaltung der Spezifikationen beispielsweise nicht im Rahmen einer Endprüfung verifiziert werden kann. Beispiel für einen solchen Prozess ist die Durchführung einer Operation in einem Krankenhaus, bei der die Gesundung des Patienten bzw. der Erfolg der Operation nicht sofort am Operationstisch sondern erst Wochen später feststellbar ist.

Es könnten dazu im Zuge einer Prozessrisikoanalyse erforderliche Prozessvalidierungspunkte im Prozess identifiziert werden. Vielfach wird dazu das Instrument der FMEA (Fehler-Möglichkeits-Einfluss-Analyse) angewandt. Auch Prozessfähigkeitsanalysen können durch ihre statistisch fundierten Aussagen ein zusätzliches nützliches Hilfsmittel bei der Prozessvalidierung sein.

ISO 9001:2000-Kapitel 7.5.3: Kennzeichnung und Rückverfolgbarkeit

Die Organisation muss, wo angemessen, das Produkt mit geeigneten Mitteln während der gesamten Produktrealisierung kennzeichnen.
...

[Normentextauszug ISO 9001:2000]

Sicherstellung der Kennzeichnung und Rückverfolgbarkeit

Die Organisation muss wo notwendig das Produkt in sämtlichen Prozessen mit geeigneten Mitteln kennzeichnen. Dies gilt auch für Bestandteile des Produkts, sofern deren Wechselwirkung die Konformität mit den Forderungen beeinflusst. Die Forderung nach Art und Umfang der Kennzeichnung und Rückverfolgbarkeit kann sich erheben aus

- Normen und Gesetzen (z.B. Arzneimittelgesetz, Lebensmittelverordnung),
- vertraglichen Vereinbarungen mit dem Kunden,
- firmeninternen Überlegungen (z.B. Produkthaftungsaspekt oder Risiko einer Rückholaktion).

Möglichkeiten zur Kennzeichnung

Die Kennzeichnung von Produkten und Materialien sollte leserlich, dauerhaft und entsprechend den Spezifikationen sein und ist stets so zu gestalten, dass eine Beschädigung oder Beeinträchtigung der Funktion des gekennzeichneten Teils ausgeschlossen sind.
Es bestehen zwei Möglichkeiten der Kennzeichnung:

Einerseits kann die Kennzeichnung **direkt** auf dem Teil bzw. der Verpackung erfolgen, wie z. B. durch

- Aufkleber,
- Aufdruck,
- Anhänger,
- Strichcode,
- Farbkennzeichnung,
- produktbegleitende Unterlagen.

Andererseits kann die Kennzeichnung des Gegenstands oder der Dienstleistung **indirekt** erfolgen, wie z. B. durch

- die Zuordnung zu Begleitpapieren,
- einen bestimmten Standort
- etc.

Möglichkeiten zur Rückverfolgbarkeit

Die Maßnahmen zur Rückverfolgbarkeit sollten ermöglichen, dass für ein bestimmtes Produkt oder eine Dienstleistung

- die eingegangenen Rohmaterialien, Halbfabrikate und Dienstleistungen und deren Lieferanten,
- die am Produkt oder im Rahmen der Dienstleistung ausgeführten Tätigkeiten und Prüfungen sowie deren Ergebnisse und
- der Produkt- bzw. Dienstleistungsempfänger

nachträglich feststellbar sind.
Das Ausmaß der Rückverfolgbarkeit wird bestimmt durch die getroffenen Vorkehrungen. Während beispielsweise die Seriennummer den Rückschluss auf ein einzelnes Produkt zulässt, grenzen eine Datumsangabe, ein Chargencode oder eine Losnummer nur eine Teilmenge von Produkten ein.

ISO 9001:2000-Kapitel: Eigentum des Kunden

Die Organisation muss sorgfältig mit Eigentum des Kunden umgehen, solange es sich im Lenkungsbereich der Organisation befindet oder von ihr gebraucht wird. Die Organisation muss das ihr zum Gebrauch oder zur Einbeziehung in das Produkt überlassene Eigentum des Kunden kennzeichnen, verifizieren und schützen.
...

[Normentextauszug ISO 9001:2000]

Maßnahmen im Zusammenhang mit beigestellten Produkten

Bei Produkten, Materialien, Werkzeugen etc., die vom Kunden zur Leistungserbringung beigestellt werden und in dessen Eigentum verbleiben, sind besondere Sorgfaltsmaßnahmen zu treffen. Für vom Auftraggeber beigestellte und in dessen Eigentum verbleibende Produkte sind Prozesse der Prüfung, Lagerung und Instandhaltung einzuführen und aufrecht zu erhalten. Beispiele für beigestellte Produkte sind:

- zur Einbindung in ein Produkt gelieferte Inhaltsstoffe oder Komponenten
- ein für eine Auftragsverpackung geliefertes Produkt
- direkt vom Kunden gelieferte Verpackungsmaterialien
- etc.

Folgende Maßnahmen sind empfehlenswert:

- Die beigestellten Produkte sind als Bestandteil der eigenen Lieferung zu betrachten.
- Durchführen einer Eingangsprüfung mit besonderem Augenmerk auf Vollständigkeit, Identität, Verwendbarkeit, d.h. richtiger Lieferung und eventueller Transportbeschädigungen.
- Für ordnungsgemäße Lagerung, Kennzeichnung und eventuelle Instandhaltung und Prüfung sorgen.
- Regelung mit dem Auftraggeber für Gewährleistungsfragen.
- Vorgehen im Falle von Verlust, Beschädigung oder Mängeln an diesen Teilen mit dem Auftraggeber festlegen.
- Eine ausreichende Kennzeichnung und festgelegte Verfahren für den Fall der Beschädigung müssen vorhanden sein und dokumentiert werden.
- Aufzeichnungen sind zu führen.

ISO 9001:2000-Kapitel 7.5.5: Produkterhaltung

Die Organisation muss die Konformität des Produkts während der internen Verarbeitung und Auslieferung zum vorgesehenen Bestimmungsort erhalten. Diese Erhaltung muss die Kennzeichnung, Handhabung, Verpackung, Lagerung und den Schutz einschließen.

[Normentextauszug ISO 9001:2000]

Zur Verhinderung von Schäden, Wertminderungen und Missbrauch sind Verfahren für die Handhabung, Verpackung, Konservierung und den Versand vorzusehen.

Handhabung

Der Umgang mit Produkten während der gesamten Leistungserstellung setzt ein dokumentiertes Vorgehen sowie entsprechende Mittel voraus. Die Handhabung muss sicherstellen, dass Beschädigungen oder Beeinträchtigungen verhindert werden.
Die Methoden der Produkthandhabung sollten für eine konkrete Auswahl und Benutzung geeigneter Paletten, Behälter, Fördereinrichtungen und Fahrzeuge sorgen, um einem Schaden oder einer Verschlechterung wegen Vibration, Abtragung infolge Erschütterung, Korrosion, Temperatur- oder irgendwelchen anderen Einflüssen vorzubeugen, die während der Produktions- oder Auslieferungsprozesse vorkommen.
Insbesondere bei Tätigkeiten des Verladens, die oft während oder kurz bevor die Ware den Verantwortungsbereich der Organisation verlässt stattfinden, ist auf die Einhaltung festgelegter Handhabung besonders Wert zu legen.

Printplatten	Printplatten, die zur Lötmaschine transportiert werden, müssen in die dafür vorgesehenen Regale gestapelt werden, diese werden dann von Hand zur Lötmaschine getragen. Dabei muss darauf geachtet werden, dass die lose in die Printplatten gesteckten elektronischen Bauteile durch Erschütterungen nicht in ihrer Lage verändert werden.
Zwischen- und Endprodukte	Grundsätzlich sollten die Produkte auf den Rollenwagen oder von Hand zu den verschiedenen Fertigungsstellen transportiert werden, in Abhängigkeit von der Stückzahl und von der Größe der Produkte.
Transportwege	Die Transportwege müssen von allen Hindernissen befreit sein und eine entsprechende Breite aufweisen. Um Produkte mit den Rollenwagen erschütterungsfrei transportieren zu können, muss der Boden frei von Unebenheiten sein.

Abb. 9-37: Richtlinien zur Handhabung von Produkten

Verpackung

Die Organisation muss die Prozesse des Einpackens, Verpackens und Kennzeichnens im nötigen Umfang überwachen, um die Erfüllung der festgelegten Qualitätsforderung sicherzustellen.
Für die erforderliche Verpackung und die zu verwendenden Materialien sind folgende Faktoren zu berücksichtigen:

- Art des Produktes und das zu benutzende Transportmittel
  (z. B. Vibrationen, Druckunterschied)

- Umweltbedingungen, Handhabungsmethoden und Dauer des Transportes (z. B. Gewicht, Temperatur, Feuchtigkeit, Staub, Salz)
- Lagerung während des Transportes und am Bestimmungsort (z. B. Feuchtigkeit, Dauer)

Bei der Definition der Art der Verpackung und der zugehörenden Verpackungsmaterialien für die verschiedenen Produkte erweist sich die Festlegung von Verpackungsrichtlinien als hilfreich. Diese Richtlinien können in Form von Verpackungsklassen formuliert werden. Die zu verwendenden Materialien werden jeder Klasse zugeordnet.

Beispiel: Verpackungsübersicht

	je nach Gewicht in gefütterte Kuverts/Kartons	keine Verpackung	Holzkiste	Karton	Holzlatten lose	Schüttgut, Einzelverpackung	Dosen/Kunststoffbehälter	Zeichenrollen
Normteile	X		X					
Rohmaterial (Stangen)		X						
Rohmaterial (Platten)		X	X					
dünne Stallstangen				X				
Blech, Alu, Ms, Ku	X		X					
Härtegut			X	X		X		
Beschichtete Teile	X		X	X		X		
Schweißgut	X		X		X			
Graviergut	X		X		X			
Senkgut	X		X		X			
Werkzeug und Messmittel	X	X	X		X			
Maschinenersatzteile	X	X	X		X			
Werkzeug für Nachbehandlung			X	X		X	X	
Hilfsmittel für Antielungen	X		X	X				
Konstruktionszeichnungen								X
Zeichenmaterial	X		X					

Abb. 9-38: Verpackungsübersicht

9.5 ISO 9001-Kapitel 7: Produktrealisierung

Bei der Kennzeichnung der Verpackungen können nach Bedarf folgende Informationen aufgebracht werden:

- eindeutige Adressierung
- Hinweise zur Handhabung
- Hinweise zur Haltbarkeit
- Hinweise auf Menge und Inhalt

Lagerung

Die Organisation muss die Beschädigung oder Beeinträchtigung von Produkten bis zu deren Verwendung oder Lieferung verhindern. Die Bereitstellung von Lagerbereichen oder Lagerräumen bildet die Voraussetzung für die Durchführung einer produktspezifisch festgelegten Art der Lagerung.

Zu einer ordnungsgemäßen Lagerung gehört eine eindeutige Kennzeichnung, damit die Produkte leichter identifizierbar sind und Verwechslungen weitgehend ausgeschlossen werden. Verantwortlichkeiten für Warenannahme, -ausgabe etc. sollten geregelt sein. Wichtig sind Festlegungen für Zeiten außerhalb der normalen Arbeitszeit (Nachtschicht, Wochenende etc.).

Bei der Gestaltung der Lagerbedingungen sind Umwelteinflüsse zu berücksichtigen, die zu einer Beeinträchtigung der Produkte führen können (z.B. Temperatur, Feuchtigkeit). Die gelagerten Produkte selbst müssen in sinnvollen Abständen überprüft werden, um irgendwelche Verluste, Beschädigungen oder Produktverschlechterung rechtzeitig zu entdecken. Sicherheitsaspekte können durch geregelte Zugangsberechtigungen berücksichtigt werden. Produkte mit begrenzter Lebensdauer erfordern eine entsprechende Kennzeichnung und Überwachung. Ein System muss sicherstellen, dass überalterte Produkte rechtzeitig für den normalen Verwendungszweck gesperrt oder vernichtet werden. Bei diesen Produkten ist eine systematische Umschichtung sicherzustellen. Entsprechende Strategien der Lagerhaltung sollten dies berücksichtigen.

Bei Änderungen der Ausführung der Produkte ist sicherzustellen, dass Produkte, die nicht mehr dem gültigen Unterlagenstand entsprechen, aus dem Lager entfernt werden und über eine Weiterverwendung dieser Produkte entschieden wird. Diese Entscheidung ist zu dokumentieren. Für die Verwendung oder den Versand nicht freigegebener Produkte sollten eindeutig Regelungen gelten (z.B. Einlagerung in ein Sperrlager).

Ein Sperrlager kann ein getrenntes, zu verschließendes Lager oder eine besonders gekennzeichnete Lagerfläche sein. Das Personal, das Zugangsberechtigung zum Sperrlager hat, muss entsprechend geschult sein. Produkte getrennt aufzubewahren bedeutet, dass z.B. unterschiedliche Produkte nicht in einem Lagerfach oder -behälter zusammengepackt sind.

Konservierung

Die Konservierung bezeichnet den Schutz der Produkte gegen schädliche Einflüsse, die zur Beeinträchtigung oder zur Beschädigung des Produktes führen könnten. Die entsprechenden Vorgaben sollten in den Prozessbeschreibungen und/oder Arbeitsanweisungen definiert werden. Konservierung kann zur Vorbereitung auf die Lagerung oder die Verpackung dienen.
Der Umgang mit den Produkten zwischen den Bearbeitungsschritten stellt einen wesentlichen Beitrag zur Erfüllung der Kundenforderung dar, da dadurch sichergestellt wird, dass Input und Output den Vorgaben entsprechen. Besondere Bedeutung kommt der Phase zwischen Endprüfung und Übergabe an den Kunden zu, da sich das Produkt in diesem Zeitabschnitt noch im Verantwortungsbereich der Organisation befindet.

Versand

Die Organisation hat, wo dies vertraglich festgelegt ist, dafür Sorge zu tragen, dass nach der Endprüfung die Qualität des Produkts gewahrt wird bis zur Übernahme durch den Kunden.
Je nach Art und Empfindlichkeit der Produkte sowie deren Umgebungsbedingungen sind, wenn nötig, entsprechende Vorgaben festzulegen.
Ob eine spezielle Verpackung zu verwenden ist oder nicht, beeinflusst aber nicht die noch zu treffenden Maßnahmen hinsichtlich:

- rechtzeitiger Veranlassung der Lieferung, Beistellung der erforderlichen Unterlagen;
- Sicherheitsvorkehrungen betreffend Umwelt, Personen und Produkt;
- Entladung und Inbetriebnahme, soweit es im Rahmen des Versandes erforderlich ist.

9.5.6 ISO 9001-Kapitel 7.6: Lenkung von Überwachungs- und Messmitteln

Für alle verwendeten Prüfmittel und Messeinrichtungen muss sichergestellt sein, dass sie ein verlässliches Messergebnis in der benötigten Genauigkeit liefern. Voraussetzung dafür ist ein funktionierendes Prüfmittelüberwachungssystem[58, 59].

9.5 ISO 9001-Kapitel 7: Produktrealisierung

ISO 9001:2000-Kapitel 7.6: Lenkung von Überwachungs- und Messmitteln

Die Organisation muss die zum Nachweis der Konformität des Produkts mit festgelegten Anforderungen vorzunehmenden Überwachungen und Messungen und die erforderlichen Überwachungs- und Messmittel ermitteln.
...
Soweit zur Sicherstellung gültiger Ergebnisse erforderlich, müssen die Messmittel

a) in festgelegten Abständen oder vor dem Gebrauch kalibriert oder verifiziert werden anhand von Messnormalen, die auf internationale oder nationale Messnormale zurückgeführt werden können; wenn es derartige Messnormale nicht gibt, muss die Grundlage für die Kalibrierung oder Verifizierung aufgezeichnet werden;
b) bei Bedarf justiert oder nachjustiert werden;
c) gekennzeichnet werden, damit der Kalibrierstatus erkennbar ist;
d) gegen Verstellungen gesichert werden, die das Messergebnis ungültig machen würden;
e) vor Beschädigung und Verschlechterung während der Handhabung, Instandhaltung und Lagerung geschützt werden.
...
[Normentextauszug ISO 9001:2000]

Prüfmittelbeschaffung

Das verwendete Prüfmittel muss passend zur Messaufgabe ausgewählt, regelmäßig kalibriert und sorgsam behandelt werden.

Prüfmittelordnungssystem

Die Organisation einer periodischen Prüfmittelüberwachung erfordert ein Ordnungssystem, das folgende Funktionen erfüllt:

- eindeutige Identifikation für jedes einzelne Prüfmittel und
- leichte Verwaltbarkeit.

Beispiel:

MSCH	012	98

MSCH...	Prüfmittelgruppe (z. B. Messschieber)
012...	lfd. Nr./Jahr je Prüfmittelgruppe
98...	Anschaffungsjahr

Die festgelegte Identifikationsnummer muss dauerhaft am Prüfmittel angebracht werden oder die eindeutige Identifikation und Zuordnung ist über Begleitdokumente sichergestellt.

Prüfmittelkalibrierung

In jeder Stufe der Kalibrierhierarchie wird das jeweilige Messgerät oder die Maßverkörperung mit einem Normal verglichen, dessen Messabweichung jeweils durch Vergleich (Kalibrierung) mit einem qualitativ höherwertigen (mit geringerer Messunsicherheit behafteten) Normal ermittelt wurde:

	Aufgaben	Anwender
nat. Normal	Bereithaltung u. Weitergabe d. nationalen Normale	Bundesamt f. Eich- u. Vermessungswesen
Bezugsnormal	Sicherung d. metrologischen Infrastruktur	Kalibrierlabor
Gebrauchsnormal Werksnormal	PMÜ f. innerbetriebliche Zwecke	innerbetriebliches Kalibrierlabor
Prüfmittel	Messungen u. Prüfungen	alle Unternehmensbereiche

Messunsicherheit

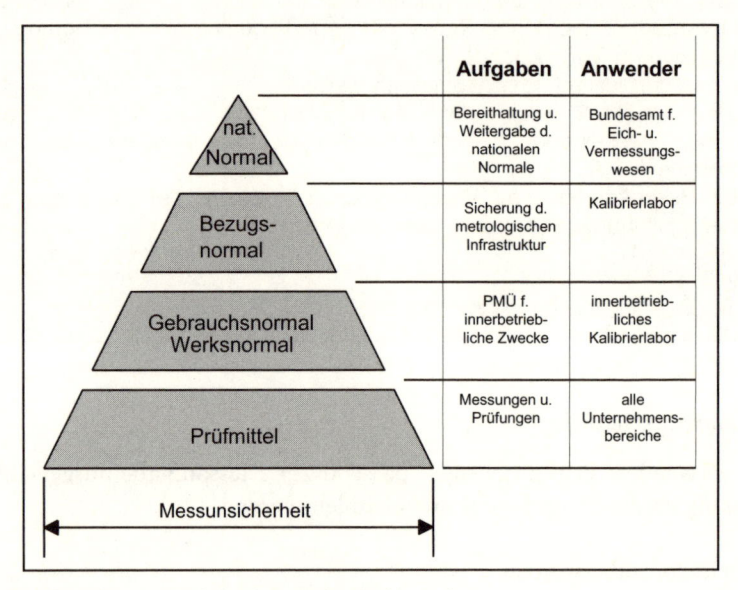

Abb. 9-39: Rückführung auf das internationale Normal

Kalibrierstatus

Das Fälligkeitsdatum der nächsten Prüfung sollte am Prüfmittel ersichtlich sein.

Beispiel:

04	1	2	3	4	5
03		Nächste			6
02		Kalibrierung			7
01	12	11	10	9	8

9.5 ISO 9001-Kapitel 7: Produktrealisierung

Zusätzlich können auch das Datum der letzten Prüfung und die Genauigkeitseinstufung des Prüfmittels erkenntlich gemacht werden.

Prüfmitteldokumentation

In einer Prüfmitteldatei bzw. -kartei müssen folgende Prüfmitteldaten aufscheinen:

- Identifikationsnummer/Prüfmittelart/Benennung
- Messbereich/Genauigkeit/Fehlerklasse
- Zubehör/Prüfhilfsmittel
- Standort/Einsatzort/Prüfplatz
- Prüfnachweis
- Prüfintervall
- Überwachungsstelle/Prüfergebnisse
- Datum Ersteinsatz
- Datum letzte Überwachung/Datum letzte Instandsetzung

PRÜFMITTELLISTE zur Prüfmittelgruppe: _____							
Teil 1: Allgemeine Daten							
PM-Nr.	PM-Verantwortlicher/ Maschine	Bezeichnung	Fabrikat-Nr./ Herstell-Nr./ Inventar-Nr.	Hersteller	Datum Ersteinsatz [MM/JJ]	Messbereich	Messgenauigkeit

Abb. 9-40: Beispiel Prüfmittelliste

Beispiel: Auszug aus einer Prozessbeschreibung – Prüfmittelüberwachung

Prozessbeschreibung	Nr. PB-008	Seite 3 von 4
Titel: Prüfmittelüberwachung	Datum: 14.11.2000	Änder.Index: 01

7.2 Eingangskontrolle/Erstkalibrierung

Vor dem Ersteinsatz des Prüfmittels muss dessen Eignung für den Einsatz sichergestellt werden durch:
- Eingangs-/Funktionskontrolle bei der Warenübernahme
- Erstkalibrierung gemäß „**Kalibrieranweisung**" oder „**Kalibriernachweis vom Hersteller**"

Die Erstkalibrierung ist nach Aufnahme des Prüfmittels in das „**Kalibrierprotokoll ...**" (= Prüfmittelliste – Teil 2) in diesem zu dokumentieren.

7.3 Aufnahme des Prüfmittels in die Prüfmittelliste und Kennzeichnung des Prüfmittels

Vor dem Ersteinsatz des Prüfmittels müssen alle relevanten Daten in die „**Prüfmittelliste**" – Teil 1 eingetragen werden.
Auch der nächste Kalibriertermin, das Kalibrierintervall und die Kalibrierstelle (intern/extern) müssen festgelegt und in die „**Prüfmittelliste**" – Teil 3 eingetragen werden. Der Eintrag darf nur erfolgen, wenn die Erstkalibrierung bereits erfolgt ist bzw. der Kalibriernachweis vom Hersteller vorliegt.
Vor der Ausgabe des Prüfmittels an den Mitarbeiter muss dieses mit dem „**Prüfmittelaufkleber**" (mit Vermerk PM-Nr.: _____ und Kalibrierung bis: _____) gekennzeichnet werden.

7.4 Ausgabe des Prüfmittels an den Mitarbeiter

Mit dem Erhalt des Prüfmittels übernimmt der Mitarbeiter die Verantwortung für das Prüfmittel (Aufbewahrung, Pflege, ...). Wenn erforderlich, muss der Mitarbeiter in die sachgerechte Benutzung des Prüfmittels unterwiesen werden. Beschädigungen, ... müssen unverzüglich vom Prüfmittelverantwortlichen an den Prüfmittelbeauftragten gemeldet werden.

7.5 Kalibrierung

Die Kalibrierung hat gemäß „**Kalibrieranweisung**" zu erfolgen und ist im „**Kalibrierprotokoll ...**" zu vermerken.
In der „**Prüfmittelliste**" – Teil 3 ist der nächste Kalibriertermin einzutragen. Sonstige Bemerkungen, Änderungen etc. sind ebenfalls in der „**Prüfmittelliste**" – Teil 1 und Teil 3 nachzuführen.

	Name	Datum	Unterschrift
Freigabe			

9.5 ISO 9001-Kapitel 7: Produktrealisierung

Beispiel: Kalibrieranweisung

QM-Kalibrieranweisung		Nr. KA-008	Seite 1 von 2
Titel: Bügelmessschraube, Messschieber, Streichlehre		Datum: 14.11.98	Änder.Index: 01
Bügelmessschraube, Messschieber, Streichlehre		Diese Kalibrieranweisung wurde erstellt in Verbindung mit VDI/VDE/DGQ 2618 Blatt 1 Prüfanweisungen zur Prüfmittelüberwachung, Einführung.	

Lfd. Nr.	Arbeitsvorgang – Beschreibung	Arbeitsmittel	E	Ü
1	Lieferung Typ, Anzahl und Zubehör mit Bestellung übereinstimmen	Bestellkopie (Lieferschein)	x	
2 2.1 2.2 2.3 2.4 2.5 2.6 2.7 2.8	Vorbereitung Reinigen --- Visuelle Prüfung auf Beschädigungen, scharfe Kanten und Grate, Korrosion --- Beschriftung, Kennzeichnung feststellen --- Temperieren (mindestens 1 Stunde) ---		x x x	x x x x
3 3.1	Prüfung Sichtprüfung: Strichskalen und Ziffern auf Lesbarkeit Alle Teilstriche müssen gerade, randscharf und gleich breit sein. Bei Bügelmessschraube: Fluchten von Spindel- bzw. Messbolzen- und Ambossachse Bei Messschieber: Bei Anschlag der Messschenkel Parallelität der Messflächen durch Lichtspalt prüfen. Die parallele Lage muss auch nach der Betätigung der Feststelleinrichtung erhalten bleiben.	Sichtprüfung	x	x
3.2	Funktionsprüfung: Gängigkeit im gesamten Messbereich Führungsspiel Feststelleinrichtung – Der eingestellte Wert darf sich bei Klemmung nicht ändern.		x	x
3.3	---			

E...Wareneingangsprüfung   Ü...Überwachung der Prüfmittel im Einsatz

	Name	Datum	Unterschrift
Freigabe			

Abb. 9-41:   Kalibrieranweisung

9.6 ISO 9001-Kapitel 8: Messung, Analyse und Verbesserung

Die Forderungen der ISO 9001:2000 zum Kapitel „Messung, Analyse und Verbesserung" umfassen folgende Punkte:

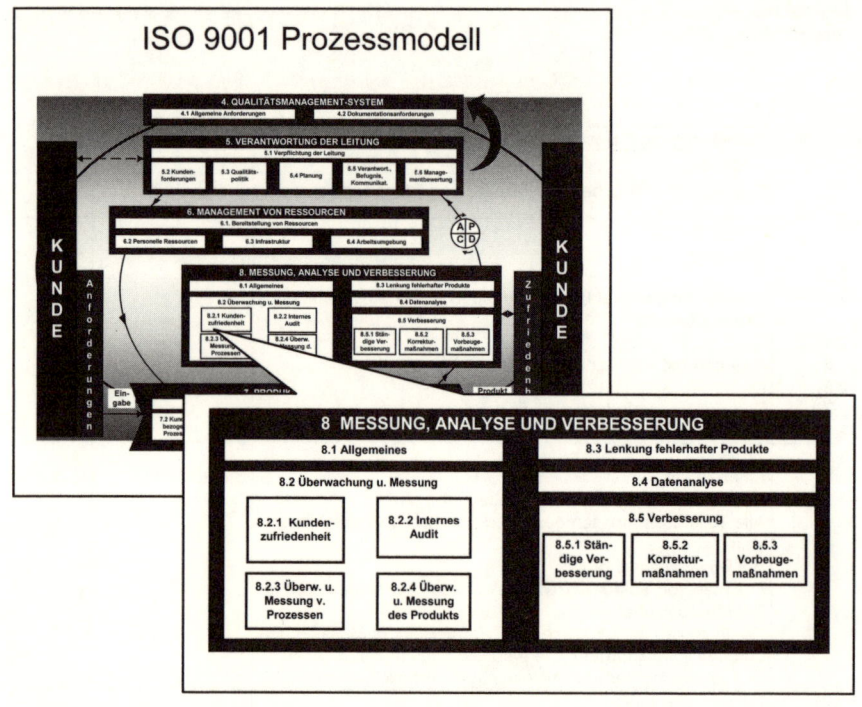

Abb. 9-42: Forderungen der ISO 9001 zum Kapitel „Messung, Analyse und Verbesserung"

9.6.1 ISO 9001-Kapitel 8.1: Allgemeines

Ergebnisse von Messungen, die im Rahmen des Qualitätsmanagement-Systems durchgeführt werden, müssen gesammelt, analysiert und ausgewertet werden, um Aussagen zur Wirksamkeit des Qualitätsmanagement-Systems zu erhalten.
Bei der Festlegung der Messungen müssen folgende Punkte berücksichtigt werden:

9.6 ISO 9001-Kapitel 8: Messung, Analyse und Verbesserung

- **Was wird gemessen?**
  Jede Messung kostet Zeit und Geld. Daher sollten Messungen vorgesehen werden, deren Ergebnisse tatsächlich sinnvoll und nutzbringend verwertet werden können.
- **Wer misst?**
  Jener Personenkreis, der für die Ermittlung der Messergebnisse verantwortlich ist bzw. die Messungen durchführt, muss festgelegt werden.
- **Wie wird gemessen?**
  Die Messmethode muss eindeutig festgelegt werden. Messergebnisse müssen reproduzierbar sein.
- **Wo wird gemessen?**
  An welchem Ort bzw. in welchem Prozessschritt wird gemessen.
- **Wann und wie häufig wird gemessen?**
  Der Zeitpunkt und die Häufigkeit der Messung ist auf den Prozess und seine Randbedingungen abzustimmen.

Messergebnisse müssen aufgezeichnet und aufbewahrt werden. Entsprechend den Kriterien der Lenkung von Qualitätsaufzeichnungen ist der Verteiler, der Zugriff etc. eindeutig festzulegen. Die Verantwortlichkeiten und Methoden zur Analyse und Auswertung der Messergebnisse müssen eindeutig definiert werden.

9.6.2 ISO 9001-Kapitel 8.2.1: Kundenzufriedenheit

Zur Messung und Analyse der Kundenzufriedenheit müssen geeignete Methoden und Messgrößen bestimmt werden.

ISO 9001:2000-Kapitel 8.2.1: Messung und Überwachung der Kundenzufriedenheit

Die Organisation muss Informationen über die Wahrnehmung der Kunden in der Frage, ob die Organisation die Kundenanforderungen erfüllt hat, als eines der Maße für die Leistung des Qualitätsmanagement-Systems überwachen. Die Methoden zur Erlangung und zum Gebrauch dieser Informationen müssen festgelegt werden.

[Normentextauszug ISO 9001:2000]

Wichtig ist, dass alle Mitarbeiter für das Thema Kundenzufriedenheit sensibilisiert werden und ihr Tun danach ausrichten. Die Organisation sollte die Wichtigkeit der Zufriedenheit aller Kunde und Interessenspartner erkennen.

Methoden zur Erhebung der Kundenzufriedenheit

Die Organisation sollte einen Prozess für die Erfassung der vielen in schriftlicher und mündlicher Form verfügbaren Quellen zur Erhebung der Kundenzufriedenheit erstellen und diese Informationen nutzen, um Verbesserungsmaßnahmen einzuleiten.

Zur Messung der Kundenzufriedenheit können beispielsweise folgende Methoden herangezogen werden:

- Durchführung von Kundenbefragungen
- Direktes Feedback vom Kunden (z. B. in Verkaufsgesprächen, im Rahmen von Serviceeinsätzen etc.)
- Reklamationsberichte/Beschwerdemanagement

Die generellen Ziele des Beschwerdemanagements liegen darin, Kundenzufriedenheit wieder herzustellen, die negativen Auswirkungen von Kundenunzufriedenheit auf das Unternehmen zu minimieren und die in Beschwerden enthaltenen Hinweise auf betriebliche Schwächen und Marktchancen zu identifizieren und zu nutzen.

Analyse

Das Erkennen von Kundenzufriedenheits-Trends und deren Ursachen sind Voraussetzung für die Bewertung der Ergebnisse der Zufriedenheit. Der Vergleich der Ergebnisse mit denen des Mitbewerbs kann dem Unternehmen ebenfalls wertvolle Erkenntnisse bringen (Benchmarking). Es ist entscheidend, dass sich das Unternehmen mit den Ergebnissen gezielt auseinandersetzt. Dabei sind vor allem die Führungskräfte gefordert.

Von Zeit zu Zeit sollten der Umfang und die Art der erhobenen Daten hinterfragt werden.

Rückmeldung und Verbesserungsmaßnahmen

Die betreffenden Organisationseinheiten und Mitarbeiter sollten rasch und effizient eine direkte Rückmeldung zur „Stimme des Kunden" erhalten.

Zur Erreichung der aus der Qualitätspolitik abgeleiteten Zielsetzung zur Kundenzufriedenheit sind die Maßnahmenpläne zu überarbeiten und Verbesserungsmaßnahmen einzuleiten und umzusetzen.

Beispiel: Fragestellung zur Erhebung der Kundenzufriedenheit

Messung der Qualität von Kfz - Kundendienstleistungen **Typ 1: einstellungsorientiert, direkt, Einkomponentenansatz**
Nachfolgend haben wir verschiedene Eigenschaften zusammengestellt, die eine Werk-statt haben kann. Bitte geben Sie zu jeder Eigenschaft an, wie stark sie auf die Werkstatt Ihres Betriebes zutrifft

	trifft genau zu				trifft nicht zu
- Man braucht bei der Reparaturannahme nicht lange zu warten.	O	O	O	O	O
- In der Werkstatt dieses Betriebes weiß man sein Fahrzeug in guten Händen.	O	O	O	O	O

Messung der Qualität von Fastfood - Restaurants **Typ 2: einstellungsorientiert, indirekt, Einkomponentenansatz**
Bitte geben Sie für die folgenden Kriterien zunächst an, wie Sie in Restaurants Ihrer Meinung nach idealer Weise beschaffen sein sollten. Beurteilen Sie anschließend Restaurant XY hinsichtlich der gleichen Kriterien.

	5	10	15	20	25	30	35
- idealer Weise sollte man zwischen etwa .. Gerichten auswählen können.	O	O	O	O	O	O	O
- In Restaurant XY kann ich zwischen etwa ... Gerichten wählen.	O	O	O	O	O	O	O

Messung der Qualität des Technischen Kundendienstes **Typ 3: zufriedenheitsorientiert, direkt, Zweikomponentenansatz**
Bitte bewerten Sie die Wichtigkeit (absolut unwichtig bis absolut wichtig), die die folgenden Kriterien für Sie haben. Anschließend bewerten Sie bitte Ihre Zufriedenheit (absolut unzufrieden bis absolut zufrieden) mit den erbrachten Dienstleistungen.

	- Wichtigkeit +	- Zufriedenheit +
- Dauer der Instandsetzungsarbeiten bis zur Wiederverfügbarkeit des Systems.	OOOOOOOO	OOOOOOOO
- Verständlichkeit der Aussagen der Kundendienstingenieure über Art und Stand der Arbeiten	OOOOOOOO	OOOOOOOO

Abb. 9-43: Fragestellung zur Erhebung der Kundenzufriedenheit

Beispiel: Beschwerdeannahme-Formular

Beschwerdeannahme

Entgegennahme durch: _____ Eingangsdatum: _____

Beschwerdeweg:
O Telefon O Brief O persönlicher Kontakt O _____

Adressat der Beschwerde:
O Verkauf O Geschäftsführung O _____

Beschwerdeführer:
Name: _____ Verärgerung
Firma: _____ O O O O O
Ort: _____ gering   groß

Beschwerdegegenstand:
Produkt/Dienstleistung:
_____

Beschwerde:

Vom Kunden gewünschte Lösung:

Abb. 9-44: Beschwerdeannahme-Formular

9.6.3 ISO 9001-Kapitel 8.2.2: Internes Audit

Zur Überprüfung der Wirksamkeit des Qualitätsmanagement-Systems und um Möglichkeiten für dessen Verbesserung aufzuzeigen, werden interne Qualitätsaudits geplant und ausgeführt (vgl. Kapitel 12.2).

> **ISO 9001:2000-Kapitel 8.2.2: Internes Audit**
>
> Die Organisation muss in geplanten Abständen interne Audits durchführen, um zu ermitteln, ob das Qualitätsmanagement-System
>
> a) die geplanten Regelungen (siehe Kapitel 7.1), die Anforderungen dieser internationalen Norm und die von der Organisation festgelegten Anforderungen an das Qualitätsmanagement-System erfüllt und
> b) wirksam verwirklicht und aufrechterhalten wird.
> ...
> [Normentextauszug ISO 9001:2000]

Auditplanung, -durchführung und -berichterstattung

Der festzulegende Auditprozess (vgl. Kapitel 12.2.2) muss die Vorbereitung, die Durchführung und die interne Berichterstattung von internen Audits beinhalten. Als Auslöser interner Audits können neben deren jährlicher Planung (Auditplan) auch außertourliche Anlässe dienen (z.B. Reklamationen, Produktionsfehler).

In einem von der Leitung freigegebenen Auditplan ist festzulegen:

- Wann werden welche Abteilungen des Unternehmens auditiert?
- Welche Schlüsselaktivitäten, Prozesse bzw. Produkte sollen auditiert werden?
- Wer soll auditieren?
- Wie soll auditiert werden (Einsatz von Checklisten, Formularen etc.)?

Bei der **Auditplanung** sind Ergebnisse vorangegangener Audits, eingegangene Reklamationen, durchgeführte Kundenbefragungen, vorliegende Fehlerberichte, organisatorische Änderungen etc. zu berücksichtigen. Die erforderliche Qualifikation der zum Einsatz kommenden Auditoren muss durch die Organisation festgelegt und nachgewiesen werden.

Die **Auditdurchführung** hat zum Ziel,

- die Übereinstimmung der Tätigkeiten und Prozesse mit den Vorgaben,
- die effektive Implementierung und Weiterführung des Qualitätsmanagement-Systems

zu hinterfragen und zu bewerten.

Die **Auditberichterstattung** enthält:

- die Nennung der auditierten Bereiche, Prozesse, Produkte etc.
- alle gefundenen Unzulänglichkeiten und Verbesserungspotenziale
- die aufgefallenen Stärken
- die Umsetzungsergebnisse der gesetzten Korrekturmaßnahmen vorheriger interner Audits
- Empfehlungen zur Nutzung des vorhandenen Verbesserungspotenzials

Die Auditberichte sind sowohl dem Managementpersonal des auditierten Bereiches als auch der obersten Leitung der Organisation darzulegen. Die Auditberichte und die zugehörigen Korrekturen dienen in aufbereiteter Form als wesentlicher Input zur Qualitätsmanagement-Bewertung.

Die erforderlichen, aus dem Audit resultierenden Verbesserungsmaßnahmen sind von den jeweils verantwortlichen Stellen festzulegen und durchzuführen. Die Wirksamkeit der getroffenen Verbesserungsmaßnahmen muss überprüft werden.

9.6.4 ISO 9001-Kapitel 8.2.3: Überwachung und Messung von Prozessen

Zur Beurteilung der Leistungsfähigkeit von Prozessen ist es erforderlich, die Prozesse zu überwachen und zu messen.

> **ISO 9001:2000-Kapitel 8.2.3: Überwachung und Messung von Prozessen**
>
> Die Organisation muss geeignete Methoden zur Überwachung und, falls zutreffend, Messung der Prozesse des Qualitätsmanagement-Systems anwenden. Diese Methoden müssen darlegen, dass die Prozesse in der Lage sind, die geplanten Ergebnisse zu erreichen. Werden die geplanten Ergebnisse nicht erreicht, müssen, soweit angemessen, Korrekturen und Korrekturmaßnahmen ergriffen werden, um die Produktkonformität sicherzustellen.
>
> [Normentextauszug ISO 9001:2000]

Grundprinzip der Prozessmessung

Prozessmessungen sind ein wesentlicher Bestandteil zur Umsetzung des Verbesserungskreises von Deming (Plan-Do-Check-Act) innerhalb des System-Prozessmodells der ISO 9001:2000. Denn die Erreichung bzw. Nichterreichung der geplanten Ziele kann nur festgestellt werden, wenn dazu in den Prozessen Messgrößen installiert werden:

Nur was man messen kann, kann man auch managen

Festlegung der prozessbezogenen Messungen

Der Prozessverantwortliche (Prozess-Eigner) ist für die Festlegung der Prozessziele und der daraus abgeleiteten prozessbezogenen Messungen zuständig. In der Prozessbeschreibung kann folgender Steuerungsvermerk enthalten sein:

Nr.	Messgröße	Zielwert	Messmethode	Messfrequenz	Verantw.
1	Vollständigkeit der Bestandsliste: Fehleranteil	kleiner 5 %	Stichprobenartig (40 Stück)	3x jährlich	Lagerleiter

Abb. 9-45: Messbalken

Die Prozessziele müssen im Einklang mit der übergeordneten Qualitätspolitik und den daraus abgeleiteten Qualitätszielen stehen. Zu jedem Prozessziel müssen Prozesskennzahlen (Indikatoren) bestimmt und auf der Basis der Istwerte die dazugehörigen Zielgrößen (Soll-Werte) vorgegeben werden. Nachfolgend einige Beispiele von Prozesszielen:

Prozessziel	Istwert	Sollwert	Prozesskennzahl
Liefertreue	91	95	% termintreue Lieferungen
Vollständigkeit der Lieferungen	95	98	% vollständige Lieferungen
Richtigkeit der Fraktura	96	96	% nichtbemängelte Fakturen
Durchlaufzeit	15	13	Tage
Garantiekosten	5	4	% vom Umsatz
Lagerbestand	4	5	Lagerumschlagshäufigkeit
Reparaturanfälligkeit der Produktionsanlage	99	99,5	% Verfügbarkeit

Abb. 9-46: Beispiele von Prozesszielen

Prozessziele können sich auf Haupt- und Teilprozesse beziehen. Die Abbildung zeigt beispielhaft, wie für einen Serviceprozess Hauptziele und Teilziele bestimmt werden können:

Hauptprozess: Störungsservice
Hauptprozessziele
1. Einsatzverfügbarkeit von 24 Stunden
2. Reparatur innerhalb von 3 Stunden
3. ...

Teilprozess: Servicedurchführung
Teilprozessziele

Teilprozess: Einsatzvorbereitung
Teilprozessziele

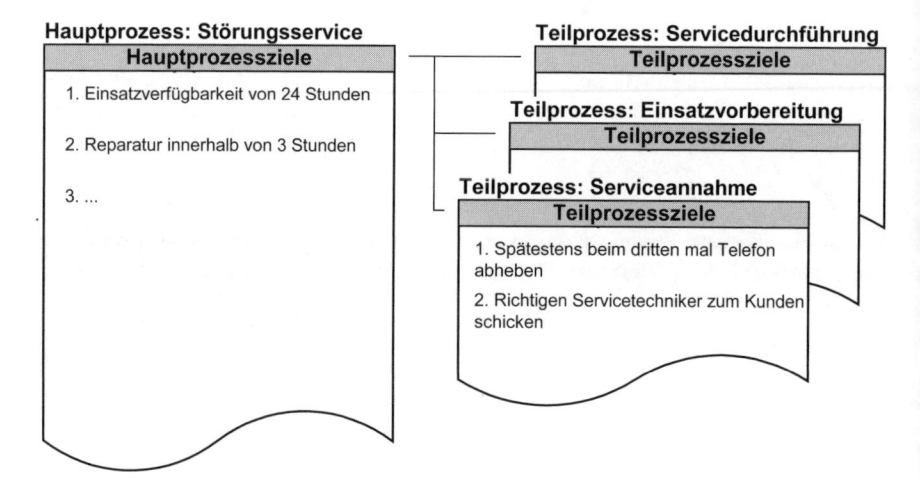

Teilprozess: Serviceannahme
Teilprozessziele
1. Spätestens beim dritten mal Telefon abheben
2. Richtigen Servicetechniker zum Kunden schicken

Abb. 9-47:   Prozessziele

Der Zusammenhang zwischen Messung, Messungsinhalt und Messgröße stellt sich wie folgt dar:

Messung	Messungsinhalt	Messgröße
Prozessleistung	Erfüllung vorgegebener Anforderungen in Kosten, Zeit und Qualität	Zielabweichung, Kundenzufriedenheit, Übereinstimmung mit Anforderungen
Prozesskosten	Aufwand zur Erfüllung der Prozessaufgaben	Prozesskosten, Wirtschaftlichkeit
Prozesszeiten	Höhe und Streuung der Zeiten zur Erfüllung der Prozessaufgaben	Durchlaufzeit, Streuung der Durchlaufzeit
Abwicklungs-qualität	Erfüllung interner Anforderungen an die Prozessdurchführung	Fehlerfreiheit, Prozessfähigkeit, Störanfälligkeit (Robustheit), Rückverfolgbarkeit, Kontrollier- und Steuerbarkeit, Flexibilität, Verbesserungsrate
Wechsel-wirkungen	Beeinflussung von Eingangs-größen anderer Prozesse durch Prozessergebnisse	Abweichungen, Spannbreiten, Beeinflussungsgrade, Durchgängigkeit

Abb. 9-48:   Dimensionen zur prozessbezogenen Messung

Darüber hinaus ist für jede prozessbezogene Messung festzulegen:
- an welcher Stelle (Messpunkt),
- wann bzw. wie häufig gemessen wird (Messfrequenz),
- wer für die Messung verantwortlich ist,
- an wen und in welcher Form die Messdaten weitergeleitet werden,
- wie die Messdaten ausgewertet und analysiert werden,
- wie die Einleitung und Verfolgung von Verbesserungsmaßnahmen sichergestellt wird.

Bei der Festlegung der Messmethode ist weiterhin zu berücksichtigen:
- die erforderliche Genauigkeit der zu ermittelnden Messergebnisse und Daten,
- die Genauigkeit und Fähigkeit der benutzten Einrichtungen und
- das Prozessumfeld.

Prozesszielerreichung und Kommunikation der Ergebnisse

Die Prozessziele müssen den betroffenen Mitarbeitern bekannt sein (vgl. Kapitel 2). Die Kenntnis der für seinen Bereich relevanten Ziele schafft Transparenz. Klare Vorgaben für den Mitarbeiter fördern dessen Akzeptanz.
Die Ergebnisse der prozessbezogenen Messungen bilden die Grundlage zur Kontrolle von Soll/Ist-Abweichungen im Prozessverhalten zur Aufdeckung von Schwachstellen und zur Abschätzung der Wirkungen von Verbesserungsmaßnahmen. Verantwortlich dafür ist der Prozesseigner.

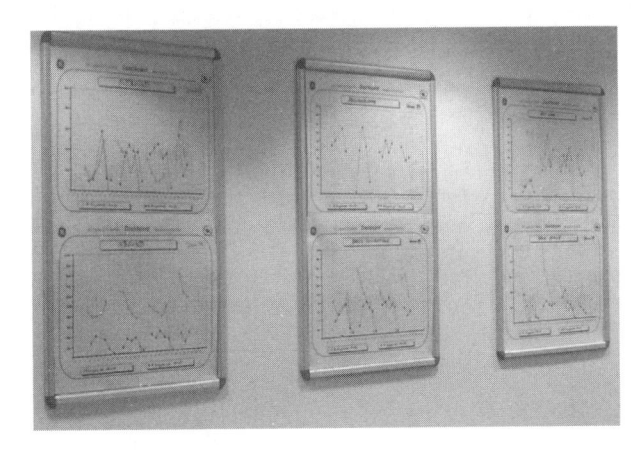

Abb. 9-49: Prozessteam-Infotafel

9.6.5 ISO 9001-Kapitel 8.2.4: Überwachung und Messung von Produkten

Produktbezogene Messungen bzw. Prüfungen ermöglichen den Soll-/Ist-Vergleich hinsichtlich der aufgestellten Forderungen in den einzelnen Phasen der Produktentstehung bzw. Dienstleistungserbringung. Dabei wird unterschieden zwischen der

- Eingangsprüfung,
- Zwischenprüfung und
- Endprüfung.

Eingangsprüfung

Alle eingehenden Rohmaterialien, Halbfertigfabrikate, Dienstleistungen etc. müssen nachweislich hinsichtlich der Erfüllung der festgelegten Qualitätsforderungen geprüft werden.

Ein Unternehmen muss der bestehenden gesetzlichen Sorgfaltspflicht nachkommen, d.h., es ist in jedem Fall eine **Identifikationsprüfung** vorzunehmen. Dabei wird die Warenart und -menge mit den Bestelldaten verglichen und der Lieferzustand (z.B. Transportschäden) kontrolliert.

Darüber hinausgehende Prüfungen (z.B. technische Eingangsprüfung) sind mit den bei den Zulieferern bereits durchgeführten Ausgangsprüfungen abzustimmen.

Zwischenprüfung

Durch Zwischenprüfungen sollten Fehler und Abweichungen vom Sollzustand möglichst frühzeitig erkannt werden. Art und Umfang der vorgesehenen Prüfungen können beispielsweise in einem Prüfplan vorgegeben werden:

CNC-Revolver	Freimaße				Passmaße			
Drehmaschine	Messmittel	Wer prüft?	Häufigkeit	Erfassung	Messmittel	Wer prüft?	Häufigkeit	Erfassung
Außendurchmesser	Messschieber	Dreher	30:1	Markierg. (Farbpunkt)	Tol.-klasse IT5+6	Bügelmessschraube	Dreher	100%	Sortieren
Innendurchmesser								

Abb. 9-50: Prüfplan

Generell ist bei der Prüfplanung zu entscheiden, ob Prüfungen von Prüfpersonal oder im Rahmen von Selbstprüfungen durchgeführt werden. Selbstprüfung bedeutet, dass der Mitarbeiter seine Arbeit durch entsprechend vorgegebene Prüfungen selbst prüft, die Prüfergebnisse erfasst und auf festgestellte Fehler und Abweichungen reagiert.

Im Rahmen der Qualitätsplanung ist zusätzlich noch zu berücksichtigen, wo und wann im Prozess die Prüfungen durchzuführen sind, ob Behörden bzw. offizielle Stellen hinzuziehen sind etc.

Endprüfung

Die Endprüfung soll sicherstellen, dass ein Produkt zum Zeitpunkt der Übergabe an den Kunden nachweislich alle festgelegten Spezifikationen erfüllt. Dabei sollten insbesondere folgende Punkte überprüft werden:

- Entspricht das Produkt und/oder die Dienstleistung den Kundenforderungen?
- Werden die gültigen Normen, Zeichnungen etc. erfüllt (müssen dem Kunden spezifische Nachweise mitgeliefert werden)?

Prüfaufzeichnungen

Prüfaufzeichnungen (z.B. Prüfprotokoll, ausgefüllte Prüfcheckliste) ermöglichen beispielsweise in einem Produkthaftungsfall die spätere Beweisführung über die durchgeführten Prüfungen und deren Ergebnisse. Es ist zu berücksichtigen, dass insbesondere die Einhaltung produktsicherheitsrelevanter Merkmale aus den Prüfaufzeichnungen hervorgeht.

Als Nachweis sollten die Prüfaufzeichnungen mindestens folgende Punkte enthalten:

- Art der durchgeführten Prüfung
- Verweis auf Prüfanweisungen/Prüfkriterien
- verwendete Prüfmittel
- Messergebnis
- Name des Prüfers
- Prüfdatum

9.6.6 ISO 9001-Kapitel 8.3: Lenkung fehlerhafter Produkte

Die Vorgehensweise beim Auftreten oder bei der Vermutung von Fehlern am Produkt oder während der Dienstleistung muss festgelegt werden. Da jeder Mitarbeiter der Organisation Fehler entdecken kann, hat auch jeder die Pflicht, diese aufzuzeigen. Die Verantwortung für den Fehlerbehandlungsprozess muss definiert werden.

Erkennung, Kennzeichnung und Beurteilung fehlerhafter Produkte

Fehlerhafte Produkte und solche, die im Verdacht stehen, einen Fehler aufzuweisen, müssen deutlich gekennzeichnet werden. Möglichkeiten dazu sind beispielsweise:

- Aufkleber auf Produkt oder Verpackung,
- Sperrlager,
- Kennzeichnung von Begleitdokumenten.

Die Kennzeichnung eines fehlerhaften Produkts mit einem Sperraufkleber soll vor weiterer Verwendung schützen, respektive Information zum Fehler liefern. Folgende Informationen kann ein Sperraufkleber beinhalten:

- Aufschrift „Defekt", „Gesperrt" oder Ähnliches zur klaren Kennzeichnung, dass der betroffene Teil nicht weiter verwendet werden darf. Die Gestaltung des Aufklebers in roter Farbe erleichtert die Erkennbarkeit.
- Datum der Entdeckung
- Visum des Entdeckers
- Nummer des zugehörigen Fehlerberichts
- Verweis auf sonstige relevante Dokumente
- etc.

Die Dokumentation des Fehlers (z.B. Mängelbericht) sowie die Weiterleitung der Information dient der Unterstützung zur Analyse und Beseitigung der Fehlerursache sowie als Datenlieferant für Verbesserungsmaßnahmen. Dabei ist es wichtig, alle Fehler und die daraufhin getroffenen Entscheidungen in die Dokumentation einfließen zu lassen. Die Verantwortung für die Dokumentation des Fehlers und die Überwachung der Maßnahmen müssen festgelegt werden. In die Untersuchungen sollten soweit wie möglich vorangegangene Produktionslose bzw. Dienstleistungstätigkeiten mit einbezogen werden.

9.6.7 ISO 9001-Kapitel 8.4: Datenanalyse

Durch die Analyse der Daten wird der Nachweis über die Wirksamkeit des Qualitätsmanagement-Systems erbracht und die Basis zum kontinuierlichen Verbesserungsprozess gelegt. Die Anwendung von statistischen Methoden unterstützt die Datenanalyse.

Sammlung von Daten – Qualitätsaufzeichnungen

Bevor der Prozess der eigentlichen Messung und Analyse startet, muss das benötigte Datenmaterial vorhanden und dessen Qualität sichergestellt sein.

Zur Nutzung der Qualitätsaufzeichnungen auf breiter Basis, sollten folgenden Punkte geregelt werden:

- Die Erstellung von Qualitätsaufzeichnungen sollte unter Berücksichtigung der Unternehmensziele erfolgen.
(Klärung, inwieweit betreffende Aussagen abgeleitet werden können.)
- Der Zugang von Kunden und Lieferanten zu Qualitätsaufzeichnungen der Organisation sollte festgelegt werden.
- Die Auswirkungen von Änderungen der Vorgabedokumente auf die betroffenen Qualitätsaufzeichnungen sollten analysiert werden.

Die Analyse von Qualitätsaufzeichnungen stellt einen wichtigen Input für Korrekturmaßnahmen und den Verbesserungsprozess dar. Die gesammelten Daten unterstützen die Ursachensuche. Darüber hinaus kann die Wirksamkeit von Qualitätsmaßnahmen verfolgt werden bzw. der Nachweis der Wirksamkeit von Korrekturmaßnahmen erbracht werden.

Analyse der Daten

Die Organisation sollte eine Prozess festlegen, um sicherzustellen, dass

- die Effizienz und Effektivität der Verwendung der Daten gegeben ist,
- der Fortschritt von Plänen, Qualitätszielen, der Leistung der gesamten Organisation abgeschätzt werden kann,
- Bereiche für Verbesserungen identifiziert werden.

Darstellung des Analyseergebnisses

Das Ergebnis der Analyse der Daten soll die Beurteilung der Gesamtleistung der Organisation sowie der Einzelleistung in den Schlüsselbereichen ermöglichen. Durch die Aufteilung können Eigenschaften und Verbindungen der Ergebnisdaten herausgefunden und dem Management für dessen Entscheidungen geliefert werden. Die Daten der Organisationsbereiche stellen den Input dar. Die Analyse selbst soll auf all diese Daten zurückgreifen und sie gemeinsam analysieren, wobei auch deren Wechselwirkung Berücksichtigung finden soll. Das gewählt Vorgehen ist zu dokumentieren.
Zur Durchführung der Datenanalyse muss die Organisation den Bedarf an statistischen Methoden feststellen. Die Auswahl der Methoden, die bei der Umsetzung Anwendung finden, obliegt der Organisation.

9.6.8 ISO 9001-Kapitel 8.5: Verbesserung

Die Idee der kontinuierlichen Verbesserung stellt einen wesentlichen Inhalt des umfassenden Qualitätsmanagements dar. Alle Mitarbeiter der Organisation sollten dabei den Verbesserungsprozess unterstützen. Im Sinne der kontinuierlichen Verbesserung sollte sich die Organisation nicht auf Erreichtem ausrasten. Sie sollte die Qualität, den Service und den Wert, die dem Kunden geboten werden, kontinuierlich verbessern, streng der Aussage folgend: „Wer aufhört besser zu werden, hat aufgehört gut zu sein!"

ISO 9001:2000-Kapitel 8.5.1: Ständige Verbesserung

Die Organisation muss die Wirksamkeit des Qualitätsmanagement-Systems durch Einsatz der Qualitätspolitik, Qualitätsziele, Auditergebnisse, Datenanalyse, Korrektur- und Vorbeugungsmaßnahmen sowie Managementbewertung ständig verbessern.

[Normentextauszug ISO 9001:2000]

Erkennen von Verbesserungspotenzialen

Die Verbesserungspotenziale können durch jeden Mitarbeiter, durch Teams, durch Process-Owner, das Management etc. aufgezeigt werden, wobei ein möglicher Fehler nur eine Art von Input darstellt. Aufgabe der obersten Leitung ist es, den Verbesserungsgedanken an alle Mitarbeiter weiterzutragen, so dass in der Organisation danach „gelebt" wird.

Initiator für den kontinuierlichen Verbesserungsprozess ist einerseits die Nichterfüllung der Zielvorgaben bzw. der Kundenwünsche. Die Abbildung zeigt im Wesentlichen die Etablierung selbststeuernder Regelkreise unter Einsatz systematischer Methoden und Instrumente. Kontinuierliche Verbesserung bildet den Kern der täglichen Prozessarbeit[60].

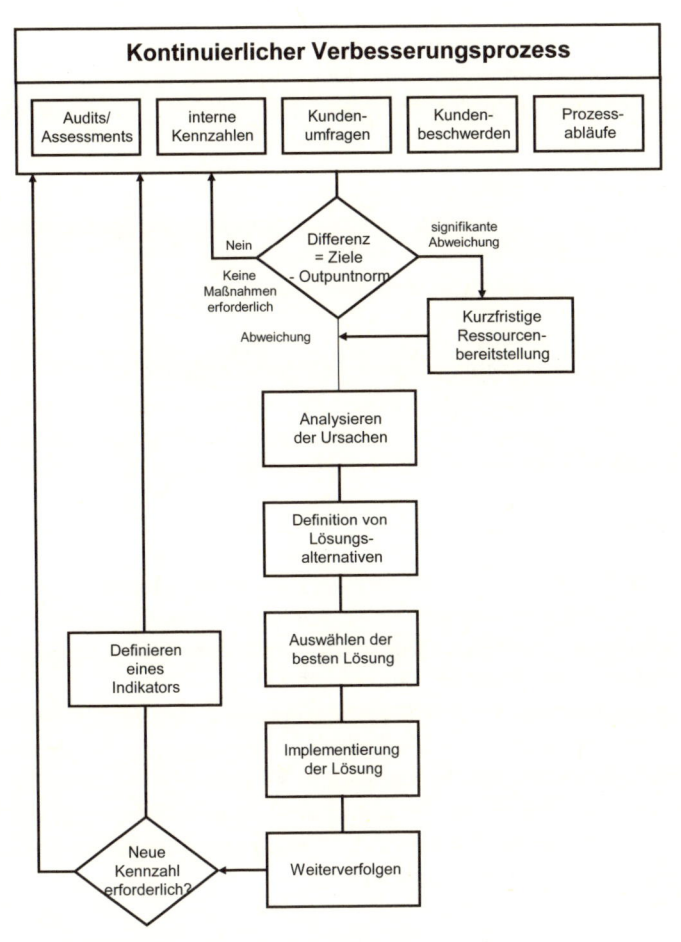

9.6 ISO 9001-Kapitel 8: Messung, Analyse und Verbesserung

Abb. 9-51: Kontinuierlicher Verbesserungsprozess

Methoden zur Durchführung des Verbesserungsprozesses

Die folgenden Ausführungen zeigen Beispiele zur Umsetzung des Gedankens der kontinuierlichen Verbesserung in der Organisation.

- **Qualitätszirkel**
  Qualitätszirkel sind kleine Gruppen von Mitarbeitern der Werkstattebene, die sich freiwillig während oder außerhalb der Arbeitszeit in geeigneten Räumlichkeiten treffen, um Probleme innerhalb ihres Arbeitsbereichs zu besprechen und Lösungen dafür zu finden.

- Qualitätsverbesserungsteams
  Qualitätsverbesserungsteams sind kleine Gruppen interfunktional zusammengestellter Experten der mittleren Führungsebene, die einberufen werden, um ein spezifisches Problem zu lösen.

- Kontinuierlicher Verbesserungsprozess
  Aufgabe des kontinuierlichen Verbesserungsprozesses, der meist unternehmensspezifisch gestaltet ist, ist die Fokussierung einer Arbeitsgruppe auf die Optimierung bestimmter Arbeitsabläufe.

- Betriebliches Vorschlagswesen
  Das betriebliche Vorschlagswesen stellt eine Möglichkeit für alle Mitarbeiter der Organisation dar, Vorschläge und Ideen zum oder um den Arbeitsplatz darzulegen. Durch verschiedenste Belohnungssysteme können die Vorschläge angemessen durch die Organisation honoriert werden.

Beispiel Verbesserungsprozess

Jeder Mitarbeiter des Unternehmens XYZ sammelt während seiner Arbeit Ideen, Verbesserungspotentiale, aber auch Fehler in seinem Bereich. Nach jeder Schicht wird mit dem Meister in Form eines kurzen Gesprächs über diese Potentiale gesprochen. Einmal pro Woche findet ein Qualitätszirkel statt, in dem es um das Verbesserungspotential der letzten Woche geht. Neben der Festlegung von Maßnahmen wird auch ein Verantwortlicher zur Umsetzung sowie zur Kontrolle der Wirksamkeit ernannt, ein Termin wird vereinbart. Im Sinne der kontinuierlichen Verbesserung des Unternehmens XYZ werden die Daten der Umsetzung über die Zeit gesammelt und für alle Mitarbeiter visualisiert.

Abschließend sei festgehalten, dass die Nutzung des Verbesserungsprozesses eine Frage der Unternehmenskultur ist, in der jeder Mitarbeiter seine eigene Arbeit verbessern will.

9.6 ISO 9001-Kapitel 8: Messung, Analyse und Verbesserung

> **ISO 9001:2000-Kapitel 8.5.2: Korrekturmaßnahmen**
>
> Die Organisation muss Korrekturmaßnahmen zur Beseitigung der Ursachen von Fehlern ergreifen, um deren erneutes Auftreten zu verhindern. Korrekturmaßnahmen müssen den Auswirkungen der aufgetretenen Fehler angemessen sein.
> Ein dokumentiertes Verfahren muss eingeführt werden, um Anforderungen festzulegen zur
>
> a) Fehlerbewertung (einschließlich Kundenbeschwerden),
> b) Ermittlung der Ursachen von Fehlern,
> c) Beurteilung des Handlungsbedarfs, um das erneute Auftreten von Fehlern zu verhindern,
> d) Ermittlung und Verwirklichung der erforderlichen Maßnahmen,
> e) Aufzeichnung der Ergebnisse der ergriffenen Maßnahmen (siehe Kapitel 4.2.4) und
> f) Bewertung der ergriffenen Korrekturmaßnahmen.
>
> [Normentextauszug ISO 9001:2000]

Korrekturmaßnahmen als Chance

Korrekturmaßnahmen stellen die Chance für die Organisation dar, aus **entstandenen** Fehlern zu lernen. Alle aufgetretenen qualitätsrelevanten Fehler sollten analysiert und deren Ursache ermittelt werden. Ziel ist die Beseitigung der Fehlerursache sowie das Verhindern des Wiederauftretens des Fehlers.

An dieser Stelle sei erwähnt, dass die Frage, ob ein Qualitätsmanagement-System „lebt", am einfachsten bei Betrachtung der Nutzung und Funktionsfähigkeit von Korrekturmaßnahmen durch die Organisation zu beantworten ist.

Auslöser von Korrekturmaßnahmen

Die Verwirklichung einer Korrekturmaßnahme beginnt mit der Entdeckung eines qualitäts-relevanten Fehlers.
Die Notwendigkeit einer Maßnahme zur Beseitigung der Fehlerursache kann aus Quellen entstehen wie:

- Qualitätsaudits
- Fehlerberichte
- Management-Review Bericht
- Rückmeldungen aus dem Markt
- Kundenbeschwerden
- etc.

Als Grundlage für Korrekturmaßnahmen müssen Informationen gesammelt werden. Das Management sollte ein Informationssystem zur Sammlung und Verbreitung von Daten einführen und aufrechterhalten. Die Intervalle der Datenerhebung richten sich dabei nach der Bedeutung der die Qualität betreffenden Probleme bzw. nach dem Grad deren Einflusses auf Prozesskosten, qualitätsbezogene Kosten, Sicherheit, Kundenzufriedenheit etc. Die Organisation muss die Verantwortung für die Phasen des Korrekturmaßnahmenprozesses festlegen. Dabei ist zu berücksichtigen, dass v.a. der Mitarbeiter, dessen Bereich von der Korrekturmaßnahme betroffen ist, die erforderliche Verantwortung zur Durchführung übertragen bekommen sollte. In den Korrekturmaßnahmenprozess sollten alle Bereiche der Organisation eingebunden sein (z.B. Marketing, Beschaffung, Humane Ressourcen). Dabei ist es bei der Suche der Fehlerursache durchaus sinnvoll, auch nicht direkt betroffene Stellen mit einzubeziehen.

Ermittlung der Fehlerursache

Grundsätzlich sollten bei der Analyse qualitätsbezogener Probleme zuerst die Ursachen gefunden und anschließen die Korrekturmaßnahmen geplant werden.
Von Bedeutung ist hierbei der Unterschied zwischen Ursache und Wirkung. Fehlerursachen sind häufig nicht am Ort der Symptomfeststellung zu finden. Die Forderung lautet, nach den Ursachen zu suchen und für deren Beseitigung Maßnahmen zu definieren. Wenn die Fehler nach Durchführung der Korrekturmaßnahme wieder festgestellt werden, wurde entweder nur das Symptom beseitigt oder eine andere, neue Ursache ist dafür verantwortlich.
Oft ist die tiefere Ursache nicht offensichtlich oder nicht ermittelbar, was eine sorgfältige Analyse der Produktspezifikationen sowie aller zugehörigen Prozesse, Arbeitsabläufe, Qualitätsaufzeichnungen, Wartungsberichte und Kundenbeschwerden verlangt. Die Anwendung statistischer Methoden kann dabei hilfreich sein (siehe Kapitel Datenanalyse). In diesem Zusammenhang sollte überlegt werden, eine Fehlerdatei (Fehlerdatenbank) anzulegen, die bei der Feststellung jener Probleme behilflich ist, die eine gemeinsame Ursache haben, um sie von denen zu unterscheiden, die nur einmal vorkommen.
Bei der Ursachensuche kann die Anwendung einer einfachen Methode, der 5-W-Technik, hilfreich sein. Der Kernaussage dieser Methode folgend sollte man sich nicht mit der Antwort auf das erste WARUM zufrieden geben sondern im Sinne der Suche nach dem eigentlichen Kern des Problems erneut nach dem WARUM fragen.

Festlegung der Korrekturmaßnahme

Die Entscheidung für eine bestimmte Korrekturmaßnahme sollte unter Berücksichtigung der Bedeutung des aufgetretenen Problems erfolgen. Dies setzt die Bewertung des Problems bezüglich der Aspekte

- Prozesskosten
- qualitätsbezogene Kosten
- Zuverlässigkeit
- Sicherheit
- Kundenzufriedenheit
- etc.

voraus. Die Organisation sollte die Ergebnisse der Bewertung aufzeichnen und in angemessener Weise die Qualitätsmanagement-Systemdokumentation und Aufzeichnungen zur Reflektierung der durchgeführten Korrekturmaßnahmen überarbeiten.

Die Wahl der Korrekturmaßnahme sollte neben angemessener Schritte zur Ursachenelimination entsprechend der Größe des Problems auch das Ergreifen von Maßnahmen zur Ausschaltung oder Minimierung der Gefahr der Wiederkehr des Problems einbeziehen. Die Anwendung von Risikoanalysen stellt dabei eine mögliche, methodische Unterstützung dar.

Ein wichtiger Punkt bei der Entscheidung für eine Korrekturmaßnahme ist die eindeutige Festlegung,

- **WER**
- **WAS**
- bis **WANN**

umzusetzen hat.

Umsetzung der Korrekturmaßnahme

Die Verantwortung für die Umsetzung der Korrekturmaßnahme ist der Dokumentation zu entnehmen. Die Anwendung von Korrekturmaßnahmen kann zu Änderung der Produktion, der Verpackung, von Service, Transport und Lagerungsprozess, der Produkt- oder Dienstleistungsspezifikation und/oder Änderungen im Qualitätsmanagement-System führen.

Kontrolle der Wirksamkeit der Korrekturmaßnahme

Im Sinne von umfassendem Qualitätsmanagement muss zum Schließen des Kreises die Korrekturmaßnahme und deren Wirksamkeit abschließend kontrolliert werden. Dabei ist zu beachten, dass eine ausreichende Lenkung der Prozesse und Prozessbeschreibungen eingeführt wird um das Wiederauftreten des Fehlers zu verhindern. Wenn die Korrekturmaßnahmen eingeführt sind, sollten deren Effekte zur Sicherstellung, dass damit die geplanten Ziele erreicht wurden, dargestellt werden.

Neben dem Nachweis, dass der Fehler durch die Korrekturmaßnahme behoben wurde, ist es im Weiteren erforderlich zu prüfen, ob dadurch an anderer Stelle im Unternehmen Probleme auftreten. Nur wenn diese Punkte geklärt sind, kann die Korrekturmaßnahme als abgeschlossen betrachtet werden.

Informationen über die Durchführung und den Erfolg von Korrekturmaßnahmen sollen in die Qualitätsmanagement-Bewertung einbezogen werden. Dabei sollte auch gemessen werden, ob die Leistung des Prozesses Korrekturmaßnahmen den Vorgaben und Bedürfnissen der Organisation entspricht. Bei der Auswahl der Messgrößen zum Korrekturmaßnahmenprozess sind die Erwartungen der Organisation zu berücksichtigen (z. B. Zeitspanne vom Aufdecken des Fehlers bis zum Abschluss der Korrekturmaßnahme soll minimiert werden).

9.6 ISO 9001-Kapitel 8: Messung, Analyse und Verbesserung

Beispiel: Korrekturmaßnahmenbericht

Firma XYZ   **Korrekturmaßnahmenbericht**   zutreffendes bitte ankreuzen

vom Mitarbeiter auszufüllen

☐ kritischer Fehler	☐ unkritischer Fehler
Beschreibung des Fehlers:	Formular-Nr.:
Angabe der Ursache:	
	Name:
	Datum:

QM

Reaktion: ☐ Ablage ☐ persönliches Gespräch ☐ Korrekturmaßnahme	Bemerkung:
	Name:
	Datum:

Korrekturmaßnahme

☐ Korrekturmaßnahme

Ursachenanalyse:

Name:
Datum:

Beschreibung der Lösung:

Name:
Datum:

Wirksamkeitsüberprüfung

durchzuführen von:	durchgeführt:
Name:	Name:
Datum:	Datum:

Formular Korrekturbericht/Version 1.1/Ausgabedatum: 12.4.2001

Abb. 9-52: Korrekturmaßnahmenbericht

> **ISO 9001:2000-Kapitel 8.5.3: Vorbeugemaßnahmen**
>
> Die Organisation muss Maßnahmen zur Beseitigung der Ursachen von möglichen Fehlern festlegen, um deren Auftreten zu verhindern. Vorbeugungsmaßnahmen müssen den Auswirkungen der möglichen Probleme angemessen sein.
> ...
>
> [Normentextauszug ISO 9001:2000]

Vorbeugemaßnahmen als Chance

Vorbeugungsmaßnahmen stellen die Chance für die Organisation dar, **mögliche** Fehler zu vermeiden. Dazu ist der mögliche Fehler zu analysieren und dessen Ursache zu ermitteln. Ziel ist die Beseitigung der Fehlerursache und das Verhindern des Auftretens des Fehlers.

Auslöser von Vorbeugungsmaßnahmen

Die Verwirklichung einer Vorbeugungsmaßnahme beginnt mit der Entdeckung eines möglichen, qualitätsbezogenen Fehlers.
Die Notwendigkeit einer Maßnahme zur Beseitigung der Fehlerursache kann aus Quellen entstehen wie:

- Qualitätsaudits
- Kundenzufriedenheitsbefragungen
- Aufzeichnungen von Prozessen
- Fehler-Möglichkeits- und Einfluss-Analysen (FMEA)
- etc.

Die Bewertung des möglichen Problems sollte unter Berücksichtigung seiner Bedeutung erfolgen. Bei der Wahl der Beurteilungsintervalle sind Prozesskosten, qualitätsbezogene Kosten, Sicherheit, Kundenzufriedenheit etc. zu berücksichtigen. Es ist nicht notwendigerweise erforderlich, Vorbeugungsmaßnahmen zur Eliminierung jedes möglichen Fehlers durchzuführen.

Feststellung des möglichen Fehlers

In den Vorbeugungsprozess sollten alle Bereiche der Organisation eingebunden sein. Jeder Mitarbeiter sollte die Pflicht haben, bei Entdecken eines möglichen Fehlers diesen aufzuzeigen. Der Fehler sollte in der ihm entsprechenden Form aufgezeichnet werden.

Ermittlung der potenziellen Fehlerursache

Die Organisation sollte formale Problemlösungsmethoden (z. B. Sieben Qualitätswerkzeuge) zur Identifikation der Ursachen für mögliche Fehler verwenden. Notwendige Messungen zur Frühwarnung von außer Kontrolle geratenen Ausführungsbedingungen der Prozesse sollten identifiziert und angewendet werden.

Die Organisation sollte die Verwendung angemessener Produkt- und Prozessverbesserungswerkzeuge (z. B. Poka Yoke) bedenken.

Festlegung der Vorbeugemaßnahme

Die festgelegten Vorbeugemaßnahmen sollten entsprechen der Größe des möglichen Problems das Ergreifen von Maßnahmen zur Ausschaltung oder Minimierung der Gefahr des Auftretens des Problems einbeziehen. Die Ergebnisse sind entsprechend zu dokumentieren.

Umsetzung der Vorbeugungsmaßnahme

Die Verantwortung für die Umsetzung der Vorbeugungsmaßnahme ist der Dokumentation zu entnehmen, wobei die Anwendung von Vorbeugungsmaßnahmen zu Änderung der Produktion, der Verpackung, von Service, Transport und Lagerungsprozess, der Produkt- oder Dienstleistungsspezifikation und/oder Änderungen im Qualitätsmanagement-System führen kann.

Kontrolle der Wirksamkeit der Vorbeugungsmaßnahme

Im Sinne von umfassendem Qualitätsmanagement muss wie bei den Korrekturmaßnahmen zur geschlossenen Vorgehensweise die Umsetzung der Vorbeugungsmaßnahme und deren Wirksamkeit abschließend kontrolliert werden. Die Wirksamkeitskontrolle dient der Sicherstellung, dass die Vorbeugungsmaßnahmen effizient und effektiv sind. Der mögliche Fehler darf nicht auftreten bzw. dürfen durch die Vorbeugungsmaßnahme nicht an anderer Stelle im Unternehmen Probleme verursacht werden.

Informationen von Vorbeugungsmaßnahmen sollten ins Management-Review einbezogen werden.

10 Projektablauf zum Aufbau eines PQM-Systems

R. Käfer, K. Wagner

10.1 Voraussetzungen für ein erfolgreiches Projekt

Der Aufbau eines Prozessorientierten Qualitätsmanagement-Systems ist eine wichtige aber auch komplexe Aufgabenstellung für ein Unternehmen. Die nachfolgende Grafik gibt einen Überblick über die Phasen und Meilensteine im Rahmen des Projekts zum Aufbau eines PQM-Systems.
Jede der Projektphasen endet mit einem Meilenstein. Somit beginnt die darauffolgende Projektphase erst, wenn alle Ergebnisse der vorangegangen Phase vorliegen und alle Aufgaben abgeschlossen sind. Entscheidend für den Projekterfolg ist, dass sowohl die **inhaltliche** Ebene (Anwendung der Prozessmanagement-Methodik) als auch die **technische** Ebene (Installation, Einschulung und Hilfestellung des zum Einsatz kommenden Tools zur Ge-

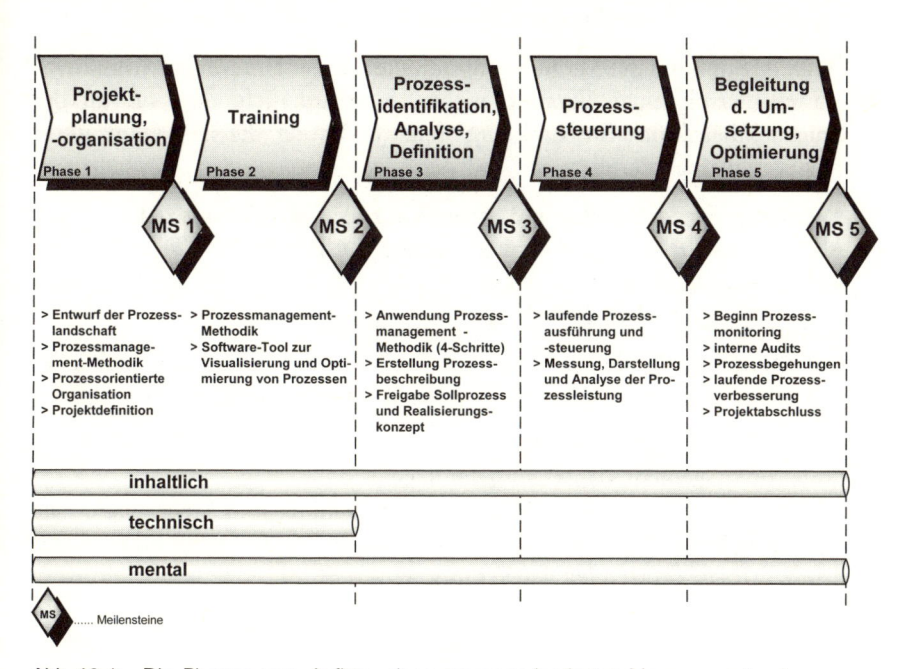

Abb. 10-1: Die Phasen zum Aufbau eines prozessorientierten Managementsystems

schäftsprozessmodellierung) und die **mentale Ebene** (Information, Kommunikation, Motivation) ausreichend abgedeckt werden.

Für ein erfolgreiches Projekt bedarf es einiger Voraussetzungen:

1. **Engagement der Unternehmensleitung**
   Handlungen und Worte müssen übereinstimmen. Entscheidend dabei ist es, das Engagement glaubhaft zu vermitteln.

2. **Klarheit der Ausgangslage**
   Die Veränderung muss von den Betroffenen als notwendig und sinnvoll erachtet werden. Oft muss erst der nötige Leidensdruck vorhanden sein, damit sich in einer Organisation etwas bewegt.
   Es muss daher allen klar sein – frei nach dem Sprichwort „wer rastet der rostet" – dass ein Verharren im Status quo die Wettbewerbsfähigkeit dramatisch beeinträchtigen oder sogar gefährden kann.

3. **Klarheit über die Richtung (Vision, Leitbild, Politik)**
   Die Betroffenen müssen wissen, was mit der Veränderung erreicht werden soll, welche Auswirkungen erwartet werden und welchen Nutzen sie bringen.

4. **Engagement der Mitarbeiter**
   Je größer das Engagement aller Mitarbeiter ist und je geringer der Widerstand gegenüber dem Projekt ist, desto größer die Erfolgschance.

5. **Übereinstimmung der Veränderungsinhalte mit der Unternehmenskultur**
   Für eine erfolgreiche Veränderung ist es erforderlich, dass sie mit der Unternehmenskultur im Einklang steht. Je stärker die Dissonanz umso größer die Widerstände.

6. **Ausrichten der Strukturen und Systeme auf die Veränderungsziele**
   Alle Management- und Führungssysteme müssen auf das Erreichen der Veränderungsziele ausgerichtet werden.

7. **Veränderungsqualifikation der Verantwortlichen**
   Voraussetzung für eine erfolgreiche Veränderung sind neben fachlicher und methodischer, vor allem die soziale Kompetenz im Veränderungsprozess.

8. **Projektmanagement als Arbeitsgrundlage**
   Die sorgfältige Definition, Planung, Überwachung und Steuerung sowie die straffe Kommunikation und Information in Projektform sind entscheidende Erfolgsfaktoren bei der Veränderung.

10.2 Projektphase 1: Projektplanung, -organisation und Kick off

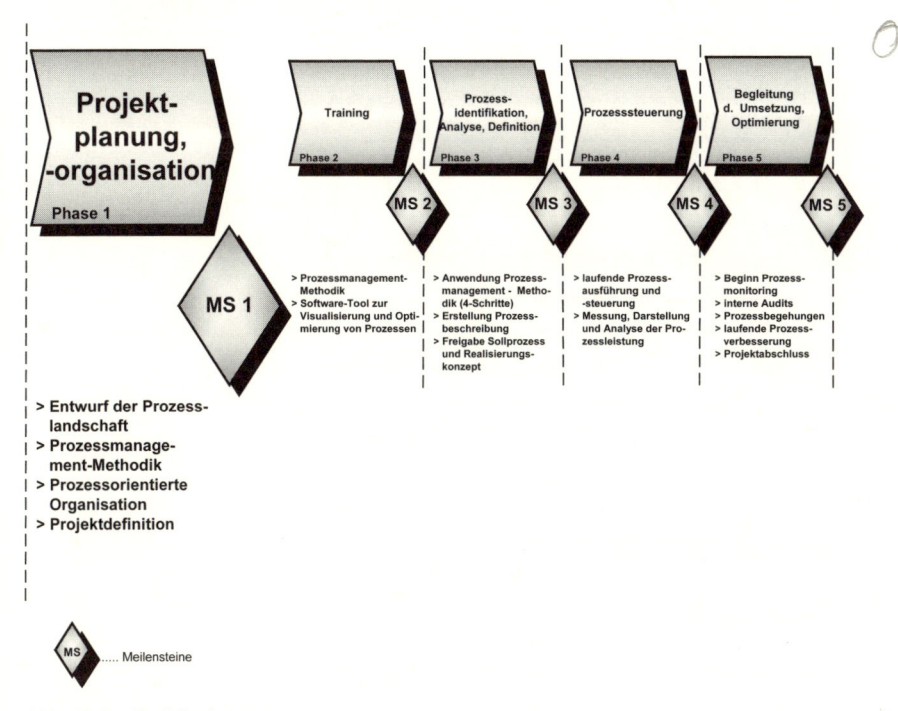

Abb. 10-2: Projektphase 1

10.2.1 Entwurf der Prozesslandschaft/Anwendung der Prozessmanagement-Methodik

Ein Entwurf der Prozesslandschaft (vgl. Kapitel 3) muss vorliegen, um festlegen zu können, welche Prozesse im Rahmen des Projekte vordringlich behandelt werden müssen, wie viele Prozessteams zusammengestellt werden müssen, in welchem Umfang und auf welche Art und Weise die Prozessmanagement-Methodik anzuwenden bzw. anzupassen ist etc. Empfehlenswert ist, bereits in dieser Vorprojektphase die Entscheidungsträger ins Projekt einzubinden und diese von den Vorteilen des PQM-Systems zu überzeugen.

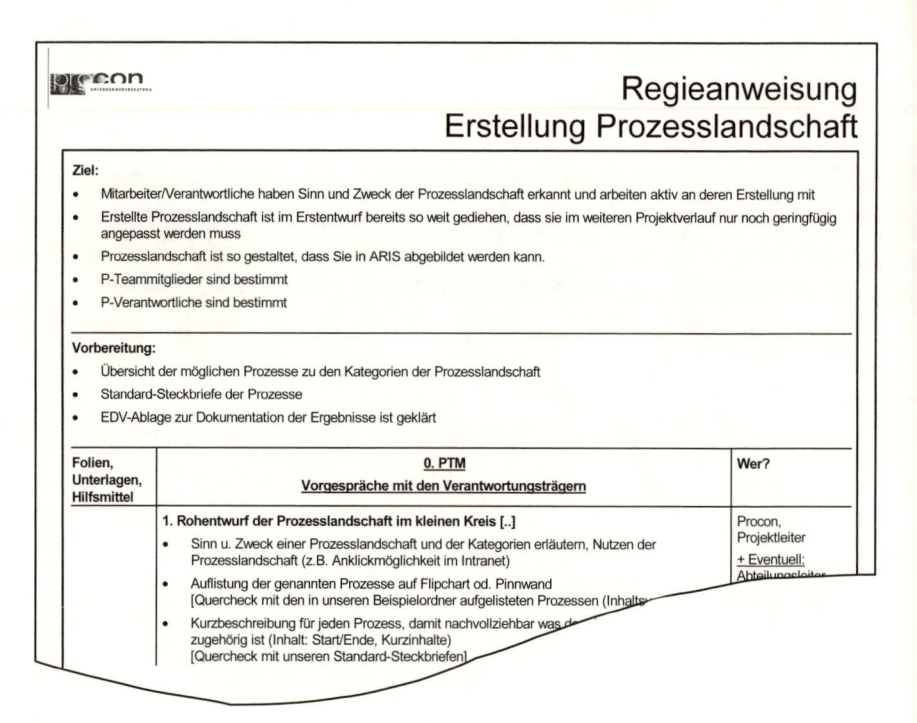

precon		**Regieanweisung** **Erstellung Prozesslandschaft**	
Ziel:			
• Mitarbeiter/Verantwortliche haben Sinn und Zweck der Prozesslandschaft erkannt und arbeiten aktiv an deren Erstellung mit • Erstellte Prozesslandschaft ist im Erstentwurf bereits so weit gediehen, dass sie im weiteren Projektverlauf nur noch geringfügig angepasst werden muss • Prozesslandschaft ist so gestaltet, dass Sie in ARIS abgebildet werden kann. • P-Teammitglieder sind bestimmt • P-Verantwortliche sind bestimmt			
Vorbereitung:			
• Übersicht der möglichen Prozesse zu den Kategorien der Prozesslandschaft • Standard-Steckbriefe der Prozesse • EDV-Ablage zur Dokumentation der Ergebnisse ist geklärt			
Folien, Unterlagen, Hilfsmittel	**0. PTM** **Vorgespräche mit den Verantwortungsträgern**		**Wer?**
	1. Rohentwurf der Prozesslandschaft im kleinen Kreis [..]		Procon, Projektleiter
	• Sinn u. Zweck einer Prozesslandschaft und der Kategorien erläutern, Nutzen der Prozesslandschaft (z.B. Anklickmöglichkeit im Intranet) • Auflistung der genannten Prozesse auf Flipchart od. Pinnwand [Quercheck mit den in unseren Beispielordner aufgelisteten Prozessen (Inhalts • Kurzbeschreibung für jeden Prozess, damit nachvollziehbar was zugehörig ist (Inhalt: Start/Ende, Kurzinhalte) [Quercheck mit unseren Standard-Steckbriefen]		+ Eventuell: Abteilungsleiter

Abb. 10-3: Regieanweisung Erstellung Prozesslandschaft

10.2.2 Prozessorientierte Organisation

Die Phasen im Projekt werden von einem ausgewählten Projektteam durchgeführt.

Das Projektteam unter der Führung des Projektleiters (PL) besteht aus den Arbeitsgruppenverantwortlichen (AGV), den Prozessberatern (PB) bzw. Prozesscoaches (PC), den Prozessverantwortlichen (PV) und ausgewählten Prozessteam-Mitgliedern aus dem Kreis der Mitarbeiter. Idealerweise solche Mitarbeiter, die mit dem Prozess vertraut sind – die im Prozess bzw. an den Schnittstellen zum Prozess tätig sind.

10.2 Projektphase 1: Projektplanung, -organisation und Kick off

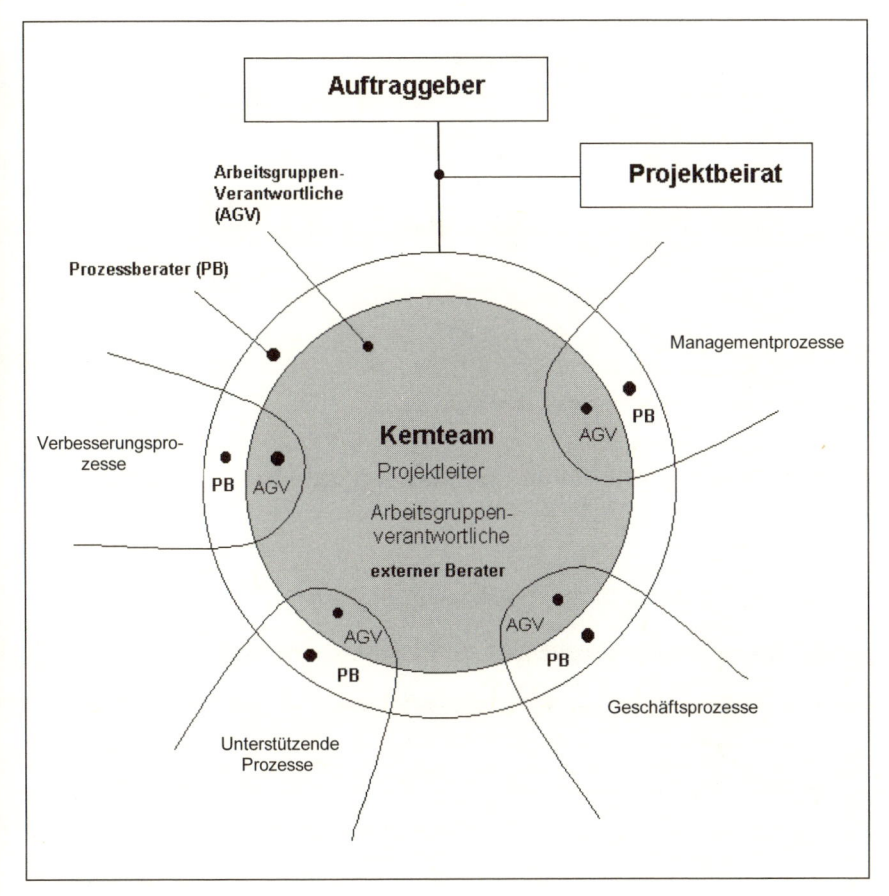

Abb. 10-4: Die Projektteamstruktur

Bei der oben abgebildeten Projektteamstruktur wurden die Prozesse des Unternehmens zur leichteren Bearbeitung in Arbeitsgruppen zusammengefasst. Diese Arbeitsgruppen sind als organisatorische Klammer zu verstehen, nach Beendigung des Projekts werden die Arbeitsgruppen wieder aufgelöst. Die nächste Abbildung zeigt die personelle Zusammensetzung einer dieser Arbeitsgruppen. Für jede dieser Arbeitsgruppen gibt es einen Arbeitsgruppenverantwortlichen und einen Prozessberater. Die Arbeitsgruppe besteht aus einer Reihe von Prozessen, denen wiederum jeweils ein Prozessverantwortlicher vorsteht.

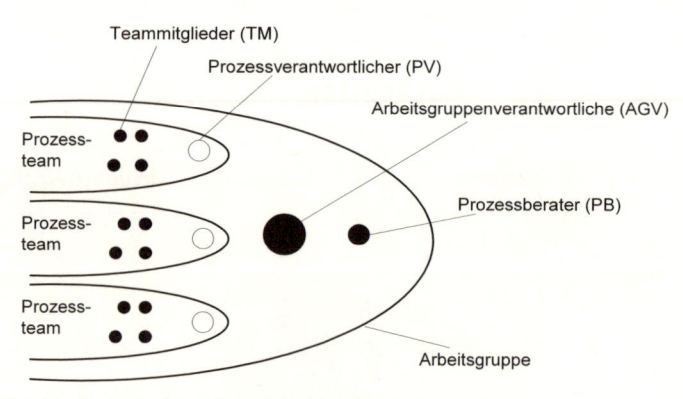

Abb. 10-5: Die Teamstruktur einer Arbeitsgruppe

Die Anforderungsprofile für die Projektteam-Mitglieder stellen sich wie folgt dar:

Anforderungsprofile für die Projektteam-Mitglieder

Arbeitsgruppenverantwortlicher / = „Macht-Promotor" für
- übergeordnete Prozessziele
- angemessene Unterstützung durch die oberste Leitung
- Überwachung des Projektfortschritts innerhalb der Arbeitsgruppe

　Anforderung: entsprechende hierarchische Position im Unternehmen

Prozessberater/Prozesscoach / = „Sach-Promotor" für
- Anwendung Prozessmanagement-Methodik
- Standardisierung/Systematisierung

　Anforderung: Methodenorientierung, Moderationsfähigkeiten

Prozessverantwortlicher / = „Macht-Promotor" für
- Prozesskonzeption und -zielsetzung
- Anforderungen an und Abstimmung mit anderen Prozessen

　Anforderung: entsprechende hierarchische Position im Unternehmen

Prozessteammitglieder / = „Key player" im eigenen Prozess oder aus anderen Prozessen für
- Einbringung des Wissens aus dem Prozess
- Vertretung der Interessen des Prozesses

　Anforderung: hohes Praxiswissen, Interesse an der Prozessgestaltung

---

Die Tätigkeiten und Verantwortungen innerhalb des Projekts sind klar abzugrenzen und festzuhalten:

10.2 Projektphase 1: Projektplanung, -organisation und Kick off

Nr.	Tätigkeiten im Rahmen des Projektes	Projekt-auftraggeber	Projektleiter	Projekt-assistent	Arbeits-gruppen-verantwort.	Prozess-berater	Prozess-Verantwort.	Pressteam-Mitglieder	Berater
1	Auswahl und Ernennung der Prozessverantwortlichen	Ergebnis-Verantwortg.	Mitwirkung	Projekt-Management					
2	Auswahl und Ernennung der Prozessteam - Mitglieder	Vetorecht	Mitwirkung		Ergebnis-Verantwortg.	Mitwirkung	Mitwirkung		Mitwirkung
3	Einberufung und Durchführung der 5 offiziellen Prozessteam - Meetings		Mitwirkung		Einbindung bei Bedarf	Ergebnis-verantwortg.	Mitwirkung	Teilnahme	Mitwirkung
4	Einberufung der internen Treffen der Prozessteam - Meetings		Mitwirkung			Mitwirkung	Ergebnis-verantwortg.	Teilnahme	Einbindung bei Bedarf
5	Festlegung und Nachverfolgung von Maßnahmen	Einbindung bei Bedarf	Aufsichts-funktion		Einbindung bei Bedarf	Mitwirkung & Vetorecht	Ergebnis-verantwortg.	Einbindung bei Bedarf	Aufsichts-funktion
6	Einhaltung der Termine lt. Projektterminplan hinsichtlich des gesamten Arbeitspaketes	Einbindung bei Bedarf	Aufsichts-funktion		Ergebnis-verantwortg.	Aufsicht	Mitwirkung	Mitwirkung	Aufsichts-funktion
7	Erarbeitung der inhaltlichen Ergebnisse hinsichtlich des gesamten Arbeitspaketes		Aufsichts-funktion		Ergebnis-verantwortg.	Aufsicht	Mitwirkung	Mitwirkung	Aufsichts-funktion
8	Einhaltung der Termine lt. Projektterminplan hinsichtlich des jeweiligen Prozesses		Aufsichts-funktion		Aufsichts-funktion	Aufsicht	Ergebnis-Verantwortg.	Mitwirkung	Aufsichts-funktion
9	Erarbeitung der inhaltlichen Ergebnisse hinsichtlich des jeweiligen Prozesses		Aufsichts-funktion		Aufsichts-funktion	Aufsicht	Ergebnis-Verantwortg.	Mitwirkung	Einbindung bei Bedarf
10	Richtige Anwendung der Prozessmanagement - Methodik				Einbindung bei Bedarf	Ergebnis-Verantwortg.	Mitwirkung	Mitwirkung	Aufsichts-funktion
11	Abstimmung von arbeitspaketübergreifenden Schnittstellen	Einbindung bei Bedarf	Einbindung bei Bedarf		Einbindung bei Bedarf	Mitwirkung	Ergebnis-Verantwortg.		Einbindung bei Bedarf
12	Abstimmung von Schnittstellen mit vor- und nachgelagerten Prozessen	Einbindung bei Bedarf	Einbindung bei Bedarf		Einbindung bei Bedarf	Mitwirkung	Ergebnis-Verantwortg.		Einbindung bei Bedarf

Abb. 10-6: Tätigkeiten und Verantwortung im Projekt

Ergebnisverantwortung bedeutet, dass unabhängig davon, an wen die Durchführung delegiert wird (Mitwirkende), der in dieser Spalte angeführte Rolleninhaber für das zustande gekommene Ergebnis verantwortlich ist. Der in diesem Beispiel angeführte Projektassistent ist dem Projektleiter zur Seite gestellt und unterstützt diesen bei der Ausführung von allgemeinen Projekt-Management-Aufgaben (Projekt-Controlling etc.).

In den Rollenbeschreibungen werden die Ziele, Verhaltenserwartung, Rechte und Pflichten für alle am Projekt beteiligten Mitarbeiter aufgelistet. Im Laufe des Projekts ändern sich die Anforderungen, deshalb haben die Rollenbeschreibungen nur eine, zeitlich begrenzte Gültigkeit.

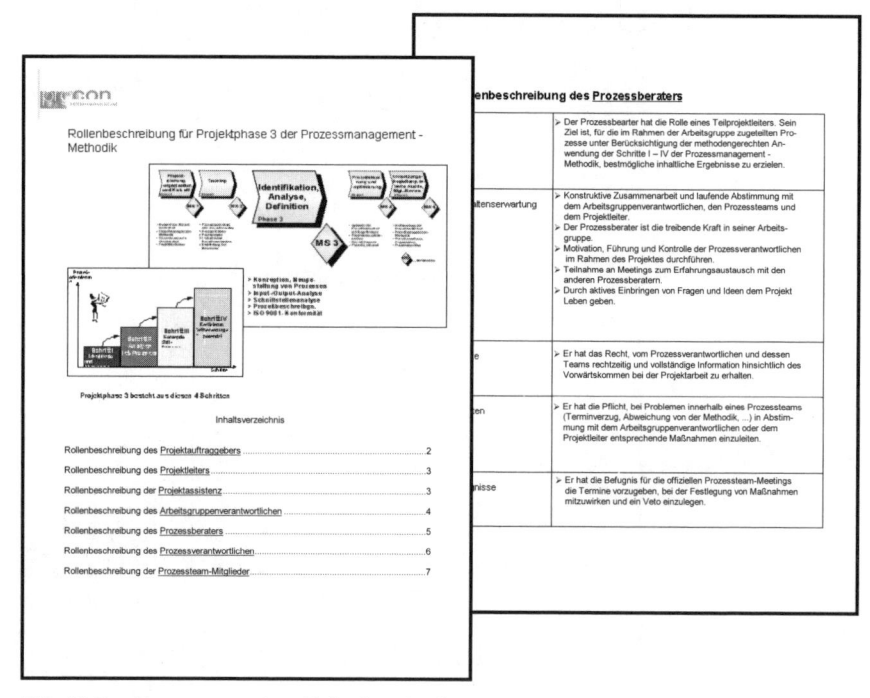

Abb. 10-7: Auszug aus einer Rollenbeschreibung

Damit es zu einer konstruktiven Zusammenarbeit und zu einem raschen Projektfortschritt kommt, sind eine Reihe von formellen Meetings abzuhalten. Die Inhalte dieser Meetings sind:

- **Prozessteam-Meeting:**
  Jeder Schritt in der Phase 3 beginnt mit einem Prozessteam-Meeting. In diesen Meetings wird mit den Teilnehmern die Vorgehensweise zur Abarbeitung der Inhalte des jeweiligen Schrittes erarbeitet.

- **Meeting der internen Teams:**
Erarbeitung der Inhalte des Prozessschrittes.

- **Meeting der Prozessberater:**
Dieses Meeting dient als Vorbereitung der Prozessberater auf das Prozessteam-Meeting. Es findet demnach mindestens eine Woche vor dem jeweiligen Prozessteam-Meeting statt.

- **Meeting des Kernteams:**
Monatliches Meeting, in dem projektinterne Sachverhalte besprochen werden. Dieses Meeting sollte unmittelbar vor dem Projektaufsichtsmeeting stattfinden, um sich dementsprechend darauf vorzubereiten.

- **Meeting der Projektaufsicht:**
Monatliches Meeting, in dem der Projektaufsicht der Projektstatus, die nächsten Schritte vorgestellt sowie projektrelevante Entscheidungen eingefordert werden.

Die Teilnehmer der Meetings setzen sich wie folgt zusammen:

- **Prozessteams:**
Prozessverantwortlicher, Prozessberater, Teammitglieder (Projektleiter, Qualitätsmanagement, externer Berater bei Bedarf)

- **Interne Teams:**
Prozessverantwortlicher und Teammitglieder (Prozessberater sowie weitere Mitarbeiter bei Bedarf)

- **Kernteam:**
Projektleiter, Prozessberater, Arbeitsgruppenverantwortliche, Qualitätsmanagement, externe Berater

- **Projektaufsicht:**
Auftraggeber, Projektleiter, externe Berater

Eine wesentlicher Erfolgsfaktor für das Projekt stellt die **Projektkommunikation** dar. Dabei sollten möglichst viele verschiedene Kommunikationsschienen genützt werden.

So kann beispielsweise eine eigene **Projekt-Homepage** im Intranet des Unternehmens eingerichtet werden. Inhalte dieser Projekt-Homepage mit wissenswerten Informationen können sein:

- Projektterminplan
- Projektteams
- Vorlagen und Muster
- Schulungsunterlagen
- Spruch oder Cartoon der Woche

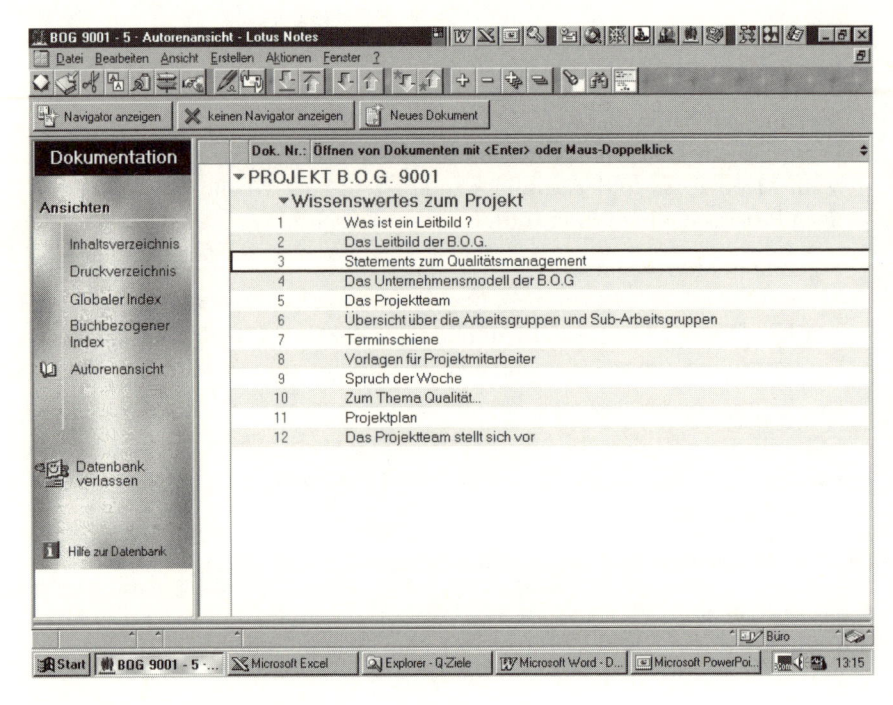

Abb. 10-8: Projekt-Homepage

Im Rahmen einer **Projekt-Kick-off-Veranstaltung** können die Mitarbeiter zu Projektbeginn über die Inhalte und Zielsetzungen des Projekts informiert werden. Durch Einbindung der Unternehmensleitung kann den Mitarbeitern die Bedeutung und die Wichtigkeit des Projekts vor Augen geführt werden und somit auch motivatorische Arbeit für das Projekt geleistet werden.

Um nachhaltigen Eindruck bei den Mitarbeitern zu hinterlassen, ist es empfehlenswert, zusätzlich auch in schriftlicher Form die Mitarbeiter über das Projekt zu informieren. Ein **Projekt-Folder** bzw. ein **Projekt-Infoblatt** ist eine der Möglichkeiten, die Mitarbeiter gezielt und werbewirksam anzusprechen:

Infoblatt zum Projekt

„Prozessmanagement 2001"

„Prozessmanagement 2001" ist die Bezeichnung für das Projekt zum Aufbau eines prozessorientierten Qualitätsmanagement-Systems, das den Kriterien der weltweit gültigen Qualitätsnorm „ISO 9000" entspricht. Mit dem Projekt wollen wir erreichen:

Das Projekt

Die Ziele des Projekts

- Sicherstellung optimaler Dienstleistungsqualität heute und in Zukunft zur Sicherung der Vertrauensbasis zum Kunden
- Schaffung eines umfassenden Qualitätsmanagement-Systems – Sicherung und Verbesserung von Prozess- und Ergebnisqualität, insbesondere die optimale Gestaltung der Schnittstellen
- Klare Regelungen der Kompetenzen und Schnittstellen sowie Verbesserung der Informationsstruktur
- Transparente Abläufe als Basis für die kontinuierliche Verbesserung der Qualität und zur Effizienzsteigerung
- Aufbau eines Sicherheitsnetzes um bei allfälligen Haftungsfragen gerüstet zu sein
- Sicherstellung der Zertifizierbarkeit des geschaffenen Qualitätsmanagement-Systems als Zusatznutzen (anerkannte, unabhängige Bestätigung, dadurch interne und externe Marketingchance des nachgewiesenen Qualitätsstandards)

Qualität ist Zusammenarbeit

Qualität gilt auch im täglichen Umgang miteinander. Denn jeder schlüpft mitunter bei internen Auftrags- und Aufgabenabwicklungen in eine Kundenrolle und möchte dabei sicherlich so behandelt werden, dass er zufrieden ist.

Jeder trägt seinen Teil zur Qualität bei

Weitere Informationen zum Projekt finden Sie auf der Rückseite.

Um das Ziel zu erreichen, ersuche ich Sie um aktive Mitarbeit.

Die Geschäftsführung

Weitere Informationen zum Projekt finden Sie auf der Rückseite

Abb. 10-9:   Projekt-Infoblatt

Projektdefinition

Im Rahmen der Projektplanung sollte im Rahmen des Startworkshops und bei dessen Vorbereitung eine Projektdefinition erstellt werden:

PROJEKTDEFINITION

Projektname	Aufbau eines Prozessmanagementsystems (Prozessmanagement 2001)

Ausgangssituation
- Organisatorische Umstrukturierung bereits erfolgt
- Die Prozessdokumentation wurde nicht an die neuen Strukturen angepasst
- Keine Einbindung der Mitarbeiter in das Qualitätsmanagement

Projektziele (Rahmen lt. Geschäftsplan)	Zielgrößen/Kennzahlen (Rahmen lt. Geschäftsplan)
1. Kundenzufriedenheit steigern und Kundenbindung erhöhen	1. Höhere Kundenzufriedenheit, Kundenanzahl
2. Verstärkung der Kundenorientierung sowie Einführung von entsprechenden Steuerungsinstrumenten im Vertrieb, Konzentration auf die Kernaufgaben	2. Reports über Kundenbesuche, Abschlüsse, Ertrag, Vertriebsplan
3. Optimierung und Vereinheitlichung der Abläufe	3. Kostenreduktion, Optimierung der Durchlaufzeit, Anzahl Schnittstellen, Reduktion der Systemvielfalt, Erhöhung der Kundenzufriedenheit

Projektbeschreibung
s. Projektterminplan

Kritische Erfolgsfaktoren
- Zu wenig Zeit
- Wille der Mitarbeiter (Arbeitsüberlastung)
- Widerstände, mangelnde Flexibilität

Projektkosten
Extern/intern (Ermittlung anhand interner Stundensätze)

Projektkontext/-umfeld:

Projekte	Termine/Bemerkgn.
• Auslagerung Abteilung X	

Projektereignisse	Datum	Projektorganisation	Namen
Projektstart (Startworkshop)	1.3.2001 (weitere Projektereignisse siehe Projektplan)	• Projektauftraggeber • Projektleiter • Qualitätsbeauftragter	
Projektende (Zertifizierung)	12/2001		

Anhänge	Projektterminplan, Projektorganisation, Projektkalkulation

_____ _____ _____
Datum   Projektauftraggeber   Projektleiter

Abb. 10-10: Projektdefinition

10.3 Projektphase 2: Training

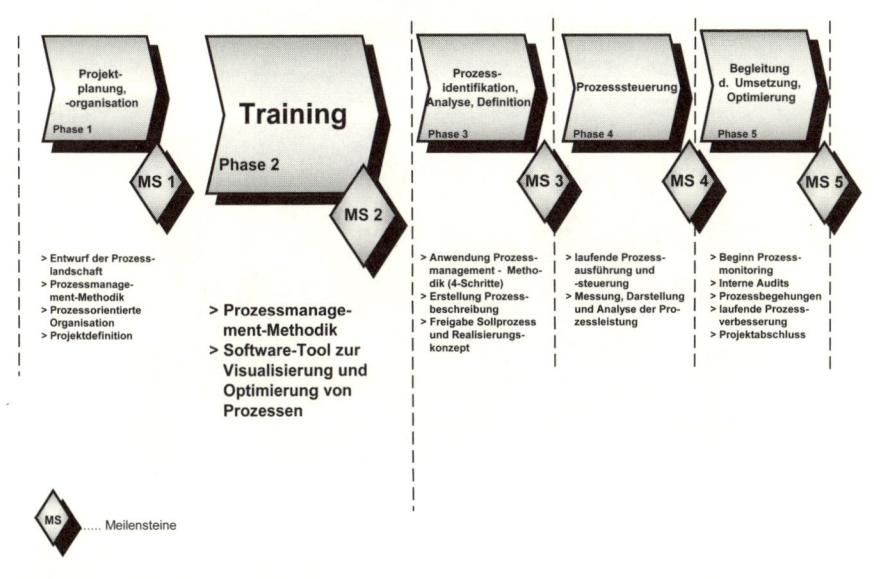

Abb. 10-11: Projektphase 2

Die Erarbeitung und Umsetzung eines maßgeschneiderten Trainingsplans, der einerseits die Prozessmanagement-Methodik und andererseits das zum Einsatz kommende Software-Tool zur Prozessgestaltung beinhaltet, stehen hier im Mittelpunkt. Die Aufteilung der Schulungspakete erfolgt beispielsweise nach dem Train-the-Trainer Prinzip. Das bedeutet, dass Inhalte den Kernteam-Mitgliedern, den Prozessberatern und den Prozessverantwortlichen anhand von Beispielen aus dem Unternehmen vermittelt werden und dass die Trainings auf Mitarbeiterebene im Rahmen der Prozessbeschreibungsumsetzung durch das Unternehmen erfolgen.

10.3.1 Prozessmanagement-Methodik Training

In Workshops wird den Teilnehmern die Methodik des Prozessmanagements näher gebracht. An Hand von konkreten Beispielen wird die Vorgehensweise praxisnah demonstriert. In Kleingruppen lösen die Teilnehmer Aufgabenstellungen und vertiefen sich dadurch in die Materie.

Durch die Verwendung von realen, im Unternehmen vorhandenen Problemen lassen sich Lösungsansätze finden, die später weiterbearbeitet werden können. Die Vorgangsweise, steigert auch die Motivation, da Verbesserungen sofort erkannt werden und damit auch der Nutzen eines PQM-Systems (vgl. Kapitel 2) gezeigt werden kann.

Abb. 10-12: Prozessmanagement-Workshop

Im Prozessmanagement-Training werden folgende Inhalte vermittelt:

- Vorstellen der Prozessmanagement-Methodik
- Aufzeigen der Vorteile und des Nutzens eines PQM-Systems
- Kennenlernen und Anwenden der Prozessmanagement-Methodik
- Vereinbaren der gemeinsamen Vorgehensweise und der einheitlichen Verwendung von Symbolen, Hilfsmitteln etc.
- Abklärung der Informationspolitik während des Projekts
- Diskussionsrunde zur Beantwortung von Unklarheiten und Fragen

10.3.2 Training zum Einsatz von Software-Tools zur Visualisierung und Optimierung von Prozessen

Die Verwendung von Software-Tools zur Visualisierung und Optimierung von Prozessen ist notwendig und sehr hilfreich. Im Rahmen eines Trainings wird der effiziente und sinnhafte Einsatz des zur Anwendung kommenden Tools erklärt und anhand von praktischen Prozessbeispielen geübt. Erklärungsphasen wechseln sich mit Übungsphasen ab.

Im Tool Training werden beispielsweise folgende Inhalte vermittelt:

- Zu Beginn wird dargelegt, warum dieses Programm verwendet wird und wie es das Projekt Prozessmanagement wirkungsvoll unterstützt. Weiterhin sehen die Teilnehmer wo ihre Arbeit im Zuge des Projekts beginnt – „Standortbestimmung".

- Die betroffenen Mitarbeiter bekommen einen Überblick über das Softwarepaket vermittelt. Es werden die Vorteile dargelegt.

- Es wird auf die Wichtigkeit der Konventionen verwiesen, da ohne diese ein einheitliches Vorgehen nicht möglich ist.

- Während der Schulung werden ausreichende Kenntnisse vermittelt, so dass die Teilnehmer anschließend in der Lage sind, selbstständig mit dem Programm zu arbeiten.

- Durch die Anwendung des Programms auf praxisbezogene Beispiele wird der Nutzen für die Teilnehmer sofort sichtbar.

- Abschließend erhalten die Teilnehmer ein Tool-Handbuch. Dieses Handbuch dient als Nachschlagewerk und weist auf die einzuhaltenden Konventionen hin.

Beispiel: Auszug aus einem Tool-Handbuch

2.5 Arbeiten mit dem ARIS Explorer

Wird im linken Frame des ARIS Explorers eine Gruppe markiert, erhält man im rechten Frame entweder
- alle Modelle oder
- alle Objekte aufgelistet, je nachdem ob der Reiter **Modelle** bzw. **Objekte** aktiviert ist.

Im linken Frame gibt es die Icons Modelle und Objekte.
- Ein aktiviertes Icon **Modelle** blendet die Modelle der markierten Gruppe ein.
- Ein aktiviertes Icon **Objekte** blendet die Objektdefinitionen der markierten Gruppe ein.

2.6 Arbeitsoberfläche

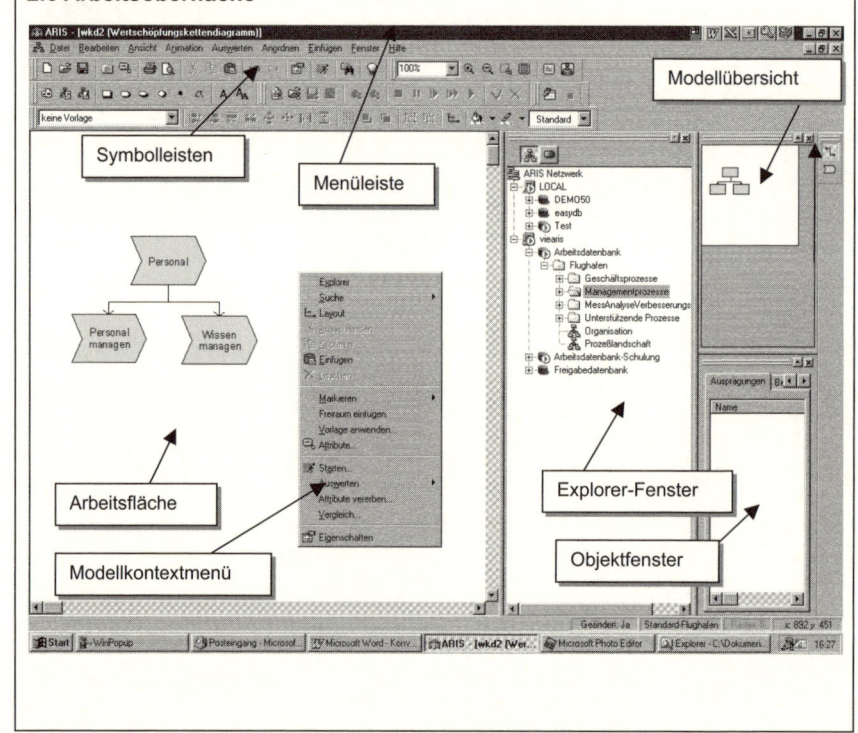

Abb. 10-13: Auszug aus einem Handbuch zu einem Geschäftsprozess-Optimierungstool

10.4 Projektphase 3: Identifikation, Analyse und Konzeption

Phase 1 – Projektplanung, -organisation (MS 1)
- > Entwurf der Prozesslandschaft
- > Prozessmanagement-Methodik
- > Prozessorientierte Organisation
- > Projektdefinition

Phase 2 – Training (MS 2)
- > Prozessmanagement-Methodik
- > Software-Tool zur Visualisierung und Optimierung von Prozessen

Phase 3 – Prozessidentifikation, Analyse, Definition (MS 3)
- > Anwendung Prozessmanagement-Methodik (4-Schritte)
- > Erstellung Prozessbeschreibung
- > Freigabe Sollprozess und Realisierungskonzept

Phase 4 – Prozesssteuerung (MS 4)
- > laufende Prozessausführung und -steuerung
- > Messung, Darstellung und Analyse der Prozessleistung

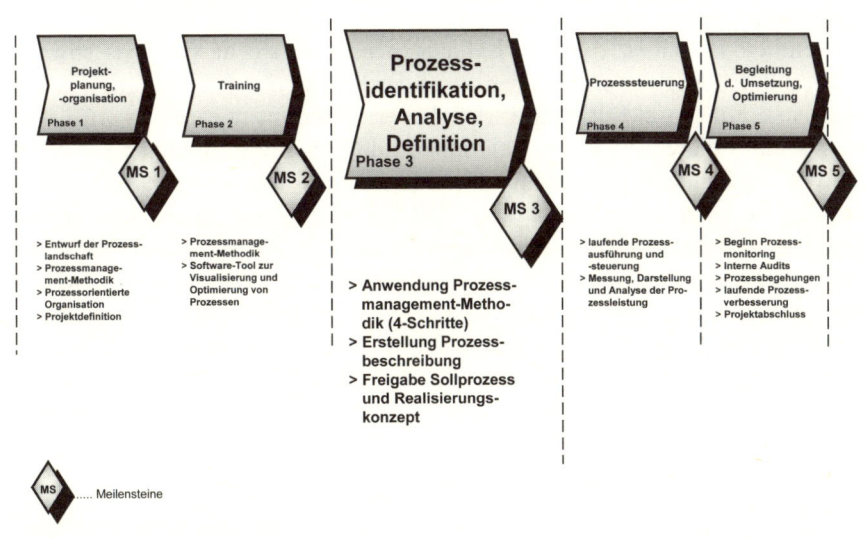

Phase 5 – Begleitung d. Umsetzung, Optimierung (MS 5)
- > Beginn Prozessmonitoring
- > Interne Audits
- > Prozessbegehungen
- > laufende Prozessverbesserung
- > Projektabschluss

MS ..... Meilensteine

Abb. 10-14: Projektphase 3

In dieser Projektphase werden die bereits erläuterten vier Schritte der Prozessmanagement-Methodik (vgl. Kapitel 4) von den im Rahmen der Projektorganisation eingesetzten Prozessteams zur Anwendung gebracht:

Prozessorientierung

- **Schritt I**: Identifikation und Abgrenzung
- **Schritt II**: Analyse Ist-Prozesse
- **Schritt III**: Konzeption Soll - Prozesse
- **Schritt IV**: Realisierung Verbesserungspotential

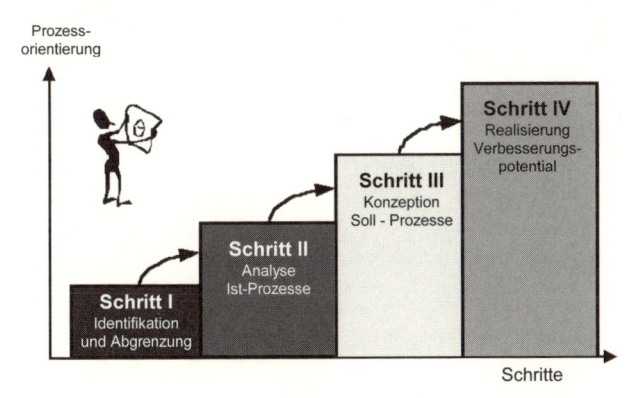

Schritte

Abb. 10-15: Die vier Schritte der Prozessmanagement-Methodik in der Projektphase 3

In der eigentlichen Analysephase müssen zuerst die Prozesse analysiert werden, bevor an die Konzeption des Prozesses herangegangen wird. Hilfreich ist in diesem Zusammenhang die Ermittlung der Idealwerte mittels Prozessbenchmarking. Wesentlich ist dabei, dass im Rahmen der Prozessteam-Meetings sowohl während der Analyse als auch während der Konzeption intensiv mit den betroffenen Führungskräften und Mitarbeitern zusammengearbeitet wird, um das gesamte Potential an Informationen und Ideen ausschöpfen zu können und Widerstände, die durch mangelnde Informationen entstehen, abzubauen. Oft bestehen in einem starken Maß Vorbehalte und Misstrauen gegenüber den Effizienzsteigerungspotentialen, die auch Ängste um den Arbeitsplatz und den eigenen Aufgabenbereich beinhalten. Durch die breite Zusammenarbeit kann es jedoch auch zu Verzögerungen und Behinderungen des Transformationsprozesses kommen. Die kaum vermeidbaren Reibungsverluste sollten dazu genutzt werden, die wandlungsfähigen und innovationswilligen Mitarbeiter zu erkennen und in die neue prozessorientierte Organisation entsprechend einzubinden[61].

10.5 Projektphase 4: Start der Prozesssteuerung und Optimierung

Phase 1	Phase 2	Phase 3	Phase 4	Phase 5
Projektplanung, -organisation	Training	Prozessidentifikation, Analyse. Definiton	Prozesssteuerung	Begleitung d. Umsetzung, Optimierung
MS 1	MS 2	MS 3	MS 4	MS 5
> Entwurf der Prozesslandschaft > Prozessmanagement-Methodik > Prozessorientierte Organisation > Projektdefinition	> Prozessmanagement-Methodik > Software-Tool zur Visualisierung und Optimierung von Prozessen	> Anwendung Prozessmanagement - Methodik (4-Schritte) > Erstellung Prozessbeschreibung > Freigabe Sollprozess und Realisierungskonzept	> laufende Prozessausführung und -steuerung > Messung, Darstellung und Analyse der Prozessleistung	> Beginn Prozessmonitoring > Interne Audits > Prozessbegehungen > laufende Prozessverbesserung > Projektabschluss

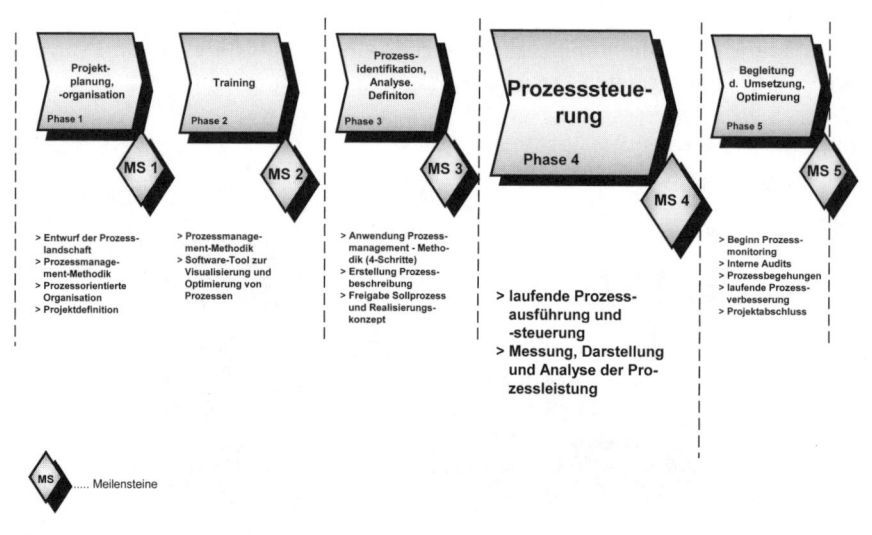

MS ..... Meilensteine

Abb. 10-16: Projektphase 4

10.5 Projektphase 4: Start der Prozesssteuerung und Optimierung 215

Nach der offiziellen Freigabe des Sollprozesses und dem erfolgreichen Abschluss der damit verbundenen Maßnahmen zur Umsetzung beginnt nun die fortlaufende Prozesssteuerung und Optimierung im Rahmen der Prozessausführung sowie die laufende Prozessverbesserung. Das Prozessprinzip gelangt nun zur Umsetzung:

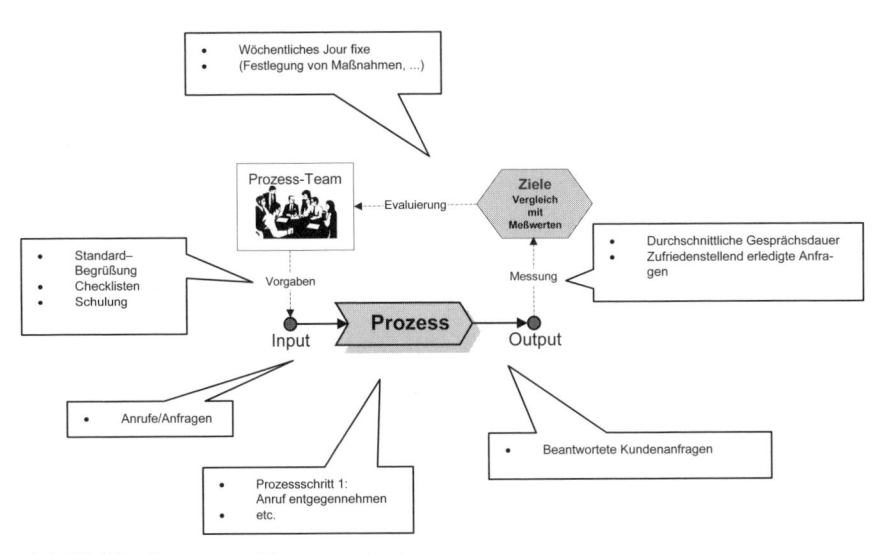

Abb. 10-17: Prozessausführung und -steuerung

Die projektbezogenen Aufgaben des Prozessteams im Rahmen des Aufbaus des Prozessmanagement-Systems wandeln sich nun in die ständigen Aufgaben im Rahmen des gelebten Prozessmanagement-Systems. Zu diesen Aufgaben gehören unter anderem die Durchführung von regelmäßig stattfindenden Prozessteam-Jour-fixes zur Diskussion und Festlegung weiterer Prozesssteuerungs- und -verbesserungsmaßnahmen, die Einschulung neuer Mitarbeiter in den Prozess, die Bekanntgabe und Visualisierung der Prozesszielerreichung etc.

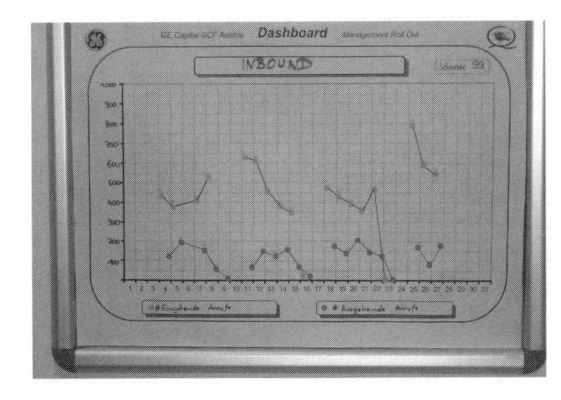

Abb. 10-18: Prozess-Infotafel

Die Visualisierung ermöglicht dem Prozessverantwortlichen und seinem Team den Überblick hinsichtlich der Zielerreichung zu bekommen. Zusätzlich werden damit auch die am Prozess beteiligten Mitarbeiter und auch andere Personen über die Prozessleistung informiert. In der Praxis bewährte Instrumente zur Visualisierung der Prozessleistung stellen die Prozess-Infotafel und Prozess-Homepage dar, die gleichzeitig den Mitarbeitern auch weitere interessante Informationen rund um den Prozess liefern.
Dementsprechend sind nun die Rollenbeschreibungen und auch die handelnden Personen des Prozessteams neu zu definieren.
Ein wichtiger Erfolgsfaktor ist die umfassende und rechtzeitige Information der von Änderungen in den Prozessen betroffenen Mitarbeiter.
Je nach Mitarbeitergruppe und Ausmaß der Veränderung ist das jeweils passende Informationsmedium auszuwählen. Die Mitarbeiter sollten dabei auch die Möglichkeiten haben, Rückmeldungen bzw. Feedback zu geben.

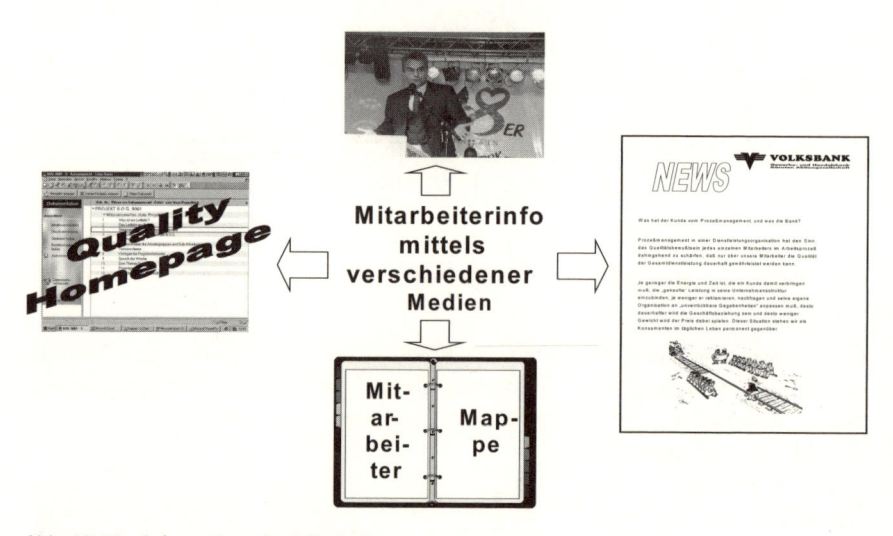

Abb. 10-19: Information der Mitarbeiter

10.6 Projektphase 5: Umsetzungsbegleitung

Nun ist es soweit: die neuen Prozesse laufen rund, die Einsparungen, sowohl kostenseitig als auch zeitmäßig sind beachtlich, die Kundenzufriedenheit ist gewachsen, die neuen Prozesse werden von allen Seiten akzeptiert und gelobt.
Jetzt ist der Zeitpunkt gekommen, das Bewusstsein um das Prozessorientierte Qualitätsmanagement bei den Mitarbeitern umfassend und nachhaltig zu

10.6 Projektphase 5: Umsetzungsbegleitung

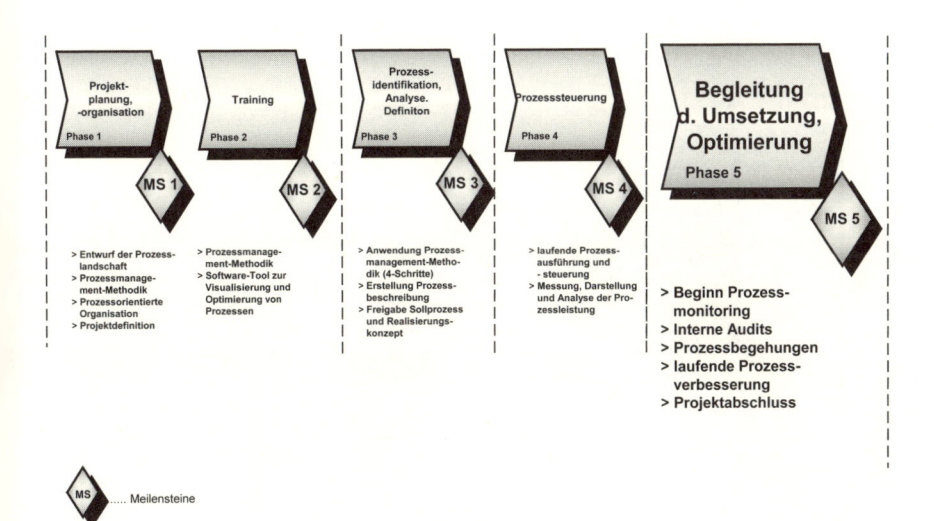

Phase 1: Projektplanung, -organisation
- > Entwurf der Prozesslandschaft
- > Prozessmanagement-Methodik
- > Prozessorientierte Organisation
- > Projektdefinition

Phase 2: Training
- > Prozessmanagement-Methodik
- > Software-Tool zur Visualisierung und Optimierung von Prozessen

Phase 3: Prozessidentifikation, Analyse, Definiton
- > Anwendung Prozessmanagement-Methodik (4-Schritte)
- > Erstellung Prozessbeschreibung
- > Freigabe Sollprozess und Realisierungskonzept

Phase 4: Prozesssteuerung
- > laufende Prozessausführung und -steuerung
- > Messung, Darstellung und Analyse der Prozessleistung

Phase 5: Begleitung d. Umsetzung, Optimierung
- > Beginn Prozessmonitoring
- > Interne Audits
- > Prozessbegehungen
- > laufende Prozessverbesserung
- > Projektabschluss

MS ..... Meilensteine

Abb. 10-20: Projektphase 5

stärken. Die Durchführung prozessorientierter Audits dient dabei der Überwachung und Darstellung des Fortschrittes im Rahmen des PQM-Systems. Entscheidend ist, dass die Umsetzung der Prozesse lückenlos und zeitgerecht erfolgt.

Bewährt hat sich in diesem Zusammenhang die Erstellung eines Jahreskalenders:

218 10 Projektablauf zum Aufbau eines PQM-Systems

PROZESSE IM JAHRESKALENDER

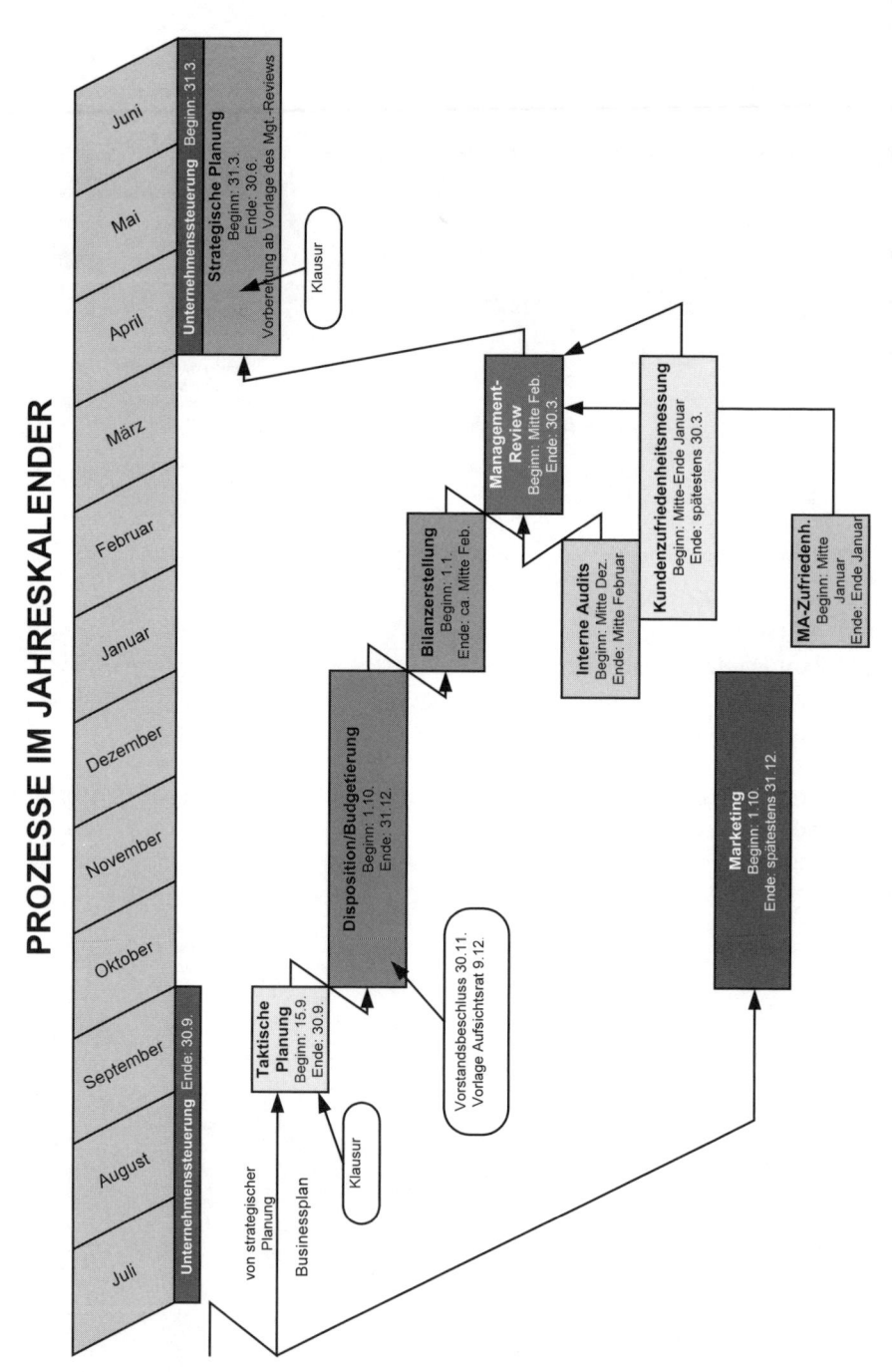

Unternehmenssteuerung Ende: 30.9.
Unternehmenssteuerung Beginn: 31.3.

Strategische Planung
Beginn: 31.3.
Ende: 30.6.
Vorbereitung ab Vorlage des Mgt.-Reviews

Klausur

Management-Review
Beginn: Mitte Feb.
Ende: 30.3.

Kundenzufriedenheitsmessung
Beginn: Mitte-Ende Januar
Ende: spätestens 30.3.

MA-Zufriedenh.
Beginn: Mitte Januar
Ende: Ende Januar

Bilanzerstellung
Beginn: 1.1.
Ende: ca. Mitte Feb.

Interne Audits
Beginn: Mitte Dez.
Ende: Mitte Februar

Disposition/Budgetierung
Beginn: 1.10.
Ende: 31.12.

Vorstandsbeschluss 30.11.
Vorlage Aufsichtsrat 9.12.

Taktische Planung
Beginn: 15.9.
Ende: 30.9.

Klausur

von strategischer Planung
Businessplan

Marketing
Beginn: 1.10
Ende: spätestens 31.12.

Abb. 10-21: Prozesse im Jahreskalender

Eine weitere Möglichkeit, im Rahmen der Umsetzung den Prozessteams Unterstützung zu geben, stellen die Prozessbegehungen dar. Dabei wird, moderiert vom Projektleiter oder auch mit externer Unterstützung, der Prozess gemeinsam mit den betroffenen Mitarbeitern Schritt für Schritt durchgegangen, um so Umsetzungsschwierigkeiten und weitere Verbesserungspotenziale zu erkennen.

10.7 Mögliche Fallen und Stolpersteine im Projekt

Im Rahmen des Projekts zum Aufbau eines PQM-Systems können auch Fallen und Stolpersteine auftauchen, die es rechtzeitig zu erkennen und gegenzusteuern gilt.

Fallen und Stolpersteine im Projekt

- Mangelnde Wandlungsfähigkeit des Unternehmens, erkennbar durch den Versuch, möglichst viele bestehende Strukturen und Prozesse in das neue System hinüberzuretten
- Unzureichende Kunden- und Wettbewerbsorientierung, erkennbar an falschen Prozesszielen
- Mangelndes ganzheitliches Denken, erkennbar an der Optimierung von Subprozessen anstelle der gesamten Prozesskette
- Unklare Ziele und widersprüchliche Informationen, erkennbar durch verunsicherte Mitarbeiter
- Unzweckmäßige Beurteilungs- und Entlohnungssysteme, erkennbar an egoistischem Handeln dort wo Teamgeist gefragt ist
- Mangelnde Qualifizierung der Mitarbeiter für ihre neuen Aufgaben in den neuen Prozessen, erkennbar an auftretenden Fehlern und Problemen im Prozess

---

Die Kunst, Veränderungen im Unternehmen zu bewirken und vom Management bewusst und aktiv zu steuern, wird unter dem Begriff Change Management zusammengefasst. Unter diesem Namen sind Erfahrungen, Methoden, Instrumente und Hilfsmittel zusammengefasst, die helfen, Veränderungsprozesse im Rahmen von PQM-Systemen bewusster zu steuern und leichter zu realisieren.

11 Erfolgreiche Projekte in der Praxis

R. Käfer, G. Kohl, K. Wagner

11.1 Beispiel: Aufbau eines Prozessorientierten Qualitätsmanagement-Systems in der Volksbank, GHB Kärnten AG

11.1.1 Ausgangssituation

Unter dem Gesichtspunkt der steigenden Anforderungen hinsichtlich Organisation und Produktivität entschloss sich der Vorstand der Volksbank, GHB Kärnten AG für den Aufbau eines PQM-Systems mit folgender Zielsetzung:

- Kundenzufriedenheit steigern und Kundenbindung erhöhen
- Verstärkung der Kundenorientierung sowie Einführung von entsprechenden Steuerungsinstrumenten im Vertrieb, Konzentration auf die Kernaufgaben
- Optimierung und Vereinheitlichung der Abläufe
- Motivation der Mitarbeiter zu mehr Eigenverantwortung und verbessertem Problemlösungsverhalten
- Zertifizierbarkeit des PQM-Systems

11.1.2 Projektablauf

Bei der Erstellung des Projektablaufplans standen folgende Kriterien im Vordergrund:

- Das in klar definierte Phasen mit jeweils definierten Meilenstein-Ergebnissen gegliederte Vorgehensmodell sorgt für eine stufenweise Entwicklung und Verfeinerung der Prozesse und der Prozessmanagement-Methodik in logisch schlüssiger Abfolge, in der nach jeder bewältigten Stufe ein bestimmter und in sich konsistenter Entwicklungsschritt abgeschlossen ist.
- Die im Projekt vorgesehene Bewertung der Meilensteinergebnisse dient zur Freigabe der abgeschlossenen Projektphase und ist die Entscheidungsgrundlage für die weiteren Schritte im Projekt. Diese Vorgehensweise stellt zusammen mit den im vorigen Punkt beschriebenen jeweils für sich allein nutzbaren Entwicklungsschritten ein optimales Risikomanagement für das Projekt dar.

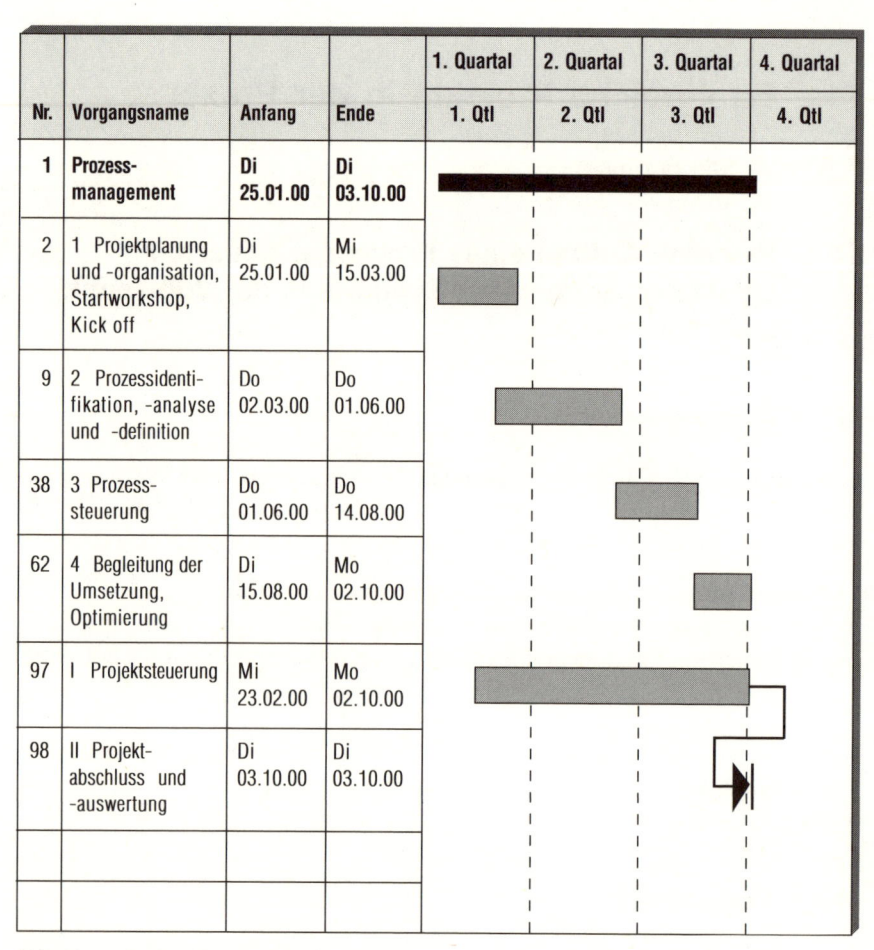

Nr.	Vorgangsname	Anfang	Ende	1. Quartal / 1. Qtl	2. Quartal / 2. Qtl	3. Quartal / 3. Qtl	4. Quartal / 4. Qtl
1	Prozessmanagement	Di 25.01.00	Di 03.10.00				
2	1 Projektplanung und -organisation, Startworkshop, Kick off	Di 25.01.00	Mi 15.03.00				
9	2 Prozessidentifikation, -analyse und -definition	Do 02.03.00	Do 01.06.00				
38	3 Prozesssteuerung	Do 01.06.00	Do 14.08.00				
62	4 Begleitung der Umsetzung, Optimierung	Di 15.08.00	Mo 02.10.00				
97	I Projektsteuerung	Mi 23.02.00	Mo 02.10.00				
98	II Projektabschluss und -auswertung	Di 03.10.00	Di 03.10.00				

Abb. 11-1: Projekt-Terminplan

Bei der Festlegung der Projektorganisation wurde insbesondere darauf geachtet, dass durch die Kernteam-Arbeitsgruppenstruktur die von der Volksbank Kärnten AG angestrebte breite Mitarbeitereinbindung gewährleistet wird. Dies ist Garant für die wirksame Verbreitung des im Rahmen des Projekts erarbeiteten Prozesswissens.

Die in jeder Phase des Projekts erkannten Optimierungsmöglichkeiten wurden laufend dem Vorstand präsentiert. In Form einer Aktivitätenplanung werden die Entscheidungen und die daraus resultierenden Maßnahmen zur Umsetzung gebracht, so dass das Verbesserungspotenzial schon während der Projektdurchführung laufend genützt wurde.

11.1 Beispiel: Aufbau eines Prozessorientierten Qualitätsmanagement-Systems

---

NEWS

VOLKSBANK
Gewerbe- und Handelsbank
Kärnten Aktiengesellschaft

Was hat der Kunde vom Prozessmanagement, und was die Bank?

Prozessmanagement in einer Dienstleistungsorganisation hat den Sinn, das Qualitätsbewusstsein jedes einzelnen Mitarbeiters im Arbeitsprozess dahingehend zu schärfen, dass nur über unsere Mitarbeiter die Qualität der Gesamtdienstleistungen dauerhaft gewährleistet werden kann.

Je geringer die Energie und Zeit ist, die ein Kunde damit verbringen muss, die „gekaufte" Leistung in seine Unternehmensstruktur einzubinden, je weniger er reklamieren, nachfragen und seine eigene Organisation an „unverrückbare Gegebenheiten" anpassen muss, desto dauerhafter wird die Geschäftsbeziehung sein und desto weniger Gewicht wird der Preis dabei spielen. Dieser Situation stehen wir als Konsumenten im täglichen Leben permanent gegenüber.

Abb. 11-2: Beispiel für Mitarbeiterinformation

Im Laufe des Projekts wurde auch großer Wert darauf gelegt, die Mitarbeiter regelmäßig zum Status und den bisherig erreichten Nutzen des Projekts zu informieren. Dabei wurde eine regelmäßig erscheinende „News" aufgelegt, die an jeden Mitarbeiter der Volksbank, GHB Kärnten AG verteilt wurde.

11.1.3 Erstellung einer Prozesslandschaft

Gemeinsam mit dem Vorstand und unter Einbeziehung der verantwortlichen Mitarbeiter wurde im Rahmen des Startworkshops der erste Entwurf der Prozesslandschaft der Volksbank, GHB Kärnten AG erstellt. Diese Prozesslandschaft (vgl. Kapitel 3) war die Grundlage für die weiteren Schritte im Projekt und die Anwendung der Prozessmanagement-Methodik:

MANAGEMENTPROZESSE

Unternehmenssteuerung	Strategische Planung	Operative Planung	Budgetierung	Risikomanagement	Betriebswirtschaft
Mitarbeiterzufriedenheitsanalyse	Führungsverfahren	Beteiligungscontrolling	Projektmanagement	Personalmanagement	Marketing
Controlling Informationssystem	Vertriebssteuerung				QM-System

GESCHÄFTSPROZESSE (FK, PK, VMB und S&B-Bank)

Beratung & Akquisition → Antrag → Bewilligung → Abwicklung → Gestionierung

UNTERSTÜTZENDE PROZESSE

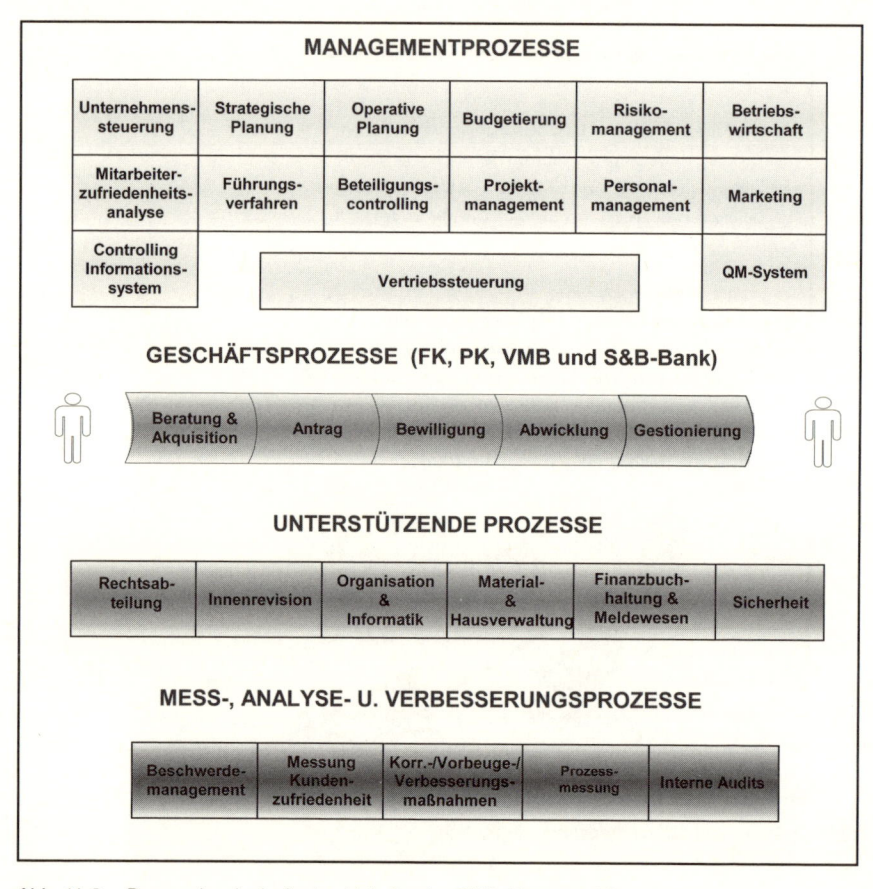

Rechtsabteilung	Innenrevision	Organisation & Informatik	Material- & Hausverwaltung	Finanzbuchhaltung & Meldewesen	Sicherheit

MESS-, ANALYSE- U. VERBESSERUNGSPROZESSE

Beschwerdemanagement	Messung Kundenzufriedenheit	Korr.-/Vorbeuge-/ Verbesserungsmaßnahmen	Prozessmessung	Interne Audits

Abb. 11-3: Prozesslandschaft der Volksbank, GHB Kärnten AG

11.1.4 Das PQM-System im Intranet

Eine der Zielsetzungen für das Projekt war der einfache und schnelle Zugriff auf die Unterlagen durch die Mitarbeiter. Auf der Basis der bereits bestehenden Lotus-Notes-Datenbank wurde eine Struktur festgelegt, die es ermöglicht auf sämtliche Prozessbeschreibungen, Arbeitsrichtlinien, Checklisten etc. zuzugreifen.

Ausgangspunkt ist der Zugriff über das QM-Handbuch, wo unter anderem auch eine Auflistung sämtlicher Prozesse zu finden ist, strukturiert gemäß der Darstellung in der Prozesslandschaft, d.h. aufgeteilt in die Kapitel Management-Prozesse, Geschäftsprozesse etc.

Bei Anklicken des Prozesses kann dann vom Mitarbeiter beispielsweise die gewünschte Prozessbeschreibung aufgerufen, gelesen und bei Bedarf auch ausgedruckt werden.

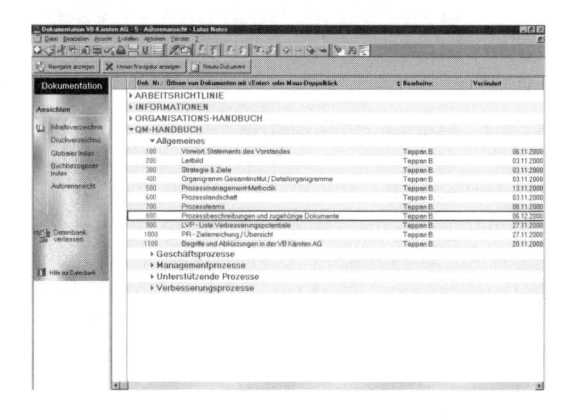

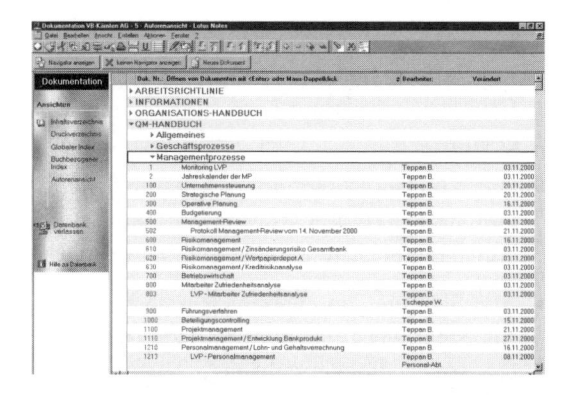

Abb. 11-4: PQM-System im Intranet

11.2 Beispiel: Aufbau eines Prozessorientierten Qualitätsmanagement-Systems im Fuhrpark der MA48

11.2.1 Ausgangssituation

Im vorliegenden Beispiel steht der Aufbau eines Prozessorientierten Qualitätsmanagement-Systems in einem Teilbereich eines öffentlichen Unternehmens im Mittelpunkt[62]. Die Magistratsabteilung 48 (MA48) ist für die Abfallbeseitigung, Straßenreinigung sowie Fahrzeugabschleppung der Stadt Wien verantwortlich. Ein wesentlicher Bereich dieses 3300 Mitarbeiter zählenden Unternehmens ist der unter der Leitung von DI Thon stehende Fuhrpark der MA48, gleichzeitig einer der größten Fuhrparks Österreichs (ca. 1200 MA48-eigene Fahrzeuge sowie weitere 2000 dem Magistrat der Stadt Wien zugeordnete Fahrzeuge und Geräte)[63].
Die drei dienstleistungsorientierten Geschäftsprozesse des Fuhrparks sind

- Beschaffung und Zurverfügungstellung von Fahrzeugen:
  Diese Dienstleistung wird in der Funktion einer Fachdienststelle für den gesamten Magistrat der Stadt Wien angeboten

- Durchführung von Fuhrwerksleistungen:
  Durchführung von Ausfahrten (Müllsammlung, Transport, Straßenreinigung etc.) nach Bestellung vom Kunden

- Abschleppung von Fahrzeugen und Gegenständen nach §89a STVO:
  Als Serviceleistung in ganz Wien nach Aufforderung durch die Polizei etc. sowie die Verwahrung, Ausfolge und Entsorgung nicht abgeholter Fahrzeuge

Als Ausgangspunkt seines Prozessorientierten Qualitätsmanagement-Systems hat sich der Fuhrpark folgende Projektziele gesetzt:

11.2.2 Projektziele

- Erzielung von Effizienzsteigerungen im Fuhrpark (Fahrzeugstehzeiten, Wartungsstrategie, Reparaturwesen etc.) und damit direkte Vergleichbarkeit mit privatwirtschaftlich erbrachten Dienstleistungen
- Klare Regelung der Zuständigkeiten und Abläufe durch Etablierung von Prozessen sicherstellen
- Steigerung der Kundenzufriedenheit der internen Kunden (Abfallbeseitigung und Straßenreinigung) sowie externen Kunden (Bürger der Stadt Wien) durch kundenorientiertes Handeln

- Motivationsschub für die Mitarbeiter (Identität des Fuhrparks steigern)
- Aufbau eines von den Mitarbeitern aller Hierarchieebenen „gelebten" Qualitätsmanagement-Systems

Im Zuge der Projektplanung wurden auch Projektgefahren und die Möglichkeit der Handhabung dieser erörtert:

- Zu hohe Erwartungen an Mitarbeiter durch zu hoch gesteckte Ziele
  Maßnahme: keine unhaltbaren Versprechungen, klare Vorgabe des gemeinsamen Weges
- Unzureichende Info der Mitarbeiter über Projektverlauf etc.
  Maßnahme: periodisches Reporting der Projektmeilensteinergebnisse an die Mitarbeiter unter Nutzung verschiedenster Medien (Besprechungen, Aushänge etc.)
- zu wenig Zeit zur Umsetzung
  Maßnahme: realistischer Projektplan, Berücksichtigung kritischer Zeiten (z.B. Wetterverhältnisse: Einsatz der Schneeräumung)
- Kompromiss-/Konsensfähigkeit
  Maßnahmen: neben fachlichen Informationen auch mentale Schulungen wie z.B. Teamarbeit etc. (Lernbereitschaft notwendig; Bereitschaft zur Veränderung; Bereitschaft, mit Gewohnheiten zu brechen)

11.2.3 Umsetzung

Im Zuge der Projektumsetzung stellt die Prozesslandschaft des Fuhrparks, die in den ersten Projektphasen erstellt wurde, einen wesentlichen Eckpfeiler dar:
Die drei Geschäftsprozesse sind in Form der „Transportmulde" symbolisiert, jenem Bereich mit dem Geld verdient wird. Der gelbe Haken stellt den Träger der **Geschäftsprozesse** dar, ohne den die Transportmulde vom Fahrzeug fallen würde. Diese **Unterstützenden Prozesse** sind die Wartung und Reparatur der Fahrzeuge, die Materialwirtschaft etc. Damit der LKW in die richtige Richtung fährt, benötigt er ein Führerhaus. Dort sind die **Managementprozesse** angesiedelt wie Qualitätspolitik, Personal- und Projektmanagement. Die solide Basis für den LKW stellt das Fahrwerk dar und symbolisiert die **Messung, Analyse und Verbesserungsprozesse**. Die Mitarbeiter- und die Kundenzufriedenheit sind die Räder des LKWs des Fuhrparks – wenn ein Rad „platt" ist, steht der LKW!
Der LKW gilt als Symbol für den Fuhrpark und als Symbol (Logo) für das gesamte Projekt und war somit wesentlicher Teil der Projektkommunikation. Über diese fast spielerische Art und Weise gelingt es die Ideen und Inhalte des Prozessorientierten Qualitätsmanagements quer durchs Unternehmen zu verbreiten – eine einfache und plakative Lösung.

MA48-Fuhrpark

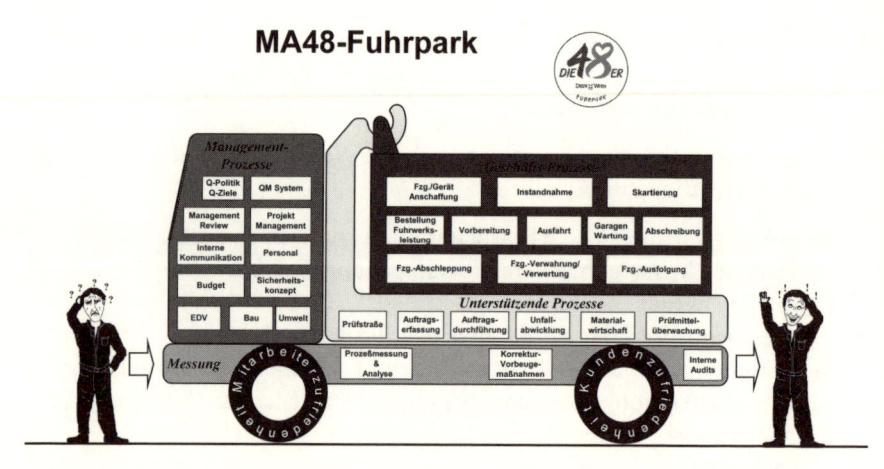

Abb. 11-5: Prozesslandschaft des Fuhrparks der MA48 [Quelle: Thon & Badstöber]

Im Mittelpunkt des Aufbaus stehen die Einbindung aller Mitarbeiter in die kontinuierliche Verbesserung sowie magistratsübergreifende Zusammenarbeit bei der Problemlösung. Informieren, kommunizieren und „miteinander reden" sind die Erfolgsfaktoren.

Einen weiteren Erfolgsfaktor stellt das Engagement der Unternehmensleitung dar, die durch die Einbindung aller Führungskräfte die Bedeutung prozessorientierten Arbeitens vorlebt.

Erfolgsfaktor war auch der Prozess „Interne Kommunikation", bei dem die Meetingkultur des Unternehmens weiter etabliert werden konnte. Neben einer kritischen Auseinandersetzung, welche Besprechungen notwendig sind, konnten einige Lücken in der Kommunikationskette geschlossen werden. Unterstützt durch die Festlegung, wer wen wann und zu welchem Inhalt trifft, wurden produktive, zum Teil neu eingeführte Besprechungen geschaffen und Unproduktives und Redundantes vermieden. Gleichzeitig wurden Verbesserungen direkt kommuniziert und damit „Low-hanging-Fruits" entsprechend vermarktet.

Zur Reduktion des Lenkungsaufwandes wurde für die Dokumentation die Abbildung im Intranet gewählt. Ausdrucke in Papierform wurden nur für die Mitarbeitergruppen geschaffen, die derzeit noch keinen direkten EDV-Zugang haben (LKW-Lenker etc.).

Die Bedeutung und der Erfolg des Projekts wurde schließlich im Zuge einer großen Abschlusspräsentation gefeiert, bei der neben allen Mitarbeitern, Gemeindevertretern und Politikern auch der Bürgermeister der Stadt Wien die Leistung und Anerkennung unterstrichen.

Titel	Termin	Einlader	Teilnehmer	Thema
Garagenleitersitzung	alle 2 Wochen	Leiter Betrieb	Leiter Betrieb Garagenleiter (sowie alle 4 Wochen Leiter Fahrzeugbeschaffung, Leiter Abschleppgruppe)	Allgemeines
Meister-Besprechung	1 x monatlich 1. Mittwoch im Monat	Hauptwerkstätte Kundendienst	Fahrmeister Meister	Erfahrungsaustausch Allgemeines
Prozessleiter-Sitzung	alle 2 Monate	Qualitätsbeauftragter	Prozessleiter, QB	Q-Bericht zur Prozesszielerreichung
Arbeitsschutzausschuss	Jährlich jeweils für einzelne Betriebsabteilungen des Fuhrparks	Sicherheitsreferat (SR)	SR, Personalvertretung, Arbeitsmediziner	Statusbericht, Koordinierung Bedienstetenschutz
Etc.				

Abb. 11-6: Auszug aus der Übersicht Besprechungen

11.2.4 Rückblick auf das abgeschlossene Projekt

Im Rückblick kristallisieren sich einige Erfolgsfaktoren für das Projekt im Fuhrpark der MA48 heraus:

- Die Vorreiterrolle des Fuhrparks im Magistrat der Stadt Wien am Weg zur kundenorientierten Organisation mittels Prozessorientiertem Qualitätsmanagement
- Beispiel eines „gelebten" Prozessorientierten Qualitätsmanagement-Systems in der öffentlichen Verwaltung
- Einbindung der Personalvertretung in das Projekt von Anfang an (neben Informationen auch Einbindung in Trainings etc.)
- Das Engagement und die ruhelose Beteiligung der Führungsmannschaft des Fuhrparks, allen voran des Fuhrparkleiters
- Die ständige Bereitschaft, auf die Mitarbeiter zuzugehen, zu diskutieren und gemeinsam Lösungen zu finden

PQM hat viele positive Veränderungen gebracht und ist für den Fuhrpark der MA48 zum Erfolgsrezept geworden.

11.3 Beispiel: Aufbau eines Prozessmanagement-Systems in der Flughafen Wien AG

11.3.1 Ausgangssituation

Der Ausgangspunkt für das Projekt Prozessmanagement-System des Flughafens Wien ist ein 1996 unternehmensweit aufgebautes Qualitätsmanagement-System nach ISO 9001:1994. Anhaltend steigende Passagierzahlen (1999 ca. 1,2 Millionen, was eine Steigerung von 5,3 % gegenüber 1998 bedeutet) sowie zunehmendes Frachtgeschäft veranlassen die Flughafen Wien AG mit einem jährlichen Wachstum von 6 bis 7 % zu rechnen. Dies bedeutet eine Verdopplung des Passagieraufkommens in den nächsten zehn Jahren und eine Steigerung der Flugbewegungen um bis zu 60 %.

Um das steigende Verkehrsaufkommen und die steigenden Passagierzahlen bewältigen zu können, werden in den nächsten Jahren neben umfangreichen Bauprojekten wie

- Neubau des Flugsicherungstowers bis 2005
- Errichtung des neuen Terminals Nordost bis 2007
- Bau einer Parallelpiste bis 2010, wenn erforderlich
- Errichtung des Officeparks bis 2015

die Beschreibung der Unternehmensprozesse und deren laufende Optimierung immer wichtiger (v. a. ob der Vielfalt an Tätigkeiten am Flughafen Wien vom Flughafenbetreiber über Vermieter bis hin zur Reparaturwerkstätte für Fahrzeuge und Gerät etc.). Gerade in seiner Rolle als wichtiger Arbeitgeber der Region und aufgrund der großen Komplexität des Unternehmens nehmen Prozesse und das Denken in Prozessen einen immer größeren Stellenwert ein.

Um den sich in diesem Sinne ändernden Anforderungen gerecht zu werden, wurde das Projekt zum Aufbau eines Prozessmanagement-Systems vom Vorstand der Flughafen Wien AG initiiert.

11.3.2 Projektziel

Als Projektziele wurden u. a. definiert:

- Schaffung eines umfassenden Prozessmanagement-Systems zur Sicherung und Verbesserung von Prozess- und Dienstleistungsqualität
- Schaffung einer gemeinsamen unternehmensweiten Übersicht über die Unternehmensprozesse in Form der Prozesslandschaft zur Sicherung des gemeinsamen Ausgangspunktes der Verbesserung
- Klärung der Leistungserstellungsprozesse (Kerngeschäft), der Verantwor-

tungen, Kompetenzen und Befugnisse als Basis zur bereichsübergreifenden Prozessoptimierung
- Etablierung von messbaren Größen als Ansatz zur Prozessverbesserung
- Erreichung hoher Akzeptanz des Prozessmanagement-Systems bei den Mitarbeitern der Flughafen Wien AG

11.3.3 Prozesslandschaft als Rahmen

Bei der Erstellung der Prozesslandschaft wurde ein Modell zur Einbettung aller Unternehmensprozesse geschaffen, das in weiterer Folge in der Lage ist, Prozessmanagement mit verschiedenen Geschwindigkeiten in den einzelnen Prozessen zu ermöglichen. Mit der Optimierung wurde mit ausgewählten Prozessen, wie dem Kerngeschäft (Prozessgruppe „Fluggeschäft betreiben", „Einstellung neuer Mitarbeiter") begonnen, danach wird der Prozessmanagementgedanke sukzessive auf alle weiteren Prozesse ausgeweitet.

Als Geschäftsprozessoptimierungstool wurde ARIS ausgewählt mit Zielen wie leichter Abbildbarkeit und Anwendung für die Mitarbeiter, einfacher Änderbarkeit, der Möglichkeit der Übernahme der Ergebnisse in andere Systeme (Schnittstellenvielfalt) sowie Optimierungsmöglichkeiten und Simulation etc.

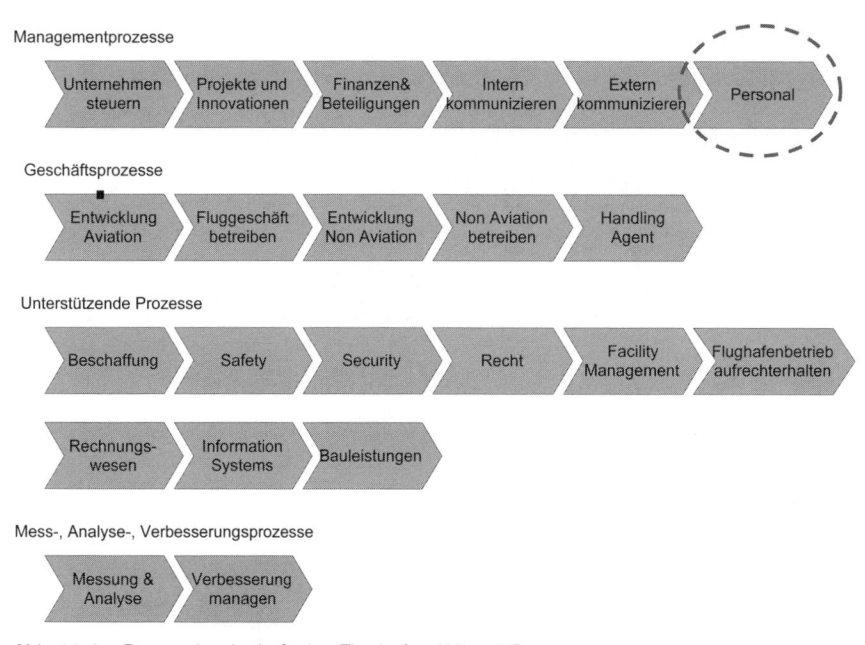

Abb. 11-7: Prozesslandschaft der Flughafen Wien AG

11.3.4 Optimierung anhand des Beispiels neuer Mitarbeiter

Um das Vorgehen zur Prozessoptimierung zu zeigen, wird nachfolgend exemplarisch ein Prozess aus dem Bereich Personal durch einige Phasen des Process-Lifecycles begleitet. Die Einstellung eines neuen Mitarbeiters (Prozess „VIE Welcomes You") in der Flughafen Wien AG konnte dabei durch ein strukturiertes Vorgehen in einem neuen, flughafenweit umgesetzten Prozess vereint und umgesetzt werden.

Problemstellung

Zu Beginn wurden in Workshops (wie auch in allen weiteren Phasen) mit den betroffenen Mitarbeitern (Mitarbeiter, die weniger als ein halbes Jahr im Unternehmen sind sowie Führungskräfte) Argumente und Ideen zur Prozessneugestaltung gesammelt wie

- der Wunsch nach einer Ansprechperson in der ersten Zeit als Erleichterung für den Einstieg;
- zur Verfügung gestellte notwendige Betriebsmittel (Schreibtisch, Computer, Anbindung ans Intranet etc.) vom ersten Tag an;
- Erteilung der Zutrittsberechtigung mit dazugehöriger Vorfeldeinschulung bereits am ersten Tag;
- dem neuen Mitarbeiter den Überblick über den gesamten Flughafen Wien mit all seinen Tätigkeitsbereichen zu vermitteln.

Schritt I: Identifikation und Abgrenzung von „VIE Welcomes You"

Die Ergebnisse des ersten Prozessteammeetings (vgl. Kapitel 2.2) sind im entsprechenden Arbeitsblatt dokumentiert.

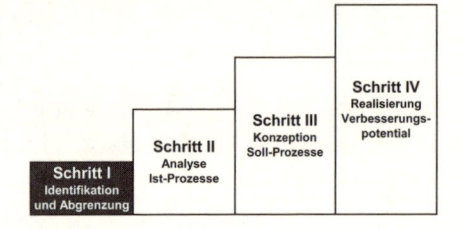

Schritt II: Analyse des Ist-Prozesses von „VIE Welcomes You"

Bei der Analyse des Ist-Prozesses wurden neben der grafischen Darstellung auch die bislang verursachten Kosten mit Schwerpunkt auf Fehlerkosten ermittelt (Kosten für jeden unproduktiven Tag eines neuen Mitarbeiters verursacht durch fehlende Einschulung etc.)

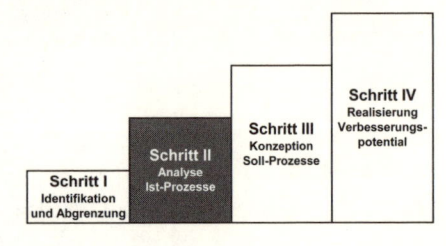

11.3 Beispiel: Aufbau eines Prozessmanagement-Systems in der Flughafen Wien AG

Prozessname: „VIE Welcomes You" – Empfang neuer Mitarbeiter *Aussagekräftiger Prozessname der Art und Inhalt des Prozesses selbsterklärend darstellt.*	
Zweck:	– Positiver erster Eindruck – Rasche Integration in den neuen Arbeitsbereich
Was soll mit diesem Prozess erreicht werden und warum ist dieser Prozess für die Organisation wichtig bzw. welchen Einfluss hat der Prozess?	
Kunden des Prozesses: • neuer Mitarbeiter • Beteiligte • Vorstand	**Erwartungen der Kunden:** • Positive Aufnahme – Ausreichende Informationen – Arbeitsmittel • Mitarbeiter mit Umfeldinformationen versorgen

Abb. 11-8: Auszug aus dem ersten Arbeitsblatt Identifikation und Abgrenzung

Die Sammlung sämtlicher prozessrelevanter Unterlagen schließt den zweiten Schritt ab.

Bei der Analyse des Ist-Zustandes wurde zudem entschieden, dass der Soll-Prozess mehrere Szenarien für verschiedene Arbeitnehmergruppen wie Arbeiter, Angestellter, Ferialpraktikant oder Diplomand haben soll.

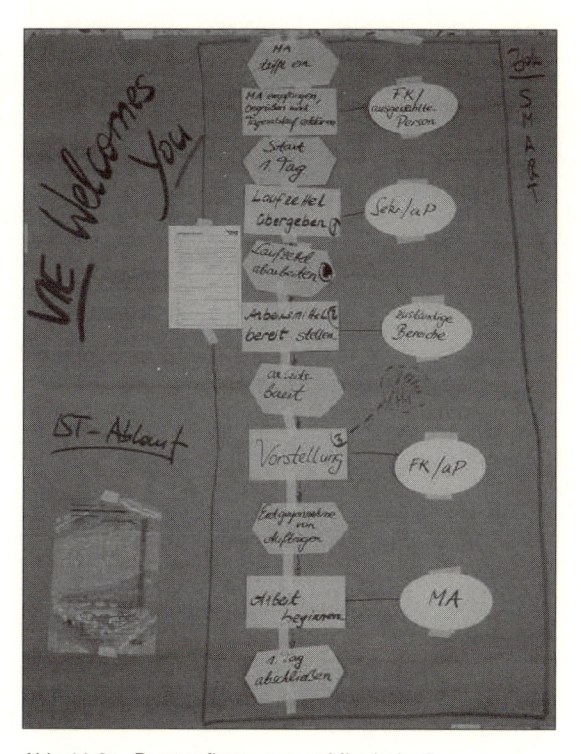

Abb. 11-9: Prozessfluss „neuer Mitarbeiter"

Schritt III: Konzeption Soll-Prozess von „VIE Welcomes You"

Im dritten Schritt werden die Prozessbeschreibung zum neuen Prozess, das Prozessziel und das Reporting festgelegt. Dabei werden alle aufgezeigten Verbesserungen bearbeitet und soweit sinnvoll umgesetzt.

Zur Regelung der Verantwortlichkeit wurde als Prozesseigner die Personalstelle genannt, das Prozessteam besteht aus den Bereichsleitern, den Mentoren und den Bereichssekretariaten.

Nr.	Prozessziel	Zielwert	Messmethode	Messfrequenz	Verantwortung
1	Nutzung der Gutscheine durch neue Mitarbeiter	80 %	Sammlung der nummerierten Abrisse	laufend	Busfahrer
4	Wurde der geplante Ablauf am ersten Tag vollständig durchgeführt?	100%	Beurteilung nach dem 1.Tag	je Anlassfall	Bereichsleiter

Abb. 11-10: Auszug aus den festgelegten Prozesszielen

Die ermittelten Prozessziele werden wie vereinbart an den Prozesseigner weitergeleitet und in Meetings im Prozessteam bearbeitet.

Schritt IV: Realisierung Verbesserungspotenzial „VIE Welcomes You"

Mit der Festlegung der erforderlichen Maßnahmen zur Realisierung des Soll-Prozesses werden Rahmenbedingungen für die angestrebten Optimierungen geschaffen wie auszugsweise:

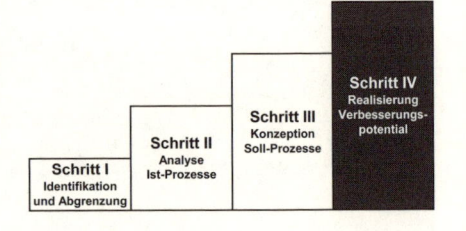

- das erfolgte „Streamlinen" des Prozesses durch die Einbindung aller betroffenen Stellen und die Einarbeitung aller Vorschläge in den neuen Prozess gibt es nun ein gemeinsames Verständnis

Nr.	Auf-nahme Datum	Verbesserungs-potenzial (bzw. Schwachstellen, Probleme, Hindernisse)	Bedeutung f. d. Prozess	Aufwand zur Umsetzung	Maßnahmen bzw. Lösungs-vorschläge	Verant-wortlich für Maß-nahme	zu erledi-gen bis
1	30.10.00	Gutschein erstellen	4	1	Layout und Rücksprache mit Busfahrern (Nr. pro Gut-schein)	Q	01.12.00
2	30.10.00	Rollenbeschrei-bung Mentor Arbeiter beschrei-ben	4	1	Erstellung (hier v. a. welche Auf-gaben am ersten Tag)	V, T	01.12.00
3	30.10.00	Rollenbeschrei-bung Mentor Angestellter finalisieren	4	1	...		

Abb. 11-11: Auszug aus der Maßnahmenliste zur Realisierung des Verbesserungs-potenzials

- Zufriedenheit der neuen Mitarbeiter durch Umsetzung der in der Vorrun-de „bepunkteten" Wünsche der Mitarbeiter, etc.
- Rasche Abwicklung des gesamten Prozesses (heutige Dauer 1 Tag) reduziert Leerlaufzeiten womit die volle Arbeitsleistung schneller erreicht werden kann

Einbettung des Prozesses in die Prozesslandschaft

Der Prozess „VIE Welcomes You" wird in die Prozessgruppe „Personal ma-nagen" (siehe Prozesslandschaft des Flughafens Wien) als einer von vier Prozessen eingefügt. Die nachfolgenden Darstellungen sind der ARIS-Flug-hafendatenbank entnommen.

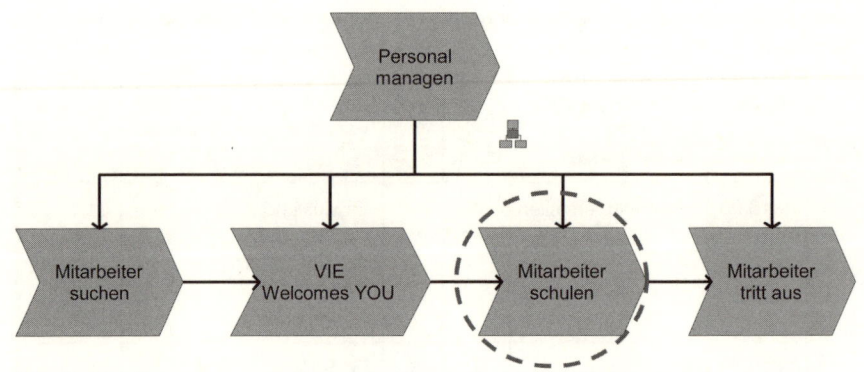

Abb. 11-12: Prozessgruppe „Personal managen" mit den vier Prozessen

Detaildarstellung von „VIE Welcomes You"

Nachfolgend ist die Detaildarstellung des Prozesses „VIE Welcomes You" für das Szenario Arbeiter angefügt. Als Darstellungsmodell wurde die erweiterte Ereignisgesteuerte Prozesskette (eEPK) gewählt, die eine detaillierte Darstellung mit Links zu den erforderlichen Dokumenten und Aufzeichnungen erlaubt.

Da auf diese Darstellung (sowie alle anderen dokumentierten Inhalte des Prozessmanagement-Systems) alle Mitarbeiter der Flughafen Wien AG via Intranet Zugriff haben, kann sich jeder laufend informieren.

Im Betrieb (siehe Phase 3 des Process-Lifecycles) kann nun die Wirksamkeit des optimierten Prozesses anhand der definierten Prozessmessgrößen laufend überwacht werden und durch das Prozessteam aktives Prozessmanagement betrieben werden.

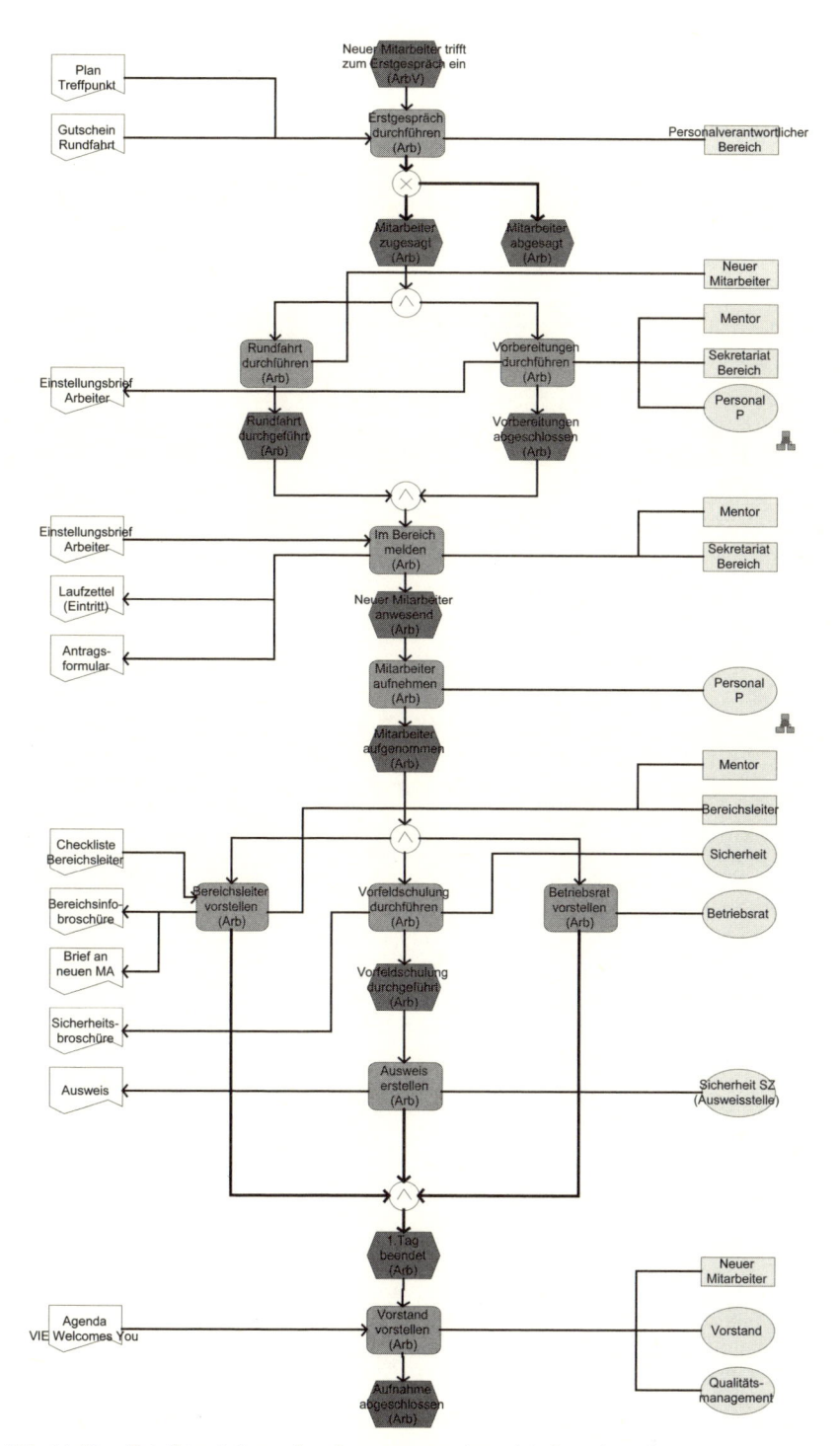

Abb. 11-13: Detaildarstellung des Prozessszenarios „Arbeiter einstellen"

12 Die Durchführung von prozessorientierten Audits auf der Basis der ISO 9001:2000

R. Käfer

12.1 Bedeutung und Zielsetzung prozessorientierter Audits

Zielsetzung des prozessorientierten Audits ist, dass

- Schwachstellen aufgezeigt,
- Verbesserungsmaßnahmen veranlasst,
- die Wirksamkeit der Verbesserungsmaßnahmen überwacht werden.

Das prozessorientierte Audit gehört zum festen Bestandteil eines prozessorientierten Qualitätsmanagement-Systems, weil es ein wertvolles Instrument der permanenten Verbesserung ist. Im Zuge des Audits wird der Nachweis einer geschlossenen Vorgehensweise bei Prozessverbesserungen anhand von konkreten Beispielen untersucht.

12.2 Auditarten

12.2.1 Systemaudit

Das prozessorientierte Systemaudit bewertet das gesamte PQM-System eines Unternehmens dahingehend, ob die ausgeführten Prozesse und angewendeten Methoden in der Lage sind, die Forderungen zu erfüllen. Dies kann sowohl intern als auch extern geschehen. Nach erfolgreichem Abschluss des externen Systemaudits (Zertifizierungsaudit) erhält das Unternehmen ein Zertifikat, womit die Existenz, Wirksamkeit und Anwendung des PQM-Systems entsprechend eines bestimmten Modells (z. B. ISO 9001:2000) bescheinigt und nach außen dokumentiert wird[64].

12.2.2 Prozessaudit

Das Prozessaudit nimmt einen bestimmten Prozess (z. B. strategischen Planungsprozess, Beschaffungsprozess etc.) unter die Lupe und bewertet dessen Fähigkeit zur Erfüllung der an ihn gestellten Anforderungen. Beim Prozessaudit wird ausgehend vom Prozessinput mit dem ersten auszuführenden Prozessschritt gestartet und der gesamte Prozessablauf bis hin zum letzten Prozessschritt und dem daraus resultierenden Prozessoutput auditiert.

12.2.3 Produkt-/Dienstleistungsaudit

Das Produkt-/Dienstleistungsaudit begleitet die Entstehung eines Produkts oder die Durchführung einer Dienstleistung bezüglich der Erfüllung der spezifischen Anforderungen. Dabei können Rückschlüsse auf die Qualität der durchlaufenen Prozesse vorgenommen werden.

12.3 Planung und Durchführung eines Systemaudits

Zielsetzung des prozessorientierten Systemaudits ist die Überprüfung, ob die Forderungen der ISO 9001:2000 im Rahmen des Qualitätsmanagement-Systems Berücksichtigung finden und in der betrieblichen Praxis zur Umsetzung gelangen. Bei der Vorbereitung und Durchführung des Systemaudits ist die Prozesslandschaft der Ausgangspunkt.
Ausgehend von der Leistungserstellungsprozesskette und den zugehörigen unter-stützenden Prozessen sowie den Management-Prozessen und den Mess-/Analyse- und Verbesserungsprozessen müssen die relevanten Forderungen der ISO 9001:2000 identifiziert werden. Die nachfolgende Übersichtsmatrix dient zur Hilfestellung bei der Festlegung der im Zuge des Internen Audits zur Anwendung kommenden Forderungen der ISO 9001:2000. Vertikal sind die in der Prozesslandschaft festgelegten Prozesse aufgelistet und es kann für jeden dieser Prozesse angekreuzt werden, welche Teile der Auditcheckliste relevant sind.

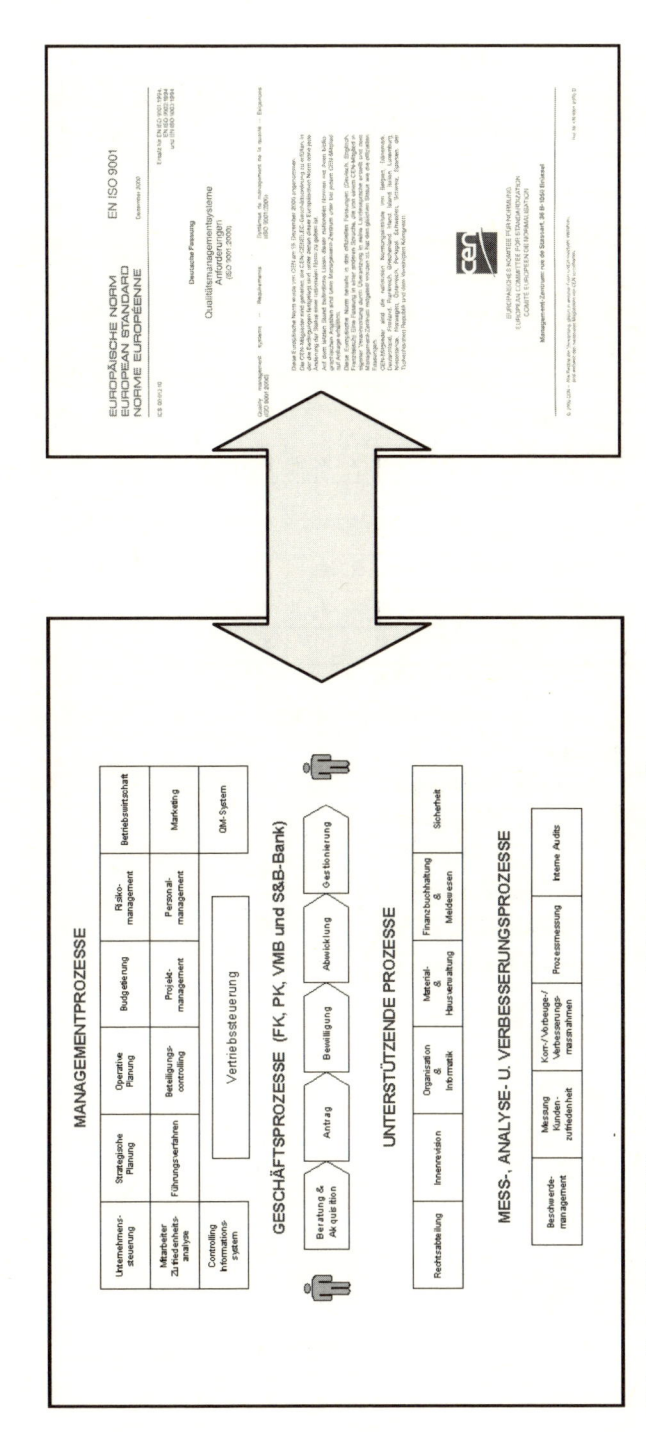

12.3 Planung und Durchführung eines Systemaudits

Abb. 12-1: ISO 9001:2000 als Ausgangspunkt für ein Systemaudit

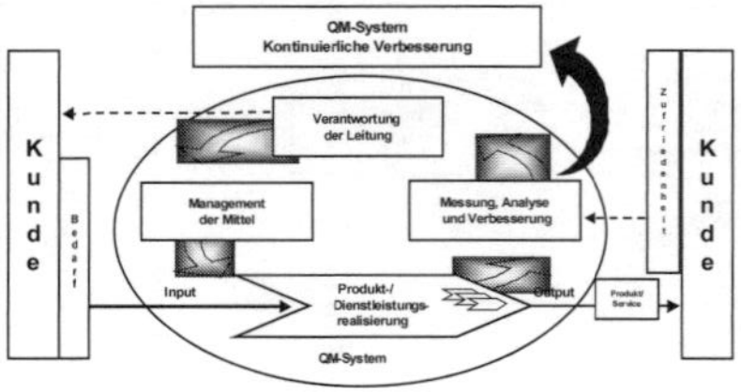

		Management-verantwortung						Management der Mittel				Produktrealisierung						Messung, Analyse und Verbesserung									
																			8.2 Messung und						8.5 Verbesserung		
		5.1 Verpflichtung der Leitung	5.2 Kundenorientierung	5.3 Qualitätspolitik	5.4 Planung	5.5 Verwaltung	5.6 Managementbewertung	6.1 Bereitstellung von Mitteln	6.2 Personal	6.3 Einrichtungen	6.4 Arbeitsumgebung	7.1 Planung Realisierungsproz.	7.2 Kundenbezogene Prozesse	7.3 Entwicklung	7.4 Beschaffung	7.5 Produk./Dienstleistungserbr.	7.6 Prüfmittellenkung	8.1 Planung	8.2.1 Kundenzufriedenheit	8.2.2 Internes Audit	8.2.3 Messung/Überw. Proz.	8.2.4 Messung/Überw. Prod.	8.3 Lenkung von Fehlern	8.4 Datenanalyse	8.5.1 Planung ständ. Verb.	8.5.2 Korrekturmaßnahmen	8.5.3 Vorbeugemaßnahmen
Geschäftsprozesse	Beratung & Akquisition			X					X			X	X			X			X				X			X	
	Antrag					X			X			X	X			X							X			X	X
	Bewilligung								X			X				X							X			X	
	Abwicklung				X						X	X				X						X	X			X	
	Bereitstellung											X				X				X	X		X			X	X
	Gestionierung & Recht											X				X					X		X			X	
Unterstützende Prozesse	Innenrevision					X			X									X		X				X		X	
	Buchhaltung u. Meldewesen																									X	
	Organisation & EDV				X			X	X	X					X								X	X	X	X	X
	Sicherheit				X			X			X									X	X					X	
	Material- und Hausverwaltung							X		X					X							X	X			X	

Abb. 12-2: Auswahlmatrix Normforderungen

12.3 Planung und Durchführung eines Systemaudits

Aufgrund dieser Auswahlmatrix kann die Systemauditcheckliste zusammengestellt werden. Checklisten bewerten die Erfüllung der aufgestellten Forderungen, indem sie zu jeder Forderung mehrere Auditfragen auflisten. Ihnen kommt entscheidende Bedeutung hinsichtlich der Erreichung der Auditziele zu, und es bedarf Erfahrung, sie sachgerecht und effizient zu gestalten[65].
Die Vorgehensweise dabei ist wie folgt:

1. Für jeden Prozess werden die in Frage kommenden Normforderungen angekreuzt.

2. Jede Normforderung muss – sofern für das Unternehmen relevant – zumindest in einem der Prozesse auditiert werden. In Abhängigkeit davon, wie intensiv ein Kapitel der ISO 9001:2000 auditiert werden soll, ist festzulegen, in welchen bzw. in wie vielen Prozessen dazu Auditfragen gestellt werden sollen und in die Auswahlmatrix einzutragen sind.

3. In Vorbereitung zum Audit kann damit die Auditcheckliste zusammengestellt werden. Dazu werden aus dem gesamten Fragenkatalog die für den zu auditierenden Prozess ausgewählten Kapitel herausgesucht und zur für diesen Prozess spezifischen Auditcheckliste zusammengefasst.

Audit-Checkliste

precon

QM-Hauptkategorie 7	Kategorie 7.5
Produktrealisierung	Produkt- und DL-Erbringung

1. Werden die Produktions- und Dienstleistungserbringungs-Prozesse durch die Organisation in geeigneter Form festgelegt und somit unter gelenkten Bedingungen geplant und durchgeführt?

	Normforderung erfüllt		
	NZ	Ja	Nein
Beschreibung im QM-System:	Anwendung des QM-Systems:		

2. Sind Angaben verfügbar, welche die Merkmale des Produkts beschreiben?

	Normforderung erfüllt		
	NZ	Ja	Nein
Beschreibung im QM-System:	Anwendung des QM-Systems:		

3. Sind klar verständliche Prozessbeschreibungen, Arbeitsanweisungen, Prüfanweisungen, Checklisten, Formulare etc. für Ausführungs-, Fertigungs- und Montageschritte verfügbar?

	Normforderung erfüllt		
	NZ	Ja	Nein
Beschreibung im QM-System:	Anwendung des QM-Systems:		

4. Werden angemessene Ausrüstungen und Prüfmittel für die Produktion, Instandhaltung und Dienstleistung benutzt und werden diese gewartet?

	Normforderung erfüllt		
	NZ	Ja	Nein
Beschreibung im QM-System:	Anwendung des QM-Systems:		

5. Werden Liefertätigkeiten und Tätigkeiten nach der Lieferung freigegeben?

	Normforderung erfüllt		
	NZ	Ja	Nein

Ersteller/Datum: ___ / __.__.01	Änderung/Datum:	Seite 7 von 68

© PROCON

Abb. 12-3: Beispiel von Standardfragen einer Systemauditcheckliste

12.3 Planung und Durchführung eines Systemaudits

Der Auditplan zur Durchführung des Systemaudits kann wie folgt aussehen:

Audit-Programm

Unternehmen/Kurzbezeichnung XYZ AG	QM-Norm/Regelwerk: ÖNORM EN ISO 9001:2000
Audit Datum/Dauer von - bis 27.3. – 28.3.2001	Audit-Art: Internes Audit

Auditor 1 (Auditleiter) Univ.-Lekt. Dipl.-Ing. Dr. Karl W. Wagner	Auditor 2 Dipl.-Ing. Gernot Kohl	Beginn 27.3.2001 8.00 Uhr
Beobachter Hr. Mayer	Beobachter	Ende 28.3.2001 17.00 Uhr

Zeit: von:	bis:	Norm-kapitel	Thema / Prozesse	Auditor	Auditpartner
colspan=6	Tag 1: 23. Oktober 2000
8.00	8.30		Abstimmungsgespräch mit Projektleiter	1,2	
8.30	12.00	7 & 6	**Geschäftsprozesse:** **FK** • Beratung & Akquisition • Antrag • Bewilligung • Abwicklung • Bereitstellung • Gestionierung & Recht	1	
8.30	12.00	7 & 6	**Geschäftsprozesse:** **PK** • Beratung & Akquisition • Antrag • Bewilligung • Abwicklung • Bereitstellung • Gestionierung & Recht	2	
12.00	13.00		**Mittagspause**		
13.00	16.30	7 & 6	**Geschäftsprozesse:** **Vermögensberatung** • Beratung & Akquisition • Antrag • Bewilligung • Abwicklung • Bereitstellung • Gestionierung & Recht	1	

Abb. 12-4: Auditplan zur Durchführung eines Systemaudits

Falls dies die Erfüllung von Auditzielen gebietet, kann der Auditleiter Änderungen des Auditplans auch während des Audits vornehmen. Gründe für das Verfehlen von Auditzielen sind jedenfalls dem Auftraggeber und der auditierten Organisation mitzuteilen[66].

Bei der Auditdurchführung sind sowohl die Hauptprozesse als auch die zugehörigen Teilprozesse zu betrachten:

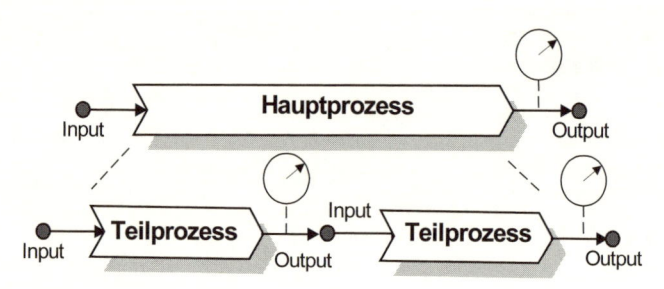

Abb. 12-5: Gliederung von Prozessen

Besonderes Augenmerk ist beim Audit auch auf die Schnittstellen innerhalb der Leistungserstellungskette zu legen. Der sinnvolle Zusammenhang zwischen Input und Output eines Prozesses bzw. die zugrunde liegende Schnittstellenregelung ist gemäß dem Grundsatz, dass jeder Input entweder den Output eines anderen Prozesses oder eine Eingabe von außerhalb des Systems zugrunde liegen hat, zu überprüfen. Die Schaffung eines Überblicks über die Kette an Input- und Outputbeziehungen ist Kerngegenstand und Schwerpunkt des Audits. Neben dem Überblick ist stichprobenartig im Rahmen des prozessorientierten Auditierens punktuell nach dem Prinzip der Stichprobe in die Tiefe zu gehen. Der Sinn dabei ist die Überprüfung, ob die Durchgängigkeit der Input-/Outputkette innerhalb der Stichprobe gegeben ist. Weiterhin sind auch die relevanten Zielsetzungen, hier symbolisiert durch die Messuhren, in das Audit miteinzubeziehen. Der Schwerpunkt beim Audit der Prozessparameter liegt auf deren konsistenter Ableitung aus den Qualitätszielen, deren permanentem Soll-/Ist-Vergleich sowie der Messpunktplanung. Besonderes Augenmerk ist im Rahmen des Audits der Prozessparameter der Messmethodik, der Messfrequenz sowie den Verantwortlichkeiten zu widmen.

Der **Systemauditbericht** beinhaltet beispielsweise[67]:

- Namen der Auditierten
- Datum, Umfang und Ziele des Audits
- Auditleiter und Mitglieder des Auditteams
- Checkliste

12.3 Planung und Durchführung eines Systemaudits 247

Auditbericht

5 BEILAGEN

Auditbericht

4 VERBESSERUNGSMASSNAHMEN

Auditbericht

3 AUDITEINDRÜCKE AUS DEN AUDITIERTEN BEREICHEN

Auditbericht

1 ALLGEMEINES/ORGANISATION

Auditbericht

Unternehmen/Kurzbezeichnung	QM-Norm/Regelwerk:
XYZ AG	ISO 9001:2000
Audit Datum/Dauer von - bis	Audit-Art:
26.10. - 27.03.2001	Internes Audit

Inhaltsübersicht

1. Allgemeines/Organisation 2
2. Gesamteindruck 2
3. Auditeindrücke aus den auditierten Bereichen 3
4. Verbesserungsmaßnahmen 4
5. Beilagen 5
6. Verteiler 5

AUDITOREN

Auditor 1 (Auditleiter)
Name: Univ.-Lekt. DI Dr. Karl Wagner

Auditor 2
Name: DI Gernot Kohl

Beobachter
Name: Hr. Mayer

AUDITIERTE ELEMENTE DES QM-SYSTEMS AUF DER BASIS DER ISO 9001:2000:

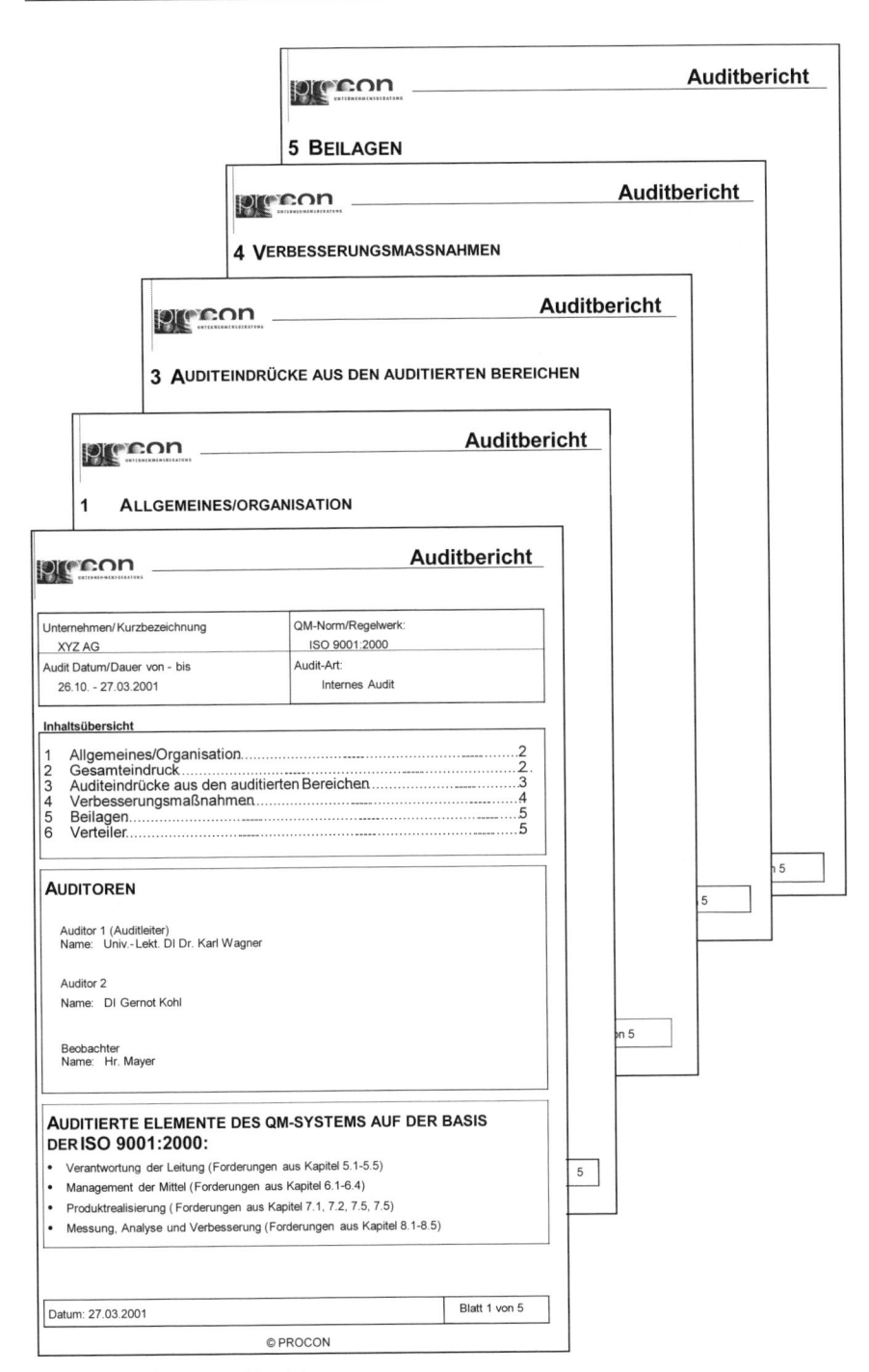

- Verantwortung der Leitung (Forderungen aus Kapitel 5.1-5.5)
- Management der Mittel (Forderungen aus Kapitel 6.1-6.4)
- Produktrealisierung (Forderungen aus Kapitel 7.1, 7.2, 7.5, 7.5)
- Messung, Analyse und Verbesserung (Forderungen aus Kapitel 8.1-8.5)

Datum: 27.03.2001 — Blatt 1 von 5

© PROCON

Abb. 12-6: Systemauditbericht

- Bewertungskriterien
- Ergebnis des Audits
- Abweichungen
- Verbesserungspotenziale
- Positive Highlights
- Referenzdokumente (QM-Norm, QM-Handbuch des Unternehmens)
- Dank für die Kooperation der Auditierten

12.4 Planung und Durchführung eines Prozessaudits

Zielsetzung des prozessorientierten Prozessaudits ist die Überprüfung, wie effektiv und wie effizient der festgelegte Prozessablauf zur Umsetzung gelangt. Bei der Vorbereitung und Durchführung des Prozessaudits ist der Ausgangspunkt die Prozessbeschreibung.

Nachfolgendes Beispiel verdeutlicht, wie beispielsweise für den Verkaufsprozess eines Unternehmens eine Prozessauditcheckliste erstellt werden kann. Dabei werden die in der Prozessbeschreibung enthaltenen Vorgaben in die Form von Fragen gebracht. Diese Fragestellungen sollten so formuliert sein, dass die in der Prozessbeschreibung unternehmensüblichen Bezeichnungen und Begriffe verwendet werden, unabhängig von der Formulierung der Forderungen einer ISO 9001:2000 beispielsweise.

In diesem Beispiel wird auch eine Bewertung der einzelnen Fragen vorgenommen, die dann zu einer gesamthaften Prozessbewertung führen. Dabei sollte immer auch hinterfragt werden, wie die Festlegung, die Umsetzungsplanung und das Monitoring der Prozessziele erfolgen.

Mit dieser Prozessauditcheckliste kann der Umsetzungsgrad in Prozent ermittelt werden und dessen zeitliche Entwicklung über den Verlauf mehrerer Audits.

Der Prozessauditbericht dazu kann beispielhaft folgende Punkte umfassen:

- Zusammenfassender Kommentar
- Wünsche und Anregungen an die Geschäftsführung
- Stärken
- Verbesserungspotenziale
- Maßnahmen zur Prozessverbesserung resultierend aus dem Audit

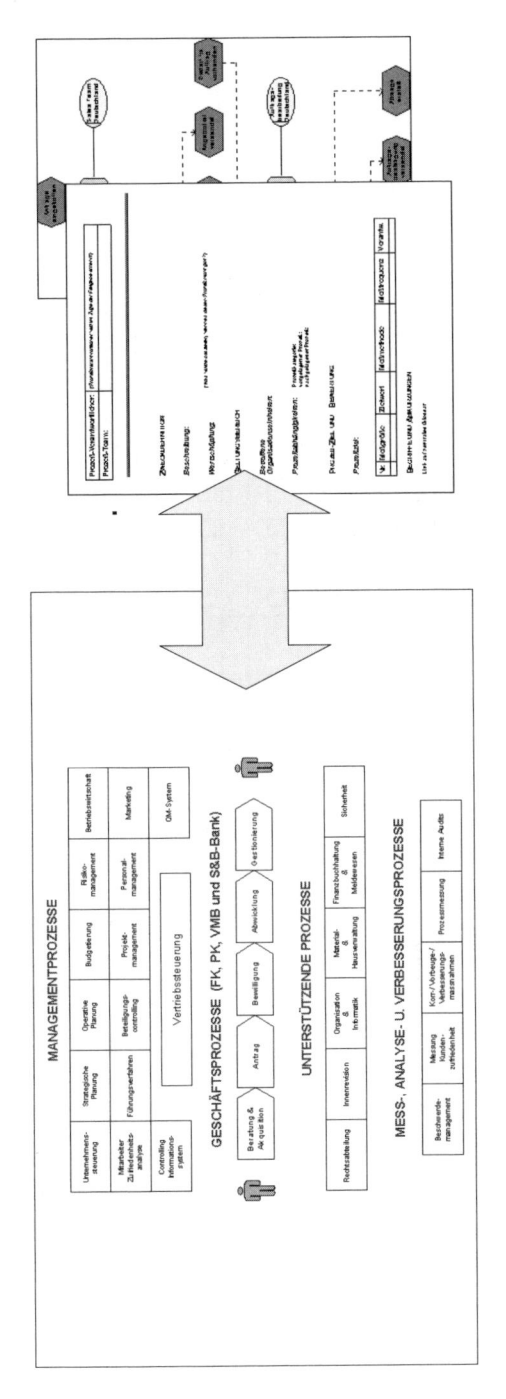

12.3 Planung und Durchführung eines Prozessaudits 249

Abb. 12-7: Prozessbeschreibung als Ausgangspunkt für ein Prozessaudit

CHECKLISTE - PROZESSBEWERTUNG

Standort: _____ Prozessverantwortlicher: _____

Fragen		Bewertung	Bemerkungen
1	**VERKAUFSSTRATEGIE**	nein / wenig / teils / gut / sehr gut	
1.1	Die "Strategie" ist den Verkäufern bekannt	☐ ☐ ☐ ☐ ☐	
1.2		☐ ☐ ☐ ☐ ☐	
2	**MANAGEMENT DES VERKAUFSPROZESSES**	nie / selten / teils / meistens / immer	
2.1	Die Festlegung der Verkaufszuständigkeiten ist aktuell	☐ ☐ ☐ ☐ ☐	
2.2	Eine monatliche Tätigkeitsplanung sowie ein Monatsbericht liegen vor	☐ ☐ ☐ ☐ ☐	
2.3	Eine wöchentliche Kundenbesuchsplanung erfolgt	☐ ☐ ☐ ☐ ☐	
2.4	Für neue Mitarbeiter wird ein Ausbildungsprogramm erstellt	☐ ☐ ☐ ☐ ☐	
2.5	Gewartete Standardfoliensätze stehen zur Verfügung	☐ ☐ ☐ ☐ ☐	
2.6	Aktuelle Referenzlisten liegen auf	☐ ☐ ☐ ☐ ☐	
2.7	Besuchsberichte werden erstellt	☐ ☐ ☐ ☐ ☐	
2.8	Die Standardagenda für Vertriebsbesprechungen wird verwendet	☐ ☐ ☐ ☐ ☐	
2.9		☐ ☐ ☐ ☐ ☐	
3	**KOMPETENZSCHEMA & UNTERSCHRIFTENREGLEMENT**	nie / selten / teils / meistens / immer	
3.1	Das Unterschriftenreglement und Kompetenzschema liegen aktuell vor und werden angewendet	☐ ☐ ☐ ☐ ☐	
3.2		☐ ☐ ☐ ☐ ☐	
4		nie / selten / teils / meistens / immer	
4.1		☐ ☐ ☐ ☐ ☐	
4.2		☐ ☐ ☐ ☐ ☐	
5	**PROZESSBEWERTUNG**		

Anzahl der Kreuze je Spalte						→ Summe der 5 Spalten =
Multiplikationsfaktor	0	25	50	75	100	dividiert durch Anzahl der Fragen
Anzahl der Kreuze x Multiplikationsfaktor						Ergebnis der Bewertung 43 %

Abb. 12-8: Prozessauditcheckliste

12.3 Planung und Durchführung eines Prozessaudits 251

ZUSAMMENFASSUNG
PROZESSBEWERTUNG

VERKAUFSPROZESS

Standort: _____
Prozess-
Verantwortlicher: _____

Zusammenfassender Kommentar zur Bewertung und zum Ergebnis	Wünsche & Anregungen an die Geschäftsführung

Stärken (welche Prozessschritte werden im Bereich vorbildlich ausgeführt)	Verbesserungspotentiale (wie kann der Prozess im Bereich verbessert werden)

Maßnahmen zur Verbesserung des Prozesses innerhalb der Bereiches Was	Wer	Wann	erledigt am

Visum des Prozessverantwortlichen: _____   Datum: _____   Visum des „Auditors": _____   Datum: _____

Abb. 12-9:   Formular Prozessauditbericht

13 Prozessbenchmarking

G. Kohl

13.1 Definition und Zielsetzung

Benchmarking ist als Schlagwort heute in aller Munde. Darunter verbergen sich unterschiedliche Konzeptionen und Auffassungen[68]. Benchmarking ist ein Instrument, das weite Verbreitung gefunden hat und in vielen Unternehmen zum Standardrepertoire gehört. Ein Benchmark ist eine Vergleichsgröße, eine Messlatte, die zeigt, welche Leistung bzw. welches Ergebnis bei einem Untersuchungsobjekt erreichbar sind. Prozessbenchmarking ist der kennzahlengestützte Vergleich zwischen Prozessen des eigenen Unternehmens intern oder mit anderen Unternehmen, den so genannten Benchmarkingpartnern. Benchmarking kann definiert werden als Prozess des Identifizierens, Verstehens und Adaptierens von herausragenden Prozessen mit der Zielsetzung, die eigene Leistungsfähigkeit zu verbessern. Benchmarking bedeutet also Lernen von den Besten. Dazu können sowohl quantitative Kennzahlen als auch qualitative Bewertungen zum Vergleich herangezogen werden[69].

Zielsetzungen des Prozessbenchmarkings:

- Verständnis der eigenen prozessbezogenen Leistungs- und Kostenstruktur im Vergleich mit anderen
- Aufdecken von Stärken und Schwächen sowie Ursachenforschung
- Konkretisierung und Verdeutlichung von Verbesserungspotenzialen
- konsequente Ausrichtung an Bestleistungen und zielgebundene Maßnahmenbeschreibung zur Prozessverbesserung hinsichtlich der betrachteten Prozesse („Best-Practice")

13.2 Arten von Benchmarking

Es gibt drei Arten des Benchmarkings, die durchgeführt werden können[70,71]:

- Internes Benchmarking
- Wettbewerbsorientiertes Benchmarking
- Funktionales Benchmarking

Alle drei Arten können unter bestimmten Bedingungen zu sehr guten Ergebnissen führen. Die oben genannten Benchmarking-Arten können separat zur

```
                    ┌─────────────────────────┐
                    │   Benchmarking-Arten    │
                    └────────────┬────────────┘
                        ┌────────┴────────┐
                        ▼                 ▼
                  ┌──────────┐      ┌──────────┐
                  │ Internes │      │ Externes │
                  │Benchmark.│      │Benchmark.│
                  └──────────┘      └─────┬────┘
                                          │
                                    ┌─────┴──────────────────┐
                                    ▼                        
                            ┌───────────────────────┐
                            │Wettbewerbsorientiertes│
                            │    Benchmarking       │
                            └───────────────────────┘
                            ┌───────────────────────┐
                            │     Funktionales      │
                            │     Benchmarking      │
                            └───────────────────────┘
```

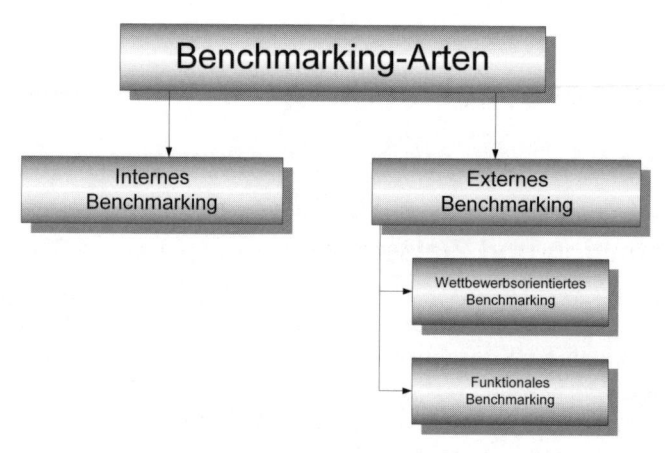

Abb. 13-1: Arten des Benchmarkings

Anwendung kommen, für viele Projekte ist jedoch eine parallele bzw. sequenzielle Realisierung möglich. Sehr häufig ist ein internes Benchmarking die Vorstufe für externe Benchmarking-Kontakte.

13.2.1 Internes Prozessbenchmarking

Internes Benchmarking bedeutet, dass ein Teil des Unternehmens von einem anderen lernt. Innerhalb des eigenen Unternehmens oder innerhalb eines Konzerns werden die Prozesse und prozessrelevanten Kennzahlen verglichen und analysiert, um Aufschluss über die intern bestehenden Leistungslücken zu erhalten. Zielsetzung ist, die jeweils besten Ergebnisse oder Arbeitsweisen im Unternehmen zu identifizieren und als Maßstab anderen vorzugeben bzw. um den Prozessverantwortlichen Feedback zur Leistungsfähigkeit ihres Prozesses zu geben. Internes Prozessbenchmarking[72] kann somit auch wertvolle Daten für das Prozessmonitoring im Unternehmen liefern. Internes Prozessbenchmarking ist insbesondere von großem Nutzen bei folgenden Problemstellungen:

- Produktivitätsunterschiede zwischen ähnlichen Prozessen in verschiedenen Bereichen
- Auffällige Diskrepanzen bei Kennzahlen und Ergebnisgrößen
- Schwachstellen in den Abläufen
- Mangelnde Kundenorientierung

13.2.2 Wettbewerbsorientiertes Benchmarking

Wettbewerbsorientiertes Benchmarking ist die offensichtlichste Art des Vergleichs. Das Ziel von Benchmarking im Wettbewerb ist, brauchbare Informationen über die Produkte, die Arbeitsabläufe, die Herstellungsprozesse, die wirtschaftlichen Daten der Konkurrenten zu ermitteln, um die eigenen Werte daran zu messen. Diese Form des Benchmarkings wird jedoch durch die Tatsache erschwert, dass kein Unternehmen ein ernsthaftes Interesse daran hat, seinem direkten Konkurrenten das eigene Erfolgsgeheimnis offen zu legen. Deshalb ist es beim wettbewerbsorientierten Benchmarking immer wichtig, sorgfältig abzuwägen, wie substanziell die gewonnenen Informationen sind.

13.2.3 Funktionales Benchmarking

Beim funktionalen Benchmarking wird davon ausgegangen, dass unabhängig von einer Branche Anforderungen, Abläufe und Einflussfaktoren bestimmter Prozesse identisch oder zumindest vergleichbar sind. Unternehmen, die in keinem Wettbewerbsverhältnis zueinander stehen, sind viel schneller bereit, in einen offenen Informationsaustausch einzutreten. Vertraulichkeitsprobleme bestehen nicht in gleichem Maße wie beim wettbewerbsorientierten Benchmarking. Der branchenübergreifende Vergleich bietet somit den Vorteil, sich mit den innovativen Lösungen der Konkurrenz auseinander setzen zu können, während ein Vergleich in der Branche immer nur die Chance bietet, zu den Besten aufzuschließen, nicht aber diese zu überholen.

13.3 Vor- und Nachteile der Benchmarking-Arten

Jede Benchmarking-Art hat Vorteile und Schwachpunkte und kann unter gewissen Umständen eher angebracht sein als eine andere:

Art	Vorteile	Nachteile
Internes Benchmarking (... innerhalb eines Unternehmens)	• Datenerfassung relativ einfach • Vorbereitung für externes Benchmarking • Förderung der Benchmarking-Idee im Unternehmen • Weniger Misstrauen gegenüber dem „Fremden"	• Begrenzter Blickwinkel • relativ geringes Verbesserungspotenzial • keine Suche nach der Best-Practice
Wettbewerbsorientiertes Benchmarking (... mit den Wettbewerbern)	• Verbesserung der Wettbewerbssituation • Produkte/Prozesse vergleichbar • Eindeutige Positionierung im Vergleich mit dem Wettbewerb	• Partiell schwierige Datenerfassung • Gefahr manipulierter Daten • Eingeschränkte Kooperationsbereitschaft von Wettbewerbern
Funktionales Benchmarking (... mit Branchenexternen)	• Relativ hohes Potenzial zum Finden innovativer Lösungen • Direkter Datenaustausch möglich • Vergrößerung des Ideenspektrums	• Vergleichbarkeit ist genau zu prüfen • Zeitaufwändige Analyse • Gefundene Lösungen müssen eventuell erst angepasst werden

Abb. 13-2: Vor- und Nachteile der Benchmarking-Arten

13.4 Der Prozess des Prozessbenchmarkings

Der Prozess des Benchmarkings umfasst sowohl eine Reihe von Informationsprozessen, Analysetätigkeiten, Planungs- und Kontrollaktivitäten als auch Entscheidungen im Management und die Gestaltung von konkreten Veränderungen im Unternehmen[73, 74]. Aufbauend auf der Grundmethodik von Problemlösungsprozessen empfiehlt sich beim Benchmarking das systematische Vorgehen nach den in der Abbildung dargestellten Arbeitsschritten, die wiederum in die vier Phasen I.) Projektplanung, II.) Bewertung, III.) Zielbestimmung und IV.) Umsetzung zusammengefasst werden können[75, 76].

13.4 Der Prozess des Prozessbenchmarkings

Arbeitsschritte im Benchmarking-Prozess

I Projektplanung
- Problemerkenntnis und Problemanalyse
- Planung des Benchmarking-Projekts

II Bewertung
- Messung und Bewertung der eigenen Leistungen im Unternehmen
- Messung und Bewertung vergleichbarer Leistungen und Ermittlung von Bestlösungen
- Analyse der Leistungsfähigkeit

III Zielbestimmung
- Zielbestimmung und Planung der Leistungsverbesserung

IV Umsetzung
- Umsetzung der Leistungsverbesserungsmaßnahmen
- Kontinuierliche Weiterführung des Benchmarking-Prozesses

(Informationsbeschaffung und Informationsverarbeitung)

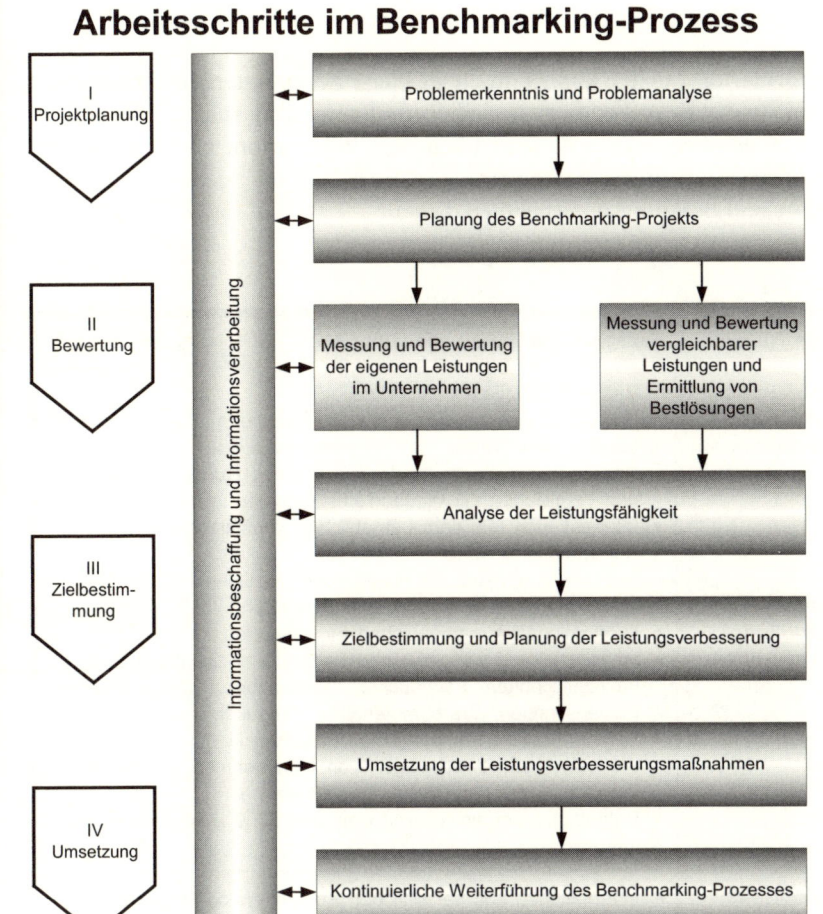

Abb. 13-3: Benchmarking-Prozess als Ablaufmodell

13.4.1 Voraussetzungen für ein erfolgreiches Benchmarking-Projekt

Die Akzeptanz und Förderung des Benchmarking-Gedankens durch das Topmanagement sind entscheidend, um sicherzustellen, dass notwendige, eventuell auch unangenehme Maßnahmen in einer Geschäftseinheit durchgesetzt werden können. Das Topmanagement hat dafür Sorge zu tragen, dass Benchmarking im gesamten Unternehmen akzeptiert wird. Benchmarking sollte als Kernelement der Qualitätsphilosophie eines Unternehmens integriert werden.

13.4.2 Informationsbeschaffung und Informationsverarbeitung

Als Informationsquellen können in dieser Phase neben unternehmensinternen Quellen, wie z.B. Außendienstberichten und öffentlich zugänglichen Informationsangeboten, wie z. B. Statistiken und Publikationen von Kammern, Verbänden und Wirtschaftsinstituten, auch kommerzielle Datenbankbetreiber und Beratungsunternehmen dienen[77].

Art der Quelle	Beispiele für Informationsquellen
unternehmensinterne Informationen	• Betriebsstatistiken • Daten aus Buchhaltung und Kostenrechnung • Marktstudien, Messe- und Konferenzberichte • Service-Informationen, insbesondere aus Kundenkontakten und Vergleichen mit Wettbewerbsprodukten in der Anwendung • Informationen aus dem betrieblichen Vorschlagswesen • Außendienstberichte
öffentlich zugängliche Informationen	• amtliche Statistiken und Veröffentlichungen • Informationen aus öffentlichen Einrichtungen • technische und wirtschaftliche Fachveröffentlichungen (z.B. Fachzeitschriften, Fachbücher, Dissertationen, Diplomarbeiten) Firmenschriften, Werbematerialien, Produktinformationen • Patente (nationale und internationale Patente) • Wettbewerbsauszeichnungen von Unternehmen und Produkten (z.B. Marketing-Preise, Qualitätspreise) • Datenbankabfragen (derzeit weit über 5000 Datenbanken im Internet)
Informationen externer Unternehmenspartner, die nicht ohne Zustimmung oder Mithilfe Dritter genutzt werden können	• Informationen aus persönlichen Kontakten von Mitgliedern der Geschäftsleitung oder von Mitarbeitern mit anderen Firmen • vertrauliche Kundeninformationen (Endverbraucher, Anwender) • Informationen von Zulieferern bzw. Kooperationspartnern • Interne Informationen aus anderen Unternehmen (insbesondere bei branchenübergreifenden Benchmarking-Studien) • Informationen von Beratungsunternehmen und Fachexperten • Informationen aus Studien/Untersuchungsberichten von Forschungsinstituten, Universitäten oder anderen Unternehmen

Abb. 13-4: Informationsquellen für Benchmarking

13.4.3 Benchmarking-Phase I: Projektplanung

Problemerkenntnis und Problemanalyse

Um die Benchmarking-Aktivitäten des Unternehmens auf jene Prozesse konzentrieren zu können, die am meisten Verbesserungspotential versprechen, ist es notwendig, die für die Entwicklung des Unternehmens entscheidenden Kernprobleme zu identifizieren und detailliert zu beschreiben. Fragen, die kritisch beantwortet werden sollten, sind dabei beispielsweise:

- Welche Prozesse sind besonders kritisch für den Geschäftserfolg?
- Welche Prozesse bereiten die meisten Probleme?
- Welche Leistungen werden Kunden zur Verfügung gestellt?
- Welche Faktoren bestimmen die Kundenzufriedenheit?
- Welche Probleme wurden bereits in den Prozessen identifiziert?

Planung des Benchmarking-Projekts

Im zweiten Arbeitsschritt geht es um die Planung des Benchmarking-Projekts und um die Schaffung der dafür notwendigen organisatorischen Bedingungen. Es sind vor allem folgende Aufgaben zu erfüllen:

- Festlegung des Benchmarking-Objektes (Prozess, Organisationsstruktur, Strategie etc.)
- Festlegung der Ziele, Messkriterien und Maßstäbe für das Benchmarking
- Bestimmung des Projektverantwortlichen und des Projektteams
- Planung des Projektablaufs nach inhaltlichen Aufgaben
- Zeit- und Aufwandsplanung
- Festlegung der Aufgaben zur Beschaffung der erforderlichen Informationen (intern, extern)

Eine besondere Bedeutung kommt der Auswahl des Benchmarking-Teams und der Gewinnung von Benchmarking-Partnern zu. Sie muss rechtzeitig erfolgen, um die erforderlichen Informationen für die Analyse zu erhalten.

13.4.4 Benchmarking-Phase II: Bewertung

Messung und Bewertung der eigenen Leistungen im Unternehmen

Zu den Schwerpunkten bei der Bewertung der eigenen Leistungen gehört die detaillierte Herausarbeitung der Problemfelder und Schwachstellen. Dabei kann zunächst zwischen den subjektiv empfundenen Problemfeldern (Probleme aus der Sicht der Verantwortlichen für das Benchmarking-Objekt bzw. der Betroffenen) und extern formulierten Schwachstellen (Probleme aus Kunden- oder Topmanagement-Sicht) unterschieden werden. Beide Seiten sollten erfasst und gegenübergestellt werden. So entsteht ein Stärken-Schwächen-Profil, das dem Benchmarking-Team zur Diskussion gestellt wird. Schwachstellen werden jedoch auch über die Messgrößenerfassung sichtbar. Stagnierende oder sogar rückläufige Kennzahlen sind immer ein Anzeichen für vorhandene Probleme.

Messung und Bewertung vergleichbarer Leistungen und Ermittlung von Bestlösungen

Nachdem die eigenen Leistungen gemessen und bewertet worden sind, sind nun die Leistungen des Benchmarking-Partners zu analysieren. Mit Hilfe von Fragenkatalogen, Kennzahlen und Bewertungsskalen sollen Leistungsunterschiede ermittelt werden. Da es beim Benchmarking jedoch nicht nur um den Vergleich des Leistungsergebnisses geht, sondern vor allem um die Analyse der dahinter stehenden Faktoren und Treiber, sind möglichst viele Prozesse und Maßnahmen des Partnerunternehmens zur Leistungserstellung zu dokumentieren.

	Strukturdaten	Leistungsdaten	qualitative Merkmale

Unternehmen gesamt	• Klassifizierung
	  - Größe
	  - Aufgaben/
	    Funktionen
	  - Umweltfaktoren
		• Erfolg
		  - Finanzkennzahlen
		  - mehrdimensionale
		    Kennzahlen
			• strategische
			  Ausrichtung
			• Kernkompetenz

Bereiche	• Klassifizierung
	  - Größen
	  - Funktionen
	  - Produktspektrum
		• Kosten
		• Zeit
		• Qualität/
		  Kundenzufriedenheit
			• Art und Umfang
			  realisierter
			  Produktivitäts-
			  steigerung
			• Methoden

Prozess - Angebote - Aufträge - Controlling - Qualität	• Input • Prozessstruktur	• Prozesskosten • Prozesszeiten • Prozessergebnis	• Methoden zur Effizienzsteigerung • Prozessorganisation

Abb. 13-5: Datensammlung von Benchmarking-Daten

13.4.5 Benchmarking-Phase III: Zielbestimmung der Verbesserung

Analyse der Leistungsfähigkeit

Bei der Analyse der Leistungsfähigkeit sind die in der Phase II gewonnenen Daten aufzubereiten, auszuwerten und die Schlüsse in Bezug auf die Leistungsfähigkeit zu ziehen. Die Ergebnisse der Analyse sollten in dieser Phase dem Management und den entsprechenden Verantwortlichen präsentiert werden, so dass die weiteren Schritte eingeleitet werden können.

Zielbestimmung und Planung der Leistungsverbesserung

In Übereinstimmung mit den Unternehmenszielen ist in Abhängigkeit des gewählten Benchmarking-Fokus die konkret beabsichtigte Verbesserung zu determinieren. Die quantitativen Zielsetzungen können beispielsweise in einen bestehenden Balanced-Scorecard-Ansatz integriert werden.

	Kundenfokus	Innovationsfokus	Kostenfokus
Finanzziele	Produktivität	Neuproduktumsatz Umsatz/F&E	Produktivität Umsatz/MA
Kunden	Kundenzufriedenheit	Kundenwert Innovationszeit	Preisakzeptanz Verfügbarkeit
Produkt/Service	Verlässlichkeit Verfügbarkeit	Innovationsgrad	Produktkosten Garantiekosten
Mitarbeiter	Ausbildung Aufwertung	Autonomie Entwicklung	Abwesenheit Umsatz

Abb. 13-6: Zieldimensionen der Leistungsverbesserung beim Prozessbenchmarking

Es sind eindeutige Verbesserungsziele zu formulieren. Das bedeutet, dass ein zu erreichender optimierter Zustand nach dem Inhalt (was?), dem Ausmaß (wie viel?) und nach dem Zeitbezug (bis wann?) klar bestimmt werden muss. Auf der Grundlage der Ziele sind dann Verbesserungsprogramme zu entwickeln. Diese können zu unterschiedlichen Themenfeldern zusammengefasst und als Arbeitsschwerpunkte definiert werden.

13.4.6 Benchmarking-Phase IV: Umsetzung der Benchmarking-Ergebnisse

Umsetzung der Leistungsverbesserungsmaßnahmen

Die Umsetzung der Leistungsverbesserungsmaßnahmen ist der entscheidende Schritt im Benchmarking-Prozess. Nach der Erstellung der Aktionspläne sind diese in den einzelnen Unternehmensprozessen (z.B. Produktion, Vertrieb, EDV, Finanzen etc.) zu integrieren[78].

Kontinuierliche Weiterführung des Benchmarking-Prozesses

Nachdem die Verbesserungsmaßnahmen festgelegt und umgesetzt wurden, ist ihre Wirkung zu analysieren. Hierbei ist nicht nur die Verbesserung der eigenen Leistungsfähigkeit zu beurteilen, sondern auch die damit verbundenen Kosten sind zu untersuchen.

Darüber hinaus ist auch ein Review der gesetzten Benchmarks bei den Partner- bzw. Vergleichsunternehmen durchzuführen, um auf diese Weise den relativen Fortschritt zu messen, denn der Benchmarking-Partner entwickelt sich ebenfalls weiter. Ist nach Umsetzung der Verbesserungsmaßnahmen immer noch eine Leistungslücke erkennbar, sind im Rahmen eines neuen Benchmarking-Prozesses weitere Verbesserungsmöglichkeiten zu suchen. Die Aufgabe des Benchmarking-Controllings ist damit nicht nur die Kontrolle des Planfortschritts und der Zielerreichung, sondern auch die Sicherstellung eines kontinuierlichen Verbesserungsprozesses. Damit wird klar, dass Benchmarking eine permanente Aktivität im Unternehmen ist, die nur professionell realisiert werden kann, wenn eine entsprechende organisatorische Institutionalisierung im Unternehmen erfolgt.

Abschließend ein Zitat eines chinesischen Generals, welches als Leitlinie für Benchmarking gelten könnte:

> *„Wenn du deinen Feind kennst und dich selber kennst, brauchst du das Ergebnis von 100 Schlachten nicht zu fürchten."*
>
> Sun Zu (Die Kunst der Kriegsführung, 500 v. Chr.)

14 EDV-Tools zur Darstellung von Prozessorientierten Qualitätsmanagement-Systemen

G. Kohl

Hinsichtlich der elektronischen Darstellung und Verwaltung der Dokumente in einem PQM-System gibt es eine Fülle an EDV-Tools, die am Markt angeboten wird. Der Nutzen von solchen Lösungen liegt in folgenden Punkten:

- Direkter Zugriff der Mitarbeiter auf die Dokumente des PQM-Systems
- Jeder Mitarbeiter kann jederzeit nach Prozessabläufen und den zugehörigen Dokumenten und Formularen suchen
- Einfache Verteilung von Dokumenten
- Zeitsparende Pflege der Dokumente
- Aktualisierungsaufwand von Loseblattsammlungen entfällt
- Durch Hyperlink-Technik wird ein hoher Anwender-Komfort erreicht

Jedes einzelne EDV-Tool hat im Hinblick auf die oft unterschiedlichen Anforderungen aus der jeweiligen Sicht eines Unternehmens ihre Vor- und Nachteile. Nachfolgend werden beispielhaft einige der verschiedenen Möglichkeiten beschrieben und deren bevorzugte Anwendungsgebiete aufgezeigt[79].

14.1 Word-Texte

In der Regel werden die Dokumente bereits mit einem Textverarbeitungssystem erstellt, vielfach mit dem Programm Microsoft Word. Eine Verteilung und Bereitstellung direkt in diesem Format bietet sich daher an, allerdings fehlt die Möglichkeit der gezielten Benutzerführung. Dies wäre nur mit einer aufwändigen Makroprogrammierung zu realisieren. Die langen Ladezeiten und der hohe Speicherbedarf sind auf das komplexe Abspeicherformat zurückzuführen. Allerdings besteht auch hier schon die Möglichkeit mit Hyperlinks Dokumente miteinander zu verknüpfen.

14.2 Lotus Notes

Das Notes-System findet weite Verbreitung im Groupware-Umfeld wie auch im Bereich des Dokumentenmanagements.
Deshalb ist es für die Verwaltung der PQM-Dokumente gut geeignet. Die Texte können im Word-Format übernommen werden und mit Hilfe der Software Notes-Domino direkt bei Abruf in ein HTML-Format konvertiert werden. Die Infrastruktur für Lotus Notes erfordert einen größeren finanziellen und personellen Aufwand. Daher lohnt der Einsatz dieses Programms nur für die Verwaltung großer Dokumentationsvolumen oder auch wenn dieses Programm standardmäßig innerhalb des Unternehmens eingesetzt wird (vgl. Kapitel 11.1).

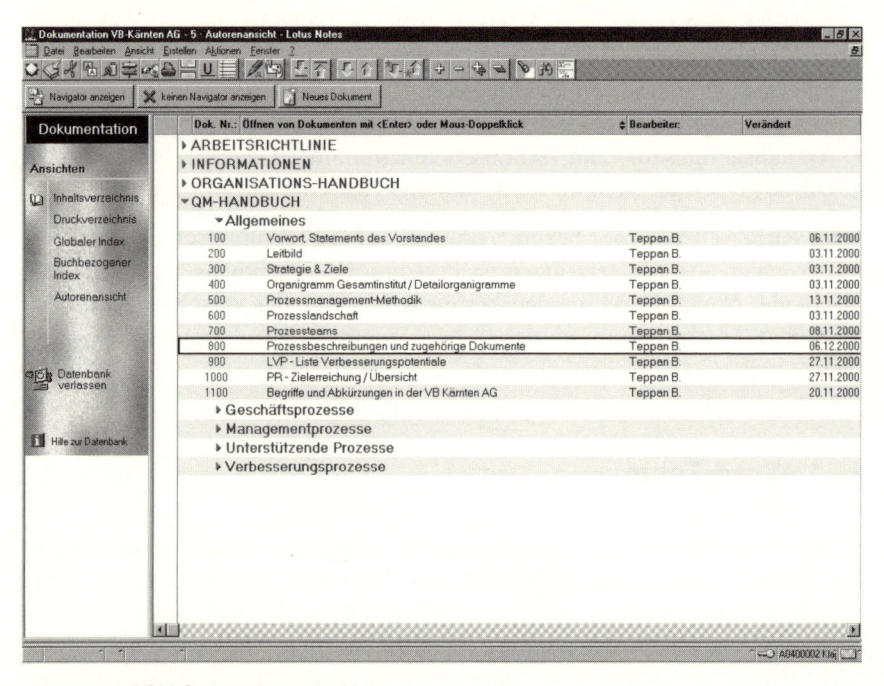

Abb. 14-1: PQM-System in Lotus Notes

14.3 Adobe Acrobat Reader

Der Adobe Acrobat Reader zeichnet sich durch geringen Konvertierungsaufwand und ein Datenformat (Portable Document Format, PDF) aus, das universell einsetzbar ist. Eine Benutzerführung kann nur bedingt konstruiert werden, ebenso die Nutzung über vernetzte Strukturen. Ein kombinierter Ansatz von Acrobat- und Intranettechniken bietet sich an.

14.4 Proprietäre Systeme

Proprietäre Systeme sind maßgeschneiderte Programme, die speziell für eine Online-Version der Darstellung der QM-Dokumente entwickelt werden können. Da es sich um Nischenprodukte handelt, kann ihre Lebensdauer schwer abgeschätzt werden. Die Kosten liegen über dem Preisniveau vergleichbarer Produkte.

14.5 Intranet (HTML)

Mit Intranet wird nicht ein einzelnes Produkt bezeichnet, sondern eine Technologie, die auf Internet-Mechanismen innerhalb eines einzelnen Unternehmens beruht. Wegen des Erfolges des Internets in den vergangenen Jahren findet diese Technologie auch zunehmend Anwendung in den Unternehmensnetzen. Die Vorteile dieser Technik sind unter anderem die Bereitstellung multimedialer Komponenten, das Prinzip der Client-Server-Technik, das vielfältige Angebot an Shareware-Varianten etc.
Beim folgendem Beispiel wurde das Programm Frontpage-Editor von Microsoft verwendet. Ausgehend von der Prozesslandschaft können hier für den Benutzer in sehr einfacher und benutzerfreundlicher Weise Prozessbeschreibungen oder andere Unterlagen aufgerufen werden:

14 EDV-Tools zur Darstellung von Prozessorientierten Qualitätsmanagementsystemen

Qualitätsmanagement-System

Management Prozesse: (Verantwortung: G) [100-299]

| Verantwortung der obersten Leitung, Q-Politik, Q-Ziele [100-129] | QM-System [130-159] | Budget [160-179] | Controlling, Benchmarking [180-209] | Personal, Bildung, Schulung [210-239] | Mitarbeiterzufriedenheit [240-269] | Management Review [270-299] |

Geschäfts Prozesse: (Verantwortung: Leitung BB) [300-499]

| Kunde Auftrag | Vertragsprüfung, Machbarkeit [300-319] | Produktionsplanung [320-339] | Beschaffung [340-359] | Produktion [360-469] | Versand [470-479] | Qualität nach Versand [480-499] | Kunde Bezahlung, Feedback |

Management Review

INHALTSVERZEICHNIS

- 1 Zweck
- 2 Prozeßverantwortung
- 3 Geltungsbereich
- 4 Begriffe
- 5 Beschreibung
- 6 Prozeßbewertung
- 7 Dokumentenlenkung

---

1 Zweck

- Überprüfung der Wirksamkeit des installierten Qualitätssystems in bezug auf Qualitätspolitik sowie auf Zielsetzung.
- Vergleich der Ergebnisse aus internen Audits mit Zielen der Qualitätspolitik.
- Bewertung der Ergebnisse und der Kundenzufriedenheit unter Beachtung der Qualitätspolitik.
- Anpassen des bestehenden QM-Systems, falls die detaillierte Information über das durchgeführte Management Review diese Notwendigkeit erkennen läßt.

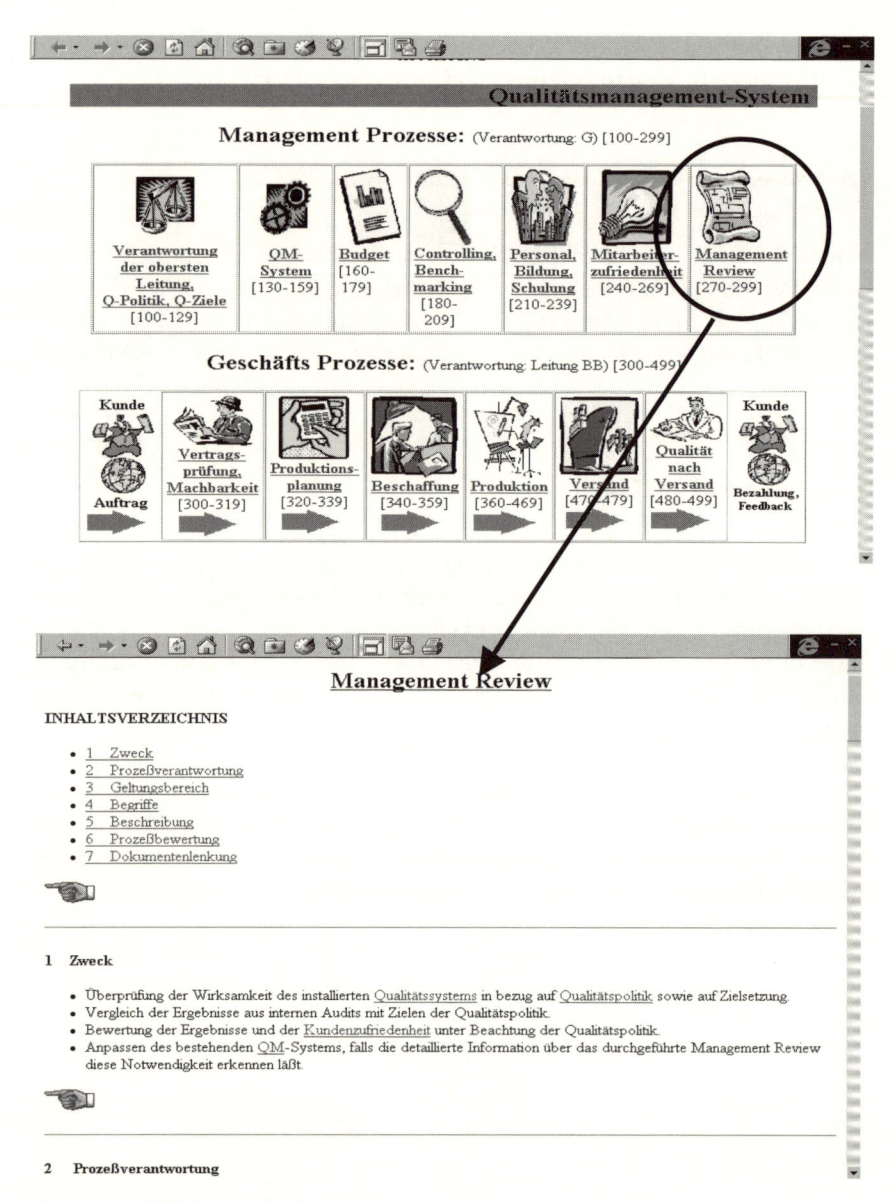

2 Prozeßverantwortung

Abb. 14-2: PQM-System im Intranet

14.6 Geschäftsprozess-Optimierungs-Tools

14.6.1 Zielsetzung

Geschäftsprozess-Optimierungs-Tools verfolgen das Ziel einer EDV-gestützten strukturellen Optimierung sowohl der Ablauf- als auch der Aufbauorganisation von Unternehmen. Mit Hilfe des Tools können Daten wie Arbeitsinhalt, Personaleinsatz, Stellendefinition, Informationsflüsse etc. erfasst werden. Ergebnis dieser Erfassung ist ein Modell, in dem Aufgaben, Funktionsträger und Informationen auf vielfältige Weise miteinander verknüpfbar und visuell darstellbar gemacht werden. Geschäftsprozess-Optimierungs-Tools dienen damit einerseits zur grafischen Darstellung von Prozessabläufen, ermöglichen darüber hinausgehend jedoch auch Auswertungen (z. B. Zeit, Kosten, Ressourceneinsatz) und deren grafische Darstellung. Animations- und Simulationsmöglichkeiten werden ebenfalls geboten.

14.6.2 Übersicht ausgewählter Geschäftsprozess-Optimierungs-Tools

Nachfolgend sind einige Geschäftsprozess-Optimierungs-Tools in alphabetischer Reihenfolge aufgelistet:

Name des Produkts

- Aeneis
- Adonis und REFINE
- ARIS Toolset und ARIS Easy Design
- Bonapart und Livemodel
- INCOME
- IvyFrame
- Orcale Designer
- SYCAT

Anhand des Geschäftsprozess-Optimierungs-Tools ARIS von IDS Scheer, dem Marktführer auf diesem Gebiet (vgl. Kapitel Gartner Group-Studie 2000), werden der Aufbau und die Funktion eines solchen Tools beispielhaft erläutert.

14.6.3 Der Einsatz eines Geschäftsprozess-Optimierungs-Tools anhand des Beispiels ARIS

Das Geschäftsprozess-Optimierungs-Tool ARIS unterscheidet bei der Darstellung fünf verschiedene Sichten:

- Leistungssicht
- Datensicht
- Funktionssicht
- Organisationssicht
- Prozesssicht

Bei den ersten vier Sichten handelt es sich um statische Sichten. Sie bilden die äußeren Teile des ARIS-Hauses. In der fünften Sicht, der dynamischen Prozesssicht, das innere Teil des ARIS-Hauses, werden sie später vereinigt.

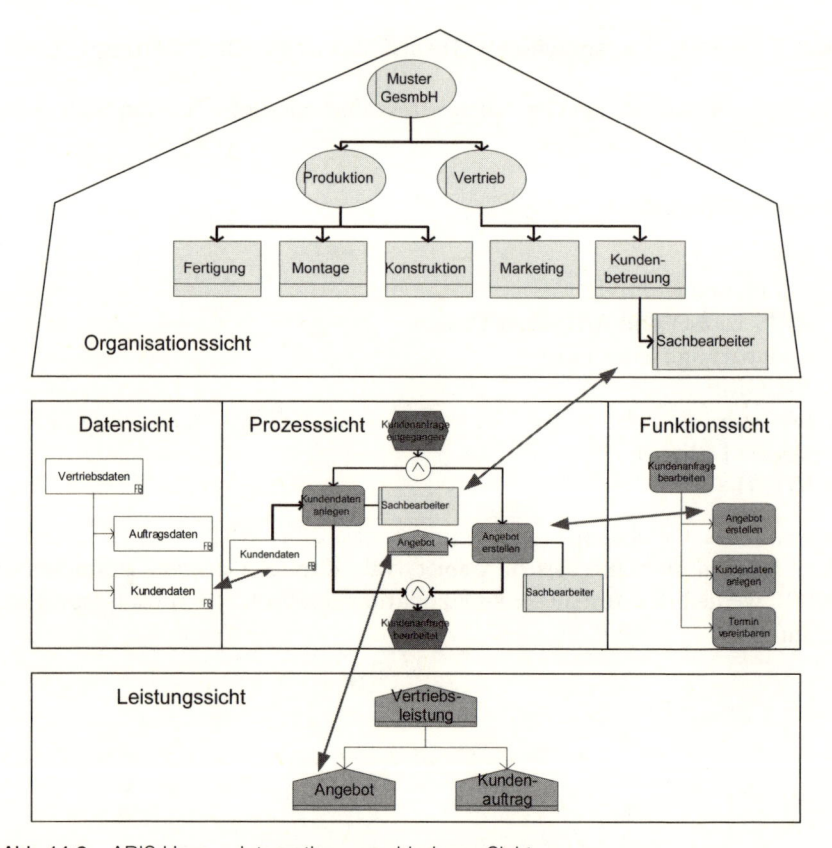

Abb. 14-3: ARIS-Haus – Integration verschiedener Sichten

14.6 Geschäftsprozess-Optimierungs-Tools

Die Pfeile zeigen, dass in der Prozesssicht auf Daten der anderen Sichten zurückgegriffen wird. Der Vorteil der dabei zugrundeliegenden objektorientierten Datenbank ist jener, dass wenn sich beispielsweise die Bezeichnung der Stelle Sachbearbeiter Kundenbetreuung ändert, diese Änderung nur ein einziges Mal vorzunehmen ist. Unabhängig davon, wie oft und in wie vielen Prozessen die Stelle vorkommt, wird die Änderung automatisch überall mitübernommen. Der Wartungsaufwand reduziert sich dementsprechend. Ein Prozessablauf, der mit ARIS erstellt wurde, hat beispielsweise folgendes Aussehen:

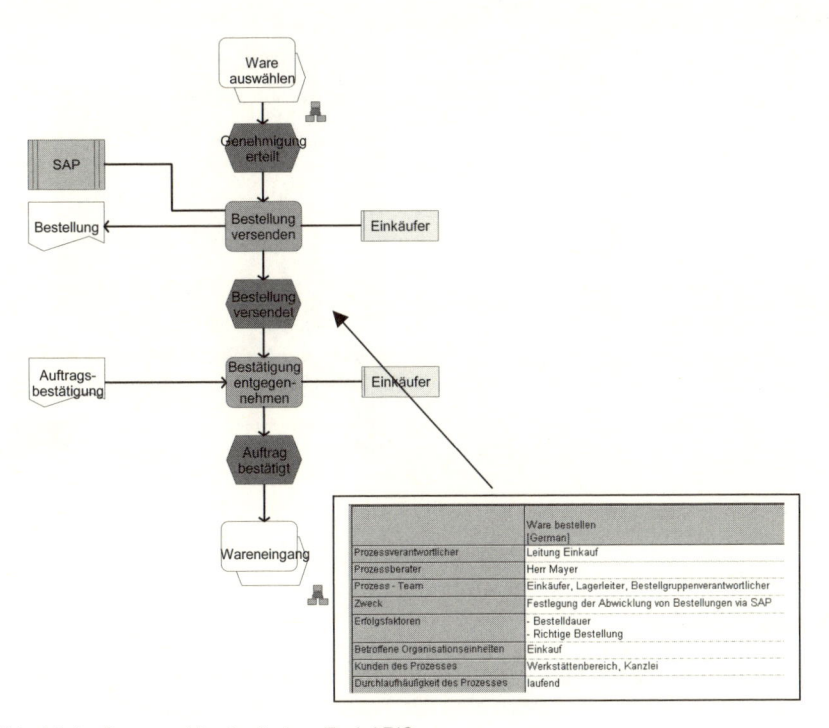

Abb. 14-4: Prozessablauf mit dem Tool ARIS

Zum Prozessablauf können alle relevanten Daten (Prozessverantwortlicher, Prozesszweck etc.) eingegeben und mit dem Prozess verknüpft werden. Weiterhin gibt es die Möglichkeit, Prozesskostenrechnungen und Simulationen durchzuführen.

Prozesskostenrechnung

Die Prozesskostenrechnung ermöglicht auf einfache Weise eine Bewertung der mit dem Geschäftsprozess-Optimierungs-Tool erstellten Prozesse auf Basis der Kosten. Aufgrund dieser Fakten können strategische Entscheidungen im Unternehmen getroffen und abgesichert werden.

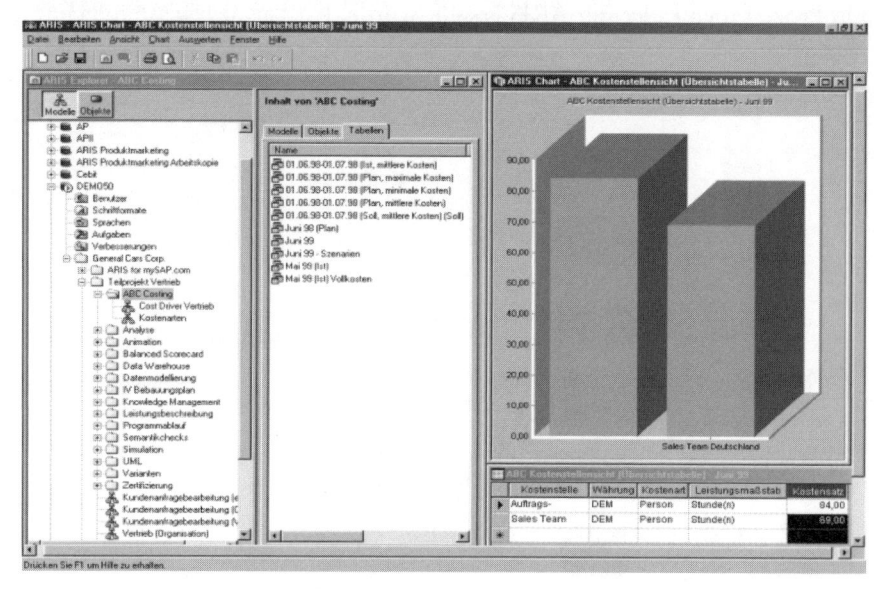

Abb. 14-5: Prozesskostenrechnung

Prozesssimulation

Durch eine realitätsgetreue Simulation kann man schon vor der Implementierung von Geschäftsprozessen eine Alternativenbewertung durchführen und die beste Entscheidung treffen. Von den Organisationseinheiten bis hin zur einzelnen Stelle können beispielsweise Arbeitszeiten definiert werden. Dadurch wird ein exaktes Abbild der tatsächlichen Personalressourcen für die Simulation erstellt.

Während der Simulation zeigt die Online-Auswertung sofort, ob alle Prozesszweige durchlaufen werden, bzw. wo es Schwachstellen gibt.

Des Weiteren stehen kumulierte und detaillierte Statistiken für eine Kennzahlenanalyse zur Verfügung. Mittels verschiedener Diagramme werden die Ergebnisse visualisiert und können bei Bedarf exportiert werden.

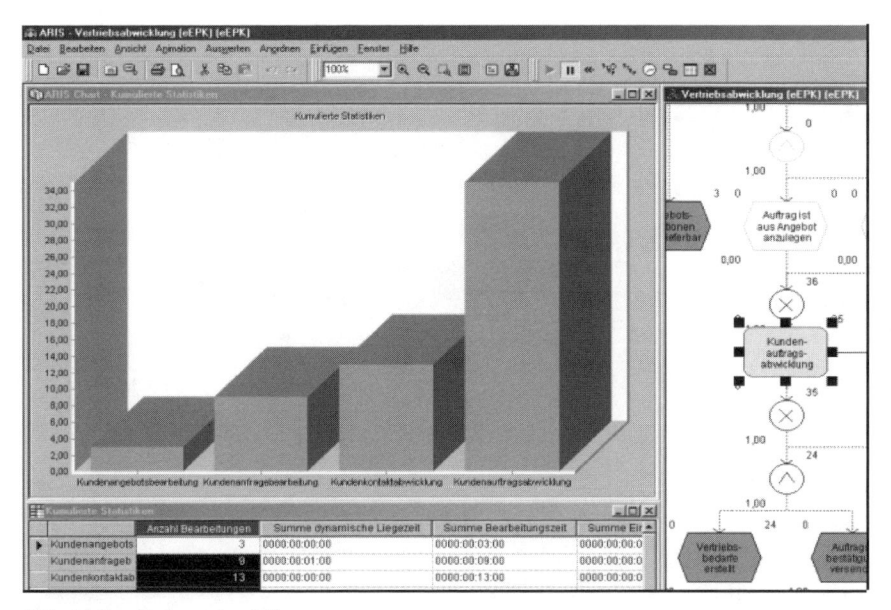

Abb. 14-6: Prozesssimulation

Webbasierte Informationsverbreitung

Um den Mitarbeitern die Prozessabläufe und zugehörigen Informationen zugänglich zu machen, kann die gesamte ARIS-Datenbank ins Intranet gestellt werden. Der Betrachter kann, genauso wie bei einer Internetseite, durch die Modelle surfen.
Die Prozessmodelle werden webbasiert mit genau dem Informationsgehalt mit dem sie generiert wurden an die Empfänger weitergeleitet.
Der Anwender kann die Informationen nicht nur lesen, sondern auch herunterladen und mit ausreichender Berechtigung verändern.

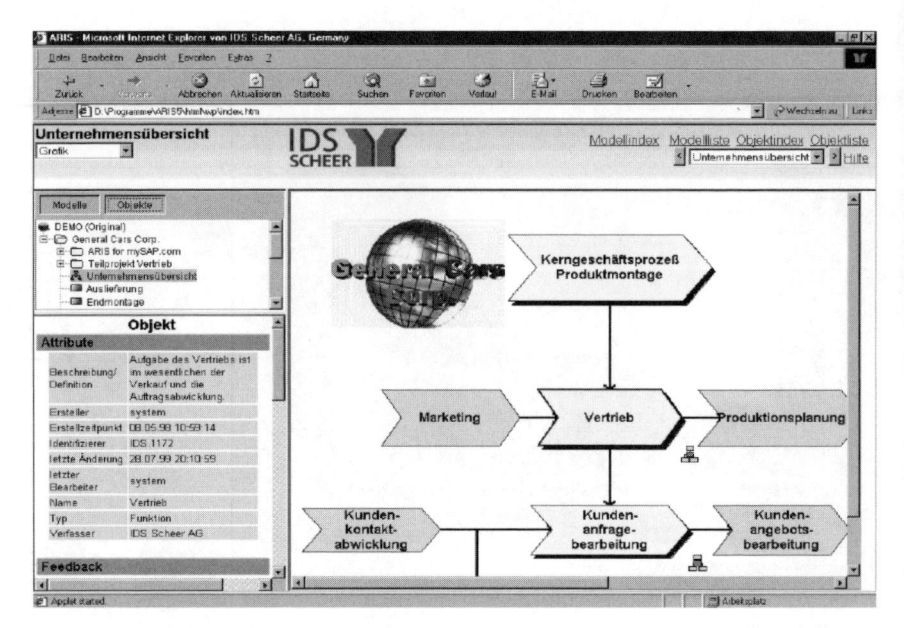

Abb. 14-7: Veröffentlichung eines Prozesses via Internet

Umfassendes toolunterstütztes Management der Geschäftsprozesse

Umfassendes Management von Geschäftsprozessen bedeutet, dass alle Phasen des Geschäftsprozess-Managements von der organisatorischen Gestaltung bis zur DV-technischen Implementierung und kontinuierlichen adaptiven Verbesserung abgedeckt werden. Die nachfolgende Struktur mit vier Ebenen und einem Framework zeigt eine Möglichkeit dazu[80]:
Auf der **Ebene I** werden analog einer Arbeitsplanung in der industriellen Fertigung die Geschäfts- bzw. Verwaltungsprozesse beschrieben und modelliert. Dazu wird mit dem ARIS-Konzept ein Rahmenkonzept bereitgestellt, das alle Aspekte von Geschäftsprozessen abdeckt.
In der **Ebene II** werden aus Sicht des Prozesseigners die laufenden Geschäftsprozesse geplant und gesteuert.
In **Ebene III** werden die zu bearbeitenden Informationsobjekte, also z.B. Verwaltungsanträge mit den zugehörigen Dokumenten, von Arbeitsplatz zu Arbeitsplatz transportiert. Bei elektronisch gespeicherten Dokumenten können Workflow-Managementsysteme[81] den Transport automatisiert ausführen. Der Einsatz von Workflow-Managementsystemen ist insbesondere dann von Nutzen, wenn die zu unterstützenden Geschäftsprozesse hinsichtlich ihrer Strukturiertheit voll- bis teilstrukturiert und hinsichtlich der Wiederholart zyklisch sind. Bei einmaligen Prozessen ist der Einsatz von Workflow-

14.6 Geschäftsprozess-Optimierungs-Tools

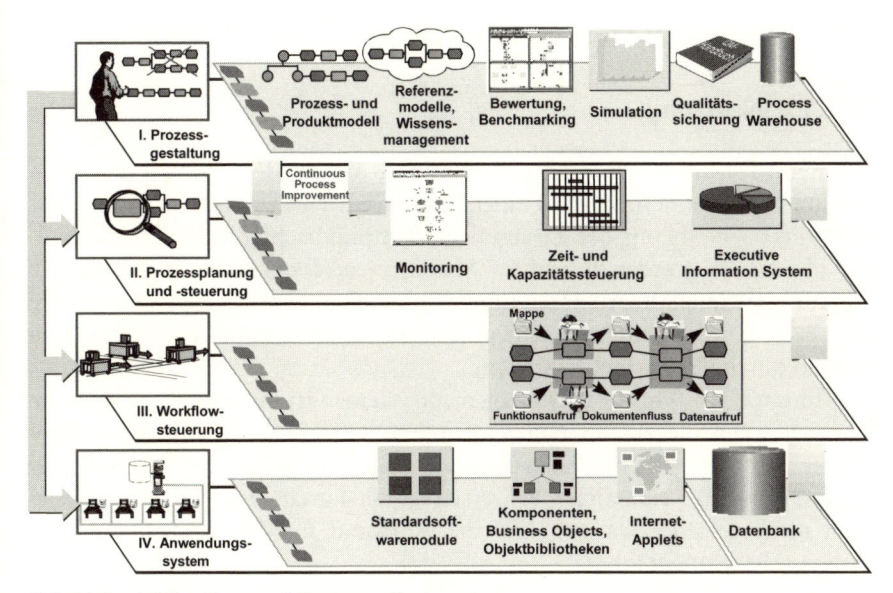

Abb.14-8: ARIS – House of Business Engineering

Systemen nicht geeignet, da sich hier der Aufwand für die Modellierung der Prozessschritte nicht lohnt.

Diese Ebene führt somit die Geschäftsprozessdefinitionen der Ebene I aus und weist den Benutzern die jeweils definierten Zugriffsrechte zu. Die Workflow-Steuerung meldet Ist-Daten über die auszuführenden Prozesse (Mengen, Zeiten, organisatorische Zuordnungen) zur Prozessplanung und -steuerung an die Ebene II zurück.

In der **Ebene IV** werden die zu den Arbeitsplätzen transportierten Dokumente konkret bearbeitet, also die Funktionen des Geschäftsprozesses ausgeführt. Hierfür werden computergestützte Anwendungssysteme, Datenbanken oder Internet-Applikationen eingesetzt.

Das Framework als fünfte Komponente enthält Architektur- und Anwendungswissen, das aus den Tools und Shells der Ebenen II bis IV konkrete Anwendungen konfiguriert.

14.7 Workflow-Management-Tools

14.7.1 Zielsetzung

Während E-Mail-Systeme oder Groupware, die auf dem Prinzip des Information Sharings beruht, die Festlegung der einzelnen Arbeitsschritte sowie des konkreten Ablaufs der Zusammenarbeit praktisch vollständig dem Nutzer überlassen, werden Workflow-Management-Tools dazu eingesetzt, den Ablauf von Geschäftsprozessen unter Einbeziehung unterschiedlicher Stellen und Personen des Unternehmens präzise zu definieren und den Ablauf weit gehend durch das System zu steuern.

Der Einsatz von Workflow-Managementsystemen ist insbesondere dann von Nutzen, wenn die zu unterstützenden Geschäftsprozesse hinsichtlich ihrer Strukturiertheit voll- bis teilstrukturiert und hinsichtlich der Wiederholart zyklisch sind. Bei einmaligen Prozessen ist der Einsatz von Workflow-Systemen nicht geeignet, da sich hier der Aufwand für die Modellierung der Prozessschritte nicht lohnt.

Der mögliche Nutzen von Workflow-Managementsystemen liegt in folgenden Punkten:

- Reduktion von Durchlaufzeiten durch die automatische, elektronische Weiterleitung der Dokumente an die nachfolgende Stelle
- Optimierung der Bearbeitungszeit durch die prioritätengesteuerte Verwaltung des Posteingangskorbes für jeden Prozessbeteiligten
- Kontrolle des Bearbeitungsstands durch die Möglichkeit, den Bearbeitungsstand jederzeit abrufen zu können
- Nachvollziehbarkeit der Bearbeitungsschritte, da bei abgeschlossenen Geschäftsprozessen im nachhinein festgestellt werden kann, wer welche Bearbeitungsschritte wann durchgeführt hat

14.7.2 Übersicht ausgewählter Workflow-Management-Tools

Name des Produkts

- CSE Workflow
- Easyflow
- Fabasoft Components
- Income Workflow
- Keyfile
- Oracle Workflow[82]
- SAP Workflow

14.7.3 Der praktische Einsatz von Workflow-Management-Tools

Das nachfolgende Beispiel zeigt den Workflow eines Versetzungsantrages eines Lehrers, der seinen Arbeitsort wechseln möchte. Bei der elektronischen Antragstellung bedient sich der Lehrer eines WWW-Browsers, in dem er seinen Antrag ausfüllen und anschließend versenden kann. Der WWW-Server nimmt den Antrag entgegen und legt ihn in den Eingangskorb des zuständigen Schulleiters. Schritt für Schritt wird somit der festgelegte Prozessablauf über das Workflow-Managementsystem umgesetzt.

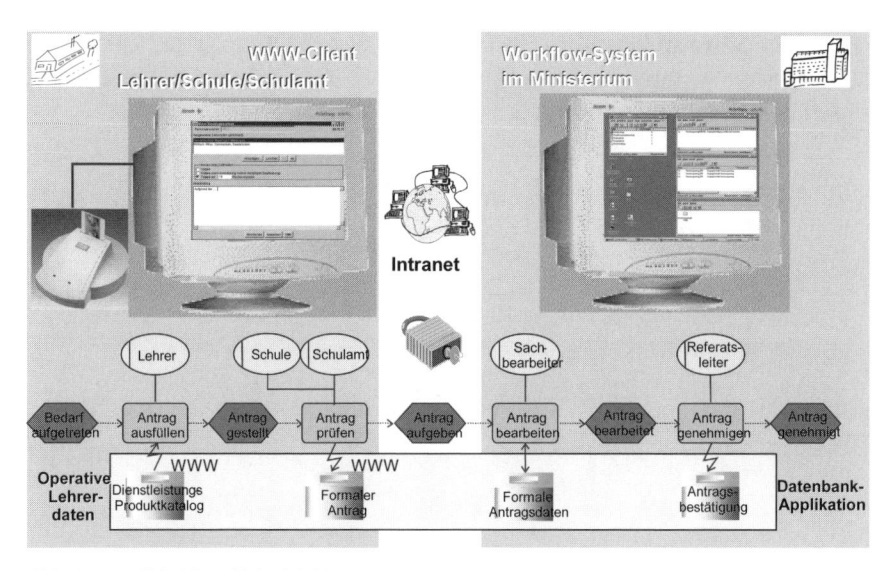

Abb. 14-9: Workflow-Beispiel Versetzungsantrag

14.8 Vorgehensweise zur Toolauswahl

Aufgrund des mittlerweile beachtlichen Angebotes an spezifischen computergestützten Werkzeugen stellt sich für die Entscheidungsträger das Auswahlproblem. Dabei kann sogar eine Mischung verschiedener Programme in Betracht kommen; beispielsweise die Anschaffung eines komplexen Analyse- und Optimierungstools und als Ergänzung dazu ein leistungsfähiges Darstellungstool.
Ausgehend von einer ersten Marktsondierung können die in die engere Wahl einbezogenen Hardware-/Softwareprodukte einer detaillierteren Prüfung unterzogen werden. Dabei sollten Sie die vorhandenen Entscheidungsalternati-

ven anhand von festgelegten Kriterien bewerten und die Auswahl auf der Grundlage dieser Bewertung vornehmen.

Um auf der Basis des Marktangebotes zu einer weitgehend objektiven Beurteilung zu gelangen, sollte man eine Checkliste erstellen, die alle wesentlichen Punkte für die Prüfung enthält. Im Vordergrund stehen naturgemäß **funktionsorientierte Kriterien**. Sie umfassen alle Anwendungsfunktionen, die die Software zu einem bestimmten Anwendungsgebiet aufweisen soll.

Daneben dürfen allerdings auch Kriterien wie **Systemanforderungen, Software-Ergonomie, Kosten** und **vertragliche Konditionen** nicht unberücksichtigt bleiben. Des Weiteren sollten Kriterien wie **Qualität der Dokumentation**, das verfügbare Angebot an **Lernhilfen** (Lerndisketten sowie Tutorials) sowie der **Softwarelieferant** selbst beachtet werden. Gerade für einen Einsteiger in ein komplexes Programmsystem ist die Form der Unterstützung durch den Lieferanten wichtig (z. B. Hotline-Service, Seminarangebot).

Literatur

[1] Simon, H.: Die heimlichen Gewinner: Die Erfolgsstrategie unbekannter Weltmarktführer – (Hidden Champions), 4. Aufl., Campus Verlag, New York 1997, S. 25

[2] Womack, J.: Auf dem Weg zum perfekten Unternehmen – Lean Thinking, Campus Verlag, New York 1997, S. 13 ff.

[3] Bogaschwesky, R./Rollberg, R.: Prozessorientiertes Management, Springer Verlag, Berlin, Heidelberg 1998, S. 190 ff.

[4] Bleicher, K.: Organisation – Strategien-Strukturen-Kulturen, 2. vollständig neu bearb. und erw. Aufl., Gabler Verlag, Wiesbaden 1991, S. 102 ff.

[5] Frese, E.: Grundlagen der Organisation – Konzept-Prinzipien-Strukturen, 7. überarb. Aufl., Gabler Verlag, Wiesbaden 1998, S. 381 ff.

[6] Bogaschewsky, R./Rollberg, R.: Prozessorientiertes Management, Springer Verlag, Berlin, Heidelberg 1998, S. 190 u. 193

[7] Picot, A./Reichwald, R./ Wigand, R. T.: Die grenzenlose Unternehmung – Information, Organisation und Management; Lehrbuch zur Unternehmensführung im Informationszeitalter, 3. überarb. Aufl., Gabler Verlag, Wiesbaden 1998, S. 201 ff.

[8] Bogaschewsky, R./Rollberg, R.: Prozessorientiertes Management, Springer Verlag, Berlin, Heidelberg 1998, S. 185–189

[9] Roy, K.-P.: Durch Prozesskennzahlen fit für den Kunden – Durchlaufzeiten halbieren mit prozessbezogenen Messungen, QZ Jahrg. 44 (1999) 9, Carl Hanser Verlag, München

[10] Rosenstiel, L. v.: Grundlagen der Organisationspsychologie – Basiswissen und Anwendungshinweise, 3. überarb. u. erg. Aufl., Schäffer-Poeschel, Stuttgart 1992, S. 283–284

[11] vgl. Kapitel Hrsg. Bullinger, H.-J./Warnecke, H.-J.: Neue Organisationsformen im Unternehmen – Ein Handbuch für das moderne Management, Springer Verlag, Berlin, Heidelberg 1996, S. 465 ff.

[12] Osterloh/Frost: Prozessmanagement als Kernkompetenz, 2. Aufl., Gabler Verlag, Wiesbaden 1998

[13] Fuhrmann, B.: Prozessmanagement in kleinen und mittleren Unternehmen – ein Konzept zur integrativen Führung von Geschäftsprozessen, Gabler Verlag, Wiesbaden 1998, S. 151 ff.

[14] vgl. Kapitel Drucker, P. F.: Die Praxis des Managements – ein Leitfaden für die Führungsaufgaben in der modernen Wirtschaft, 6. Aufl., Econ Verlag, Düsseldorf, München 1998, S. 248–276

[15] Schreyögg, G.: Organisation – Grundlagen moderner Organisationsgestaltung, 2. überarb. Aufl., Gabler Verlag, Wiesbaden 1998, S. 180 ff.

[16] Ferk, H.: Geschäfts-Prozessmanagement – ganzheitliche Prozessoptimierung, Vahlen, München 1996, S. 21 ff.

[17] Bruhn, M.: Kosten und Nutzen des Qualitätsmanagements – Grundlagen, Methoden, Fallbeispiele, Carl Hanser Verlag, München, Wien 1999

[18] Binner, H.: Integriertes Organisations- und Prozessmanagement, 1. Aufl., Carl Hanser Verlag, München, Wien 1997, S. 3–7

[19] vgl. Kapitel Schäfer, N.: Organisationspsychologie für die Praxis, Verlag Wissen und Praxis, Berlin 1997, S. 14–26

[20] Malorny, Ch.: Moderationstechniken – Werkzeuge für die Teamarbeit, Carl Hanser Verlag, München, Wien 1997, S. 6–20

[21] Bogaschewsky, R./Rollberg, R.: Prozessorientiertes Management, Springer Verlag, Berlin, Heidelberg 1998, S. 207–218

[22] Kamiske, G. (Hrsg.): Die Hohe Schule des Total Quality Management, Springer Verlag, Berlin, Heidelberg 1994, S. 223 ff.

[23] vgl. Kapitel Hentschel, B.: Dienstleistungsqualität aus Kundensicht, Wiesbaden 1992

[24] Kamiske, G. (Hrsg.): Die Hohe Schule des Total Quality Management, Springer Verlag, Berlin, Heidelberg 1994, S. 241

[25] Töpfer, A.: Kundenbindung gezielt messen und steigern, io management 4/2000, Zürich

[26] Kieckhöfel, B./Schuber, H.: Weich und wichtig – Business Monitoring weicher Faktoren zeigt der Führung Handlungsbedarf jenseits monetärer Notwendigkeiten, QZ Jahrg. 46 (2001) 1, Carl Hanser Verlag, München

[27] Imai, M.: Kaizen – Der Schlüssel zum Erfolg der Japaner im Wettbewerb, Wirtschaftsverlag Langen Müller Herbig, München 1992, S. 273–285

[28] vgl. Kapitel Ferk, H.: Geschäfts-Prozessmanagement – ganzheitliche Prozessoptimierung durch die Cost-driver-Analyse, Vahlen, München, 1996, S. 23–32

[29] vgl. Kapitel Sink, D./Morris, W. T./Johnston, C. S.: By What Method? – Develop the knowledge and skills to lead large-scale quality and productivity improvement efforts, Institute of Industrial Engineers, Georgia 1994, S. 176–181

30 Bogaschewsky, R./Rollberg, R.: Prozessorientiertes Management, Springer Verlag, Berlin, Heidelberg 1998, S. 225

31 Cowley, M.: Beyond strategic vision – effective corporate action with Hoshin planning, Butterworth – Heinemann, Newton 1997, S. 44

32 Frei, U./Hartmann, J.: Wettbewerbsfähiger mit effektivem Prozessmanagement, IO Management Jahrg. 68 Nr. 10/1999, ETH-Zentrum für Unternehmenswirtschaft, Zürich

33 vgl. Kapitel Kobi, J.-M.: Management des Wandels – die weichen und harten Bausteine erfolgreicher Veränderung, 2. überarb. Aufl., Haupt, Bern, Stuttgart 1996, S. 39–41

34 vgl. Kapitel Wagner, R. H. (Hrsg.): Praxis der Veränderung in Organisationen, Verlag für Angewandte Psychologie, Göttingen 1995, S. 21–26

35 Implementing Total Quality Worldwide: Making Teams Work – A Guide to Creating and Managing Teams, Organizational Dynamics, USA 1993, S. 93 f.

36 vgl. Kapitel Doppler, K./Lauterburg, Ch.: Change Management – Den Unternehmenswandel gestalten, 6. Aufl., Campus Verlag, Frankfurt, New York 1997, S. 335–367

37 Friedag, H. R./Schmidt, W.: Balanced Scorecard: Mehr als ein Kennzahlensystem, Haufe Verlag, Freiburg i. Br. 1999

38 Kotter, J. P.: Matsushita – Der erfolgreichste Unternehmer des 20. Jahrhunderts, Ueberreuter, Wien 1997, S. 125–139

39 vgl. Kapitel Hax, A. C./Majluf, N. S.: The Strategy Concept And Process – A Pragmatic Approach, Prentice-Hall, New Jersey 1996, S. 24–42

40 Kaplan, R./Norton, D.: The Balanced Scorecard – Translating Strategy into Action, Boston, Massachusetts 1996

41 vgl. Kapitel Kappler, A.: Balanced Scorecard – Werkzeug zur Umsetzung von Strategien, IO Management Jahrg. 69 Nr. 7/8 2000, ETH-Zentrum für Unternehmenswirtschaft, Zürich

42 Weber, J.: Balanced scorecard & controlling – Implementierungs-Nutzen für Manager und Controller-Erfahrungen in deutschen Unternehmen, Gabler, Wiesbaden 1998, S. 22 ff.

43 Goodman, G. S.: Monitoring, Measuring, and Managing Customer Service, Jossey-Bass, San Francisco 2000, S. 33

44 vgl. Kapitel Hanselmann, M.: Qualitätsfähigkeit – eine praxisorientierte Anleitung zum Aufbau von Total-Quality-Management in mittelgroßen Unternehmen, Haupt, Bern, Stuttgart, Wien 1996, S. 91–93

[45] Friedag, H.: Balanced scorecard – mehr als ein Kennzahlensystem, 1. Aufl., Haufe Verlag, Freiburg i. Br., Berlin, München 1999, S. 70 ff.

[46] Probst, G. J. B.: Organisationales Lernen – Wettbewerbsvorteil der Zukunft, 2. Aufl., Gabler Verlag, Wiesbaden 1998, S. 179 f.

[47] Walder, F.-P./Patzak, G.: Qualitätsmanagement und Projektmanagement, Vieweg Verlag, Braunschweig/Wiesbaden 1997, S. 8

[48] vgl. Kapitel Eckardstein, D. v./Kasper, H./Mayrhofer, W.: Management – Theorien-Führung-Veränderung, Schäffer-Poeschel, Stuttgart 1997, S. 405–420

[49] vgl. Kapitel Schmager, B.: Leitfaden Arbeitsschutz-Managementsystem – Aufbau und Umsetzung in der betrieblichen Praxis, Carl Hanser Verlag, München, Wien 1999

[50] Cassel, M.: Qualitätsmanagement nach ISO 9001:2000, Carl Hanser Verlag, München 2000, Kapitel 2, S. 1–15

[51] Mintzberg, H.: Die strategische Planung – Aufstieg, Niedergang und Neubestimmung, Carl Hanser Verlag, München, Wien, 1995, S. 43–111

[52] Hinterhuber, H. H.: Strategische Unternehmensführung, de-Gruyter-Lehrbuch, New York 1996

[53] Masing, W.: Handbuch Qualitätsmanagement, 3. Aufl., Carl Hanser Verlag, München, Wien 1994, S. 5

[54] vgl. Kapitel Kotler, Ph.: Marketing-Management – Analyse, Planung, Umsetzung und Steuerung, 8. Aufl., Schaeffer-Poeschel, Stuttgart 1995, S. 468 ff.

[55] Albrecht, U./Pfitzinger, E./Vogel, M.: Projekt ISO 9000, Vorgehensmodell zur Implementierung eines Qualitätsmanagement-Systems, 2. Aufl., Beuth Verlag, Berlin 1995

[56] Zink, K. J. (Hrsg.): Qualität als Managementaufgabe (Total Quality Management), 2. überarb. Aufl., Landsberg 1992

[57] Dietzel, H.-U./Garbsch-Havranek, C.: Personalmanagement, Manz Verlag, Wien 1990

[58] ISO 10012-1:1992: Anforderungen an die Qualitätssicherung für Messmittel – Teil 1: Bestätigungssystem für Messmittel

[59] ISO 10012-2:1997: Qualitätssicherung für Messmittel – Teil 2: Leitfaden für die Lenkung von Messprozessen

[60] Gaitanides, M./Scholz, R./Vrohlings, A./Raster, M.: Prozessmanagement: Konzepte, Umsetzungen und Erfahrungen des Reengineering, Carl Hanser Verlag, München 1994

Literatur

⁶¹ Hammer, M./Champy, C.: Business Reengineering, Campus Verlag, Frankfurt 1993

⁶² vgl. Kapitel Seifert, K.: Prozessmanagement für die öffentliche Verwaltung, Gabler, Wiesbaden 1998, S. 157 ff.

⁶³ Thon, J. (Hrsg.)/Wabeck, M./Bischof, F./Siebenhandl, R.: Fuhrpark und Technik in der MA48, Bohmann Verlag, Wien 1995

⁶⁴ Pfeifer, T.: Qualitätsmanagement, 2. Aufl., Carl Hanser Verlag, München 1996

⁶⁵ Kamiske, G. F./Brauer, J.-P.: Qualitätsmanagement von A bis Z, Erläuterungen und moderne Begriffe des Q-Managements, 2. überarb. u. erw. Aufl., Carl Hanser Verlag, München 1995

⁶⁶ Stauss, B. (Hrsg.): Qualitätsmanagement und Zertifizierung: Von DIN ISO 9000 zum Total Quality Management, Gabler Verlag, Wiesbaden 1994

⁶⁷ Brunner, F. J./Wagner, K. W.: Taschenbuch Qualitätsmanagement, 2. erw. Aufl., Carl Hanser Verlag, München, Wien 1999

⁶⁸ Camp, R. C.: Business Process Benchmarking, American Society of Quality, Wisconsin 1995, S. 253 ff.

⁶⁹ Romeiser, T.: Vergleich und Impuls – Benchmarking motiviert Führung und Mitarbeiter zu Spitzenleistungen, QZ Jahrg. 45 (2000) 12, Carl Hanser Verlag, München

⁷⁰ Gerberich, C. W.: Benchmarking – Taschenguide; STS-Verlag, München 1998

⁷¹ vgl. Kapitel Schamschule, R./Bauer, A./Reiner, G./Janda, M./Ditz, B.: Öffentlich und privat – Gemeinsames Benchmarking nützt stattliche Institution und Unternehmen, QZ Jahrg. 46 (2001) 1, Carl Hanser Verlag, München

⁷² Siebert, G.: Prozess-Benchmarking – Methode zum branchenunabhängigen Vergleich von Prozessen, IPK, Berlin 1998, S. 37

⁷³ Camp, R. C.: Business Process Benchmarking, American Society for Quality, Wisconsin, 1995, S. 9

⁷⁴ Töpfer, A.: Benchmarking – Der Weg zu Best Practice, Springer Verlag, Berlin 1997, S. 76 ff.

⁷⁶ vgl. Kapitel Romeiser, T.: Vergleich und Impuls – Benchmarking motiviert Führung und Mitarbeiter zu Spitzenleistungen, QZ Jahrg. 46 (2001) 1, Carl Hanser Verlag, München

⁷⁷ Ulrich, P.: Organisationales Lernen durch Benchmarking, Gabler, Wiesbaden 1998, S. 67 ff.

⁷⁸ Ulrich, P.: Organisationales Lernen durch Benchmarking, Gabler, Wiesbaden 1998

[79] Faulhaber, J., Weiland, H.-H.: Virtuell und komfortabel – Papierlose Bedienungsanleitung für Unternehmen, QZ Jahrg. 44 (1999) 8, Carl Hanser Verlag, München, S. 1000 ff.

[80] IDS Scheer AG; www.ids-scheer.de

[81] Müller, B./Stolp, P.: Workflow – Management in der industriellen Praxis, Springer Verlag, Berlin, Heidelberg 1999, S. 33 ff.

[82] Scheer, W./Köppen, A.: Consulting – Wissen für die Strategie-, Prozess- und IT-Beratung, Springer Verlag, Berlin, Heidelberg 2000, S. 154 ff.

Stichwortverzeichnis

4-Schritte-Methode 27
7-M-Methode 40

A

Absolute Messgrößen 56
Adobe Acrobat Reader 264
Akkreditierung 82
Aktivitätenanalyse 43
Anforderungsprofile 202
Arbeitnehmerschutzbestimmungen 135
Arbeits-, Prüfanweisungen 96
Arbeitsgruppenverantwortlichen (AGV) 200
Arbeitsumgebung 134
ARIS 267
Arten von Benchmarking 253
Auditcheckliste 240
Auditplan 245
Auditplanung, -durchführung und -berichterstattung 177
Aufbauorganisation 3
Aufzeichnungen 109
Ausbildungsbedarfsermittlung 131
Auswahlmatrix Normforderungen 242

B

Balanced Scorecard 72
Beauftragter der obersten Leitung 121
Befugnis 119
beigestellten Produkten 162
Benchmarking-Projekt 257
Berichterstattung 76
Beschaffung 152
Beschaffungsangaben 153
Besprechungen 229
Betriebliches Vorschlagswesen 188
Betriebsversammlung 115

C

Cost-Driver-Analyse 43

D

Darstellungsebenen 23
Datenanalyse 184

Deming 83
Die Stimme des Kunden 37
Dienstleistungserbringung 158
Dokumentationsanforderungen 96
Dokumentenmatrix 102

E

EDV-Tools zur Darstellung von Prozessorientierten Qualitätsmanagement-Systemen 263
Eigentum des Kunden 161
Einflussfaktoren 37
Eingangsprüfung 182
elektronischen Qualitätsmanagement-Handbuch 99
Endprüfung 183
Entwicklung 148
Entwicklungsbewertung 148
Entwicklungseingaben 148
Entwicklungsergebnisse 148
Entwicklungsplanung 148
Entwicklungsvalidierung 148
Entwicklungsverifizierung 148
Erfolgsfaktoren 30
Erforderliche Ressourcen 30
Erster Prozessschritt 30

F

Fallen und Stolpersteine im Projekt 219
Fehlerursache 190
Fischgrätendiagramm 40
Flughafen Wien AG 230
Funktionales Benchmarking 255
Funktionendiagramm 120
Funktionsorientierung 2

G

ganzheitliche Managementsysteme 89
Gemeinkosten-Wertanalyse 43
Geschäftsprozess-Optimierungs-Tools 267
Geschäftsprozess-Optimierungstool 212
Geschäftsprozesse 21
Gesundheit 91

H
Handhabung 162

I
Identifikationsprüfung 182
Information der Mitarbeiter 216
Infrastruktur 133
inhaltliche Ebene 197
Input 30
Internes Audit 177
Internes Prozessbenchmarking 254
Intranet 100, 225, 266
Intranet (HTML) 265
ISO 9000:2000-Prozessmodell 79
ISO 9001:2000 79, 85, 88
ISO 9004:2000 88
ISO/TC 176 85

J
Jahreskalender 218

K
Kalibrierstatus 168
Kennzeichnung und Rückverfolgbarkeit 160
Kernteams 205
Kommunikation 76, 122
Kommunikation mit den Kunden 141
Konservierung 166
Kontinuierlicher Verbesserungsprozess 188
Korrekturmaßnahmen 189
Kunden des Prozesses 30
Kundenbedürfnisse und -forderungen 111
Kundenbefragungen 174
Kundenbezogene Prozesse 138
Kundenforderungen 139
Kundenorientierung 111
Kundensicht 53
Kundenzufriedenheit 174

L
Lagerung 165
Leitfäden 83
Lenkung fehlerhafter Produkte 183
Lenkung von Dokumenten 101
Lenkung von Überwachungs- und Messmitteln 166
Letzter Prozessschritt 30
Lieferantenbericht 157
Lieferantenbeurteilung und -auswahl 152
Lotus Notes 264

M
MA48 226
Magistratsabteilung 48 (MA48) 226
Management-Reviews 124, 125
Managementbewertung 123
Managementprozesse 20
Maßnahmen-Monitoring 62
Matrixorganisation 9
Meilenstein 197
mentale Ebene 198
Mess-, Analyse- und Verbesserungsprozesse 22
Messfrequenz 54, 179
Messgröße 54, 179
Messgrößen 125
Messmethode 54, 179
Messung, Analyse und Verbesserung 172
Mission 71
Mitarbeiterförderung 130
Mitarbeitergesprächs 130
Mitarbeiterinformation 223
Mitarbeiterversammlungen 76
Mitarbeiterzeitung 76
Modelle 83
Momente der Wahrheit 37
Moments of Truth 37
Muda 43
Mura 43
Muri 43

N
Normenüberblick 82
Notfallprogramme 133
Nutzensaspekte 17

O
Output 30

P
PDCA-Kreis 83
Personalauswahl 128
Personalentwicklung 129
Personelle Ressourcen 127
Pflichtenheft 139
Planung 116
Problemdarstellung 67
Produkt-/Dienstleistungsaudit 240
Produkterhaltung 162
Produktion 158
Produktrealisierung 137
Projekt 197

Stichwortverzeichnis

Projekt-Folder 206
Projekt-Homepage 206
Projekt-Infoblatt 207
Projekt-Kick-offVeranstaltung 206
Projektablauf 197, 221
Projektaufsicht 205
Projektdefinition 208
Projektleiters (PL) 200
Projektteam 200
Projektteamstruktur 201
Projektziel 230
Projektziele 226
Proprietäre Systeme 265
Prozess 5
Prozess-Ablauf 105
Prozess-Homepage 216
Prozess-Infotafel 65
Prozess-Lifecycle 14
Prozess-Übersicht 105
Prozessablauf 33
Prozessanalyse 35
Prozessaudit 239, 249
Prozessauditbericht 251
Prozessauditcheckliste 250
Prozessaufnahme 14
Prozessausführung 74
Prozessausführung und -steuerung 63
Prozessausführung/-regelung 16
Prozessbenchmarking 253
Prozessberatern (PB) 200
Prozessbeschreibungen 48, 96, 103
Prozessbeurteilung 74
Prozesscoaches (PC) 200
Prozessdefinition 15
Prozessdesign 119
Prozessentwicklung 119
Prozessidentifikation und -abgrenzung 29
Prozesskennzahl 179
Prozesskostenrechnung 270
Prozesslandschaft 7, 20, 77, 199, 24, 228, 231
Prozessleistung 64
Prozessmanagement-Methodik 199, 213
Prozessmanagement-Workshop 210
Prozessmessgrößen 64
Prozessmessung 178
Prozessmonitoring 16, 71
Prozessorientierte Organisation 200
prozessorientierten Audits 239
Prozessorientiertes Qualitätsmanagement (PQM) 1
Prozessorientierung 3

Prozessprinzip 215
Prozessreport 68
Prozessreporting 68
Prozesssimulation 270
Prozessteam 27, 65
Prozessteam-Infotafel 181
Prozessteam-Jour-fixes 67
Prozessteam-Meetings 27
Prozessteam-Mitgliedern 200
Prozessteams 215
Prozessvalidierung 119
Prozessverantwortliche 7
Prozessverantwortlichen 65, 216
Prozessverantwortlichen (PV) 200
Prozessverbesserung 68
Prozessziel 54
Prozesszielableitung 53
Prozessziele 53
Prozesszielen 179, 234
Prozesszielerreichung 68, 181
Prozesszielwerte 72
Prozesszweck 30
Prüfaufzeichnungen 183
Prüfmittel 166
Prüfmittelbeschaffung 167
Prüfmitteldokumentation 169
Prüfmittelkalibrierung 168
Prüfmittelliste 169
Prüfmittelordnungssystem 167
Prüfplan 182

Q

Qualitätsbegriff 79
Qualitätsbroschüre 115
Qualitätshomepage 99
Qualitätsmanagement-Handbuch 96, 97
Qualitätsmanagement-Prinzipien 80
Qualitätsmanagement-Prozessmodell ISO 9001:2000 84
Qualitätsmanagement-System 79, 94
Qualitätsmanagement-Verfahren 96
Qualitätsplanung 118
Qualitätspolitik 112
Qualitätsverbesserungsteams 188
Qualitätsziele 116
Qualitätszirkel 187

R

Reklamationsberichte/Beschwerdemanagement 174
Relative Messgrößen 56

Reportings der Prozessleistung 57
Ressourcen 127
Richtlinien 83

S

Schnittstellen 30, 37
Schnittstellenanalyse 39
Schulungsbedarf 128
Software-Tools zur Visualisierung und Optimierung von Prozessen 210
Soll-/Ist-Vergleich 74
Soll-Prozesse 47
Sperraufkleber 184
Ständige Verbesserung 186
Stimme des Kunden 39
Strategie 71, 112
Strategische Ziele 72
Symbole zur Beschreibung des Prozessflusses 34
Systemaudit 239
Systemauditbericht 246, 247
Systemauditcheckliste 244

T

technische Ebene 197
Tool-Handbuch 212
Toolauswahl 275
toolunterstütztes Management der Geschäftsprozesse 272
Training 209

U

Übereinstimmendes Paar 81, 87
Überwachung und Messung von Produkten 182
Überwachung und Messung von Prozessen 178
Umwelt 91
Unterstützende Prozesse 21
Ursachen-Wirkungs-Prinzips 40

V

Validierung der Prozesse 159
Value 91
Verantwortung 119
Verantwortung der Leitung 110
Verbesserungspotentiale 32, 44, 59, 186
Verpackung 163
Verpackungsübersicht 164
Verpflichtung der Leitung 110
Versand 166
Vision 71
Voice of the customer 37
Volksbank, GHB Kärnten AG 221
Vorbeugemaßnahmen 194

W

Wareneingangsprüfung 156
Wartungs- und Instandhaltungsprogramme 133
Wertschöpfung 36
Wettbewerbsorientiertes Benchmarking 255
Workflow-Management-Tools 274

Z

Zielerreichungsprogramm 73
Zielwert 179
Zwischenprüfung 182

Autorenverzeichnis

Dipl. Ing. Roman Käfer
Geb. 1970, studierte Maschinenbau an der Technischen Universität Wien mit den Schwerpunkten Betriebswissenschaften und Qualitätsmanagement. Nach der Tätigkeit als Qualitätsmanager in einem Telekommunikationsunternehmen ist er seit 1996 Berater und Partner der PROCON Unternehmensberatung. Dabei liegen die Beratungs- und Forschungsschwerpunkte im Aufbau und Optimierung prozessorientierter Managementsysteme, der Organisationsentwicklung, Prozessmanagement sowie Qualitätsmanagement und Total Quality Management. Zu den Branchenschwerpunkten zählen Dienstleistungsunternehmen, hier insbesondere Unternehmen aus dem medizinisch-technischen Bereich, dem Transportwesen, der Flughafenorganisation sowie der öffentlichen Verwaltung.
Seit 1995 führt er Lehrtätigkeit am Wirtschaftsförderungsinstitut in Wien, Niederösterreich und Salzburg (Ausbildung von Qualitätsbeauftragten für Kleine und Mittlere Unternehmen, Ausbildung von Internen Auditoren, TQM, etc.) sowie für die Bundeswirtschaftskammer in Osteuropa und Afrika zu den Themen Qualitätsmanagement, TQM, Organisation & Führung durch. Weiterhin ist er als Lektor am Außeninstitut der Technischen Universität Wien, an der Donauuniversität Krems und der Fachhochschule Wien insbesondere zum Thema Prozessmanagement tätig.

Dipl.Ing. Gernot Kohl
Geb. 1970, studierte Maschinenbau an der Technischen Universität Wien mit den Schwerpunkten Betriebswissenschaften und Qualitätsmanagement. 1994 bis 1998 war er als Qualitätsmanager bei der Landis & Gyr (Österreich) AG und der Landis & Staefa (Österreich) Ges.m.b.H für den Aufbau und die Weiterentwicklung des Qualitätsmanagement-Systems verantwortlich. Seit 1994 übt er Lehrtätigkeiten am Wirtschaftsförderungsinstitut in Wien,

Niederösterreich und Salzburg sowie für die Bundeswirtschaftskammer in Osteuropa zu den Themen Qualitätsmanagement, TQM, Organisation & Führung aus. Weiters ist er als Lektor am Außeninstitut der Technischen Universität Wien, an der Donauuniversität Krems und der Fachhochschule Wien tätig.

Als Berater und Partner der PROCON Unternehmensberatung liegen seit 1998 die Beratungsschwerpunkte im Aufbau und in der Optimierung prozessorientierter Managementsysteme, der Organisationsentwicklung, Prozessmanagement sowie Qualitätsmanagement und Total Quality Management. Zu den Branchenschwerpunkten zählen Dienstleistungsunternehmen, hier insbesondere Unternehmen aus dem Banken-, IT-Dienstleistungs- und Luftfahrtbereich sowie Produktionsunternehmen aus dem Bereich der Automobilzulieferindustrie.

Univ.-Lekt. DI Dr. Karl Wagner
Geb. 1966, studierte Maschinenbau mit der Fachrichtung Betriebswissenschaften an der Technischen Universität Wien und promovierte 1995. Von 1992 bis 1996 war er Universitätsassistent am Institut für Betriebswissenschaften (IBAB) – Abteilung Bertriebstechnik und ist derzeit am selben Institut als Universitätslektor für TQM tätig. Als Geschäftsführer der Procon Unternehmensberatung berät er seit 1996 mit den Schwerpunkten im Management Consulting: Strategie und Organisationsentwicklung, TQM, Qualitäts- und Prozessmanagement und Projektmanagement. Zu den Branchenschwerpunkten zählen Finanzdienstleister, IT und Telekommunikation, Logistikdienstleister und projektorientierte Unternehmen.

Seit 1996 Assessor für die EFQM und Senior-Assessor für die AFQM.

Seit 1994 ist er Lehrgangsleiter der Qualitätsmanagementausbildung im Wirtschaftsförderungsinstitut sowie im Rahmen des Internationalen Know-How Transfers der Bundeswirtschaftskammer mit den Schwerpunkten Organisation und Führung sowie Referent an der Fachhochschule Wien für Unternehmensführung, Universitätslektor an der DU-Krems im Rahmen des „Quality Master", „Tele-purchasing", „e-management", „IT-Consultants". Er hat mehrere Publikationen und Bücher veröffentlicht.